KB092418

표심의 역습

이 글은 2016년 정부(교육부)의 재원으로 한국연구재단의 지원을 받아 수행된 연구입니다.
(NRF-2013S1A3A2055205)

표심의 역습

빈부, 세대, 지역, 이념을 통해 새로 그리는 유권자 지도

이현우 · 이지호 · 서복경 · 남봉우 · 성홍식 지음

새로운 방식의 한국 정치 분석

정치인들은 항상 국민을 위한다는 명분을 내세운다. 출마, 탈당, 창당, 그리고 선거연합 등 모든 정치행위는 국민의 이름을 앞세워 이루어진다. 과연 정치인들은 국민을 얼마나 제대로 알고 있으며 국민의 정치적 의견을 파악하기 위해 얼마나 노력하고 있을까?

국민을 위한 정치를 한다면 국민이 정치를 어떻게 생각하는지, 그리고 국민의 정치 행태가 어떻게 이루어지는지를 궁금해하고 파악하려고 노력해야 할 것이다. 유감스럽게도 한국의 정치인들은 평상시에는 정치권이라는 그들만의 무대에서 권력 확대와 생존을 위해 노력할 뿐 국민의 목소리에는 귀를 기울이지 않고 있다. 선거 때만 되면 공복公僕을 자처하고 평상시 등한시하던 시장터를 누비고 다닌다.

이러한 정치인들의 행태는 정치 불신과 혐오의 정서를 야기한다. 유권자들 사이에서는 좋아하는 후보를 선택하는 것이 아니라 누가 당선되는 것이 싫어서 상대 후보를 택하는 반反정치 정서가 팽배해졌다. 국민이 정치에 관심이 많고 근본적인 애정을 갖고 있는데도 냉소적인 정치 문화가 지배적인 이유는 전적으로 정치인들의 책임이라 할 것이다.

선거에서 이기기 위해 탈당, 창당, 합당이 일상화되고 정당의 정체성이나 정책은 정치의 목적이 아니라 수단으로 전락해버렸다. 정당들은 겉으로는 지역주의 철폐를 외치지만 선거 때가 되면 기득권을 유지하기 위해 지역주의를 부추긴다. 그러면서 늘 국민의 여망을 담아내기 위해 새로운 정치를 펼치겠다고 믿기 어려운 약속을 한다. 정치의 본질은 갈등의 통합에 있다. 그러나 한국 정치는 갈등의 조장과 확대에 기여하고 있다는 비판을 면하기 어렵다. 이제 정치인들의 각성을 기대하기는 어려운 상황에 직면했으며 국민이 바뀌어 정치를 변화시켜야만 하는 시점에 도달했다.

한국 정치를 개선하기 위해 가장 먼저 해야 할 것은 정치인들이 국민을 더욱 이해하는 것이다. 시간이 지나면서 국민의 정치의식과 태도가 변했는데도 아직도 1987년 민주화 초기에 나타났던 국민의 정치 행태가 여전하다고 착각하는 경우가 많다. 심지어 현장을 다루는 언론에서도 유권자 태도 변화를 제대로 파악하지 못하고 있다. 2016년 4월, 20대 국회의원 선거가 끝나고 다수 정치인과 언론이 "예측하지 못한 결과"라고 고백하게 된 사태를, 여론조사의 오류에만 책임을 돌릴 수는 없을 것이다.

이 책은 이미 2015년 조사 결과를 통해 지역, 세대, 이념, 계층에 따른 유권자들의 정치 인식과 태도에 커다란 변화가 진행되고 있음을 기록한 바 있다. 예컨대 대구·경북과 부산·경남 유권자들의 정치 태도에는 상당한 차이가 발견되고 있었고 40대, 50대로 통칭되는 세대별 유권자들 사이에도 정치적 경험에 따른 간극이 작지 않았다. 당연하게도 이 책이 이 시대를 살아가는 유권자의 모든 것을 설명해줄 수는 없다. 지금 이 순간에도 유권자들은 정당과 정치인들의 행태를 보면서, 자신에게 닥친 사회경제적 어려움과 정치적 해결책을 고민하면서, 혹은 동료 시민들과 대화를 나누면서 끊임없이 변화하고 있을 것이다.

최소한 정치인과 언론, 정치를 연구하는 학자들은 그 변화가 무엇을 의미하는지, 어떤 방향으로 움직이고 있는지, 무엇이 변화를 추동하고 있는지를 이해하기 위해 노력해야 한다. 이 책은 그런 노력의 작은 표현일 뿐이다. 이 책을 쓴 동기는 경험적 자료를 바탕으로 유권자의 현주소를 제대로 파악해보자는 것이었다. 그리고 연구 결과가 조금이라도 알려져 선거 정치뿐만 아니라 일상의 정치에서도 국민을 이해하는데 도움이 되기를 바라는 마음이었다.

이 책은 정치에 관심 있는 사람이라면 한 번쯤 궁금해하던 질문들에 답한다. 내용은 정치 전문가가 피상적으로 알고 있거나 주관적으로 판단한 것이 아니라 철저한 설문조사를 바탕으로 실증적 자료로 검토된 것들이다. 저자들이 수차례 회의를 통해 얻어낸 결과이기도 하다. 따라서 답변의 객관성이 담보되어 있다고 할 수 있다. 주로 2015년 한 해 동안 5회에 걸쳐 조사한 결과를 바탕으로 했다. 조사 기획과 보도에는 내일신문사, 서강대학교 현대정치연구소, 그리고 한국리서치가 공동으로 참여했다.

내용은 모두 5장으로 구성되어 있다. 각 장의 주제는 한국 사회의 대표적인 갈등 축을 중심으로 했다.

1장은 '세대'를 중심 주제로 잡았다. 한국 정치에서 세대 갈등이 주목받은 대표적인 시기는 노무현 정부가 등장했을 즈음이다. 일반적으로 젊을수록 진보적이고, 나이 들수록 보수화된다고 알려져 있다. 세대 갈등은 크게 세대별로 이념 성향이 다르기 때문에 나타나는 갈등과 노령연금과 같은 노령층에 대한 혜택을 젊은 층이 부담으로 짊어져야 하기 때문에 생기는 이익 갈등으로 구분해볼 수 있다. 여기서 과연 한국 사회에서 세대 간 갈등은 어떤 형태로 존재하는지에 대한 답을 살펴볼 수 있다. 이외에 유신시대에 사회화를 경험한 유신체제세대에 대한 상반된 가설 등을 검증해보았다.

2장은 한국 정치의 독특한 문화이자 정치 판도의 상수가 되어버린 '지역주의'를 다룬다. 패권주의로 치부되는 영남의 지역주의, 저항적 지역주의라 불리는 호남의 지역주의는 지역주의 담론의 두 기둥이었다. 그런데 최근의 변화는 이 두 기둥에 심각한 균열이 발생하고 있음을 보여준다. 결코 이완되지 않을 것 같았던 영남과 호남 유권자들과 특정 정당의 결속력에, '어느 날 갑자기' 커다란 금이 간 것처럼 비춰지고 있다. 그러나 이런 변화는 20대 총선 투표일에 갑자기 발생한 것이 아니다. 2015년에 발견된 변화의 조짐들을 본문에서 만나볼 수 있다. 또한 충청권에서 자신의 지역을 대표하는 정치인에 대한 욕구가 다른 지역에 비해 더 강하게 나타난다는 주장을 검토해보았다.

3장은 '계층'에 관한 내용이다. 최근 들어 한국 정치뿐만 아니라 사회적으로도 가장 심각한 갈등이 경제적 조건에 토대를 둔 계층 갈등이다. 양극화에 대한 대처가 국가적 과제로 떠오르고, 여기에 고령 빈곤층의 증가라는 사회문제가 그 무게를 더하는 실정이다. 이제는 지역이나 이념보다 경제적 양극화가 단연 큰 문제가 된 것이다. 계층이 정치의 의식과 태도를 규정하는 중요한 요인이 되면서 스스로 어느 계층에 속한다고 생각하는지가 정치 태도를 결정하는 데 관건이 되었다. 그렇다면 소속 계층은 개인의 경제적 조건 중 어떤 요인에 의해 결정되는 것일까? 서구 국가에서는 소득이 가장 중요한 요인임이 증명되었다. 그런데 한국에서는 개인이 소유한 부의 대부분이 부동산이므로 집의 소유 여부가 중요한 변수가 될 수 있다는 점을 짚어보았다.

4장에서는 전통적인 정치 균열 축이라 할 수 있는 '이념'을 다룬다. 진보와 보수로 자주 구분하지만, 과연 그것이 어떻게 규정되는지는 제대로 검토된 적이 별로 없다. 사람들이 진보와 보수라는 틀 속에서 자신의 이념 위치를 결정할 때 그 기준은 무엇인가, 각자가 주관적으로 생각하는 이념 성향은 신뢰할 만한 것인가 하는 근본적인 질문을 고민할 필요가 있다. 그래서 먼저 한국에서 진보와 보수를 구분하는 기준은 무엇인지 알아보았다. 북한에 대한 태도, 성장과 복지의 상대적 중요성이 이념을 구분하는 데 얼마나 중요한 요인이 되는지를 설문자료를 분석해 답을 제시했다. 또한 이념적 양극화가 이전보다 심해졌는지, 진보와 보수의 갈등 축이 좌, 우라는 냉전적 이념 축과 어떤 관계가 있는지 확인해보았다.

5장에서는 유권자의 특성에 집중해보았다. 유권자들이 원하는 정치는 무엇이며 어떤 정치인이 바람직하다고 생각하는지 알아보았다. 왜 국민은 정치를 외면하는가 하는 문제도 흥미롭다. 한편 여론조사가 보편화되면서 대통령 지지도에 대한 관심도 높아졌는데 대통령 지지도가 제대로 측정되고 있는지도 살펴봐야 한다. 그리고 정당들 간에 정책적 차이가 존재하는지, 무당無黨파와 중도층이 같은 의미인지 등 엄격하게 구분해서 사용해야 할 개념을 자세히 설명했다.

마지막으로, 초판에는 없던 20대 총선 분석이 부록으로 실렸다. 개정증보판이 나오기 전에 20대 총선이 있었고, 이 책의 시각에서 본 간략한 총선 분석을 더하는 게 좋겠다고 판단했다. 내일신문사와 서강대 현대정치연구소는 20대 총선 한 달 전과 총선 직후 2차례에 걸쳐 패널조사를 시행했다. 이 조사 결과를 통해 선거 기간 한 달간 유권자들 사이에 무슨 일이 벌어졌는지에 관한 흥미로운 정보들을 접할 수 있다. 또한 중앙선거관리위원회가 발표한 선거 집합자료를 활용해, 20대 총선에서 '놀라운 변화'를 일으킨 유권자들의 움직임을 추적했다. 새누리당과 더불어민주당에 변화를 가져온 유권자들은 누구인지, 국민의당을 일약 원내 제3당으로 만든 힘은 어디에서 나왔는지에 관한 추론을 살펴볼 수 있다.

이 책이 나오기까지 많은 분들의 노력이 밑거름이 되었다. 무엇보다 내일신문사가 주도한 장기 기획이 중요한 계기가 되었다. 정치적 사건이 터질 때 단발적인 여론조사가 아니라 1년간 '한국 유권자 지도'라는 주제를 가지고 5회의 체계적 조사를 수행하는 것은 쉽지 않은 일이다. 여기에 서강대 현대정치연구소 연구위원들의 학문적 분석과 해석이 조사 결과에 정확한 의미를 부여하는 데 크게 기여했다. 물론 이러한 작업은 한국리서치의 엄격한 실사가 바탕이 되지 않았다면 불가능했을 것이다. 짧은 시간 동안 출간을 위해 노력해준 출판사 측에도 감사를 드린다. 이 책이 제시한 새로운 방식의 한국 정치 분석이 우리의 정치 발전에 조금이라도 도움이 되기를 바란다.

저자들을 대표하여 이현우

차례

Ideology

4장 진보와 보수의 틀 속에서
: 유권자 이념 지도

01 세대 구분

여론조사에서 세대 구분은 일반적으로 10년 단위의 연령별 분류를 주로 사용한다. 조사 집계의 편의성과 함께 다른 조사와 비교하기도 편리하기 때문이다. 하지만 이런 연령별 구분은 정치세대의 변화를 추적하기 어렵고 각 세대 내부의 차이를 설명하기 힘들다. 예컨대 왜 상대적으로 학생운동 경험이 적은 30대 후반 연령대가 1980년대와 1990년대 초반 대학에서 청년기를 보낸 사람들에 비해 더 진보적인 경향성을 띠는지, 2012년 대선 투표에서 50대 전반과 후반의 지지가 왜 나뉘는지 등을 분석하려면 좀 다른 접근 틀이 필요해 보였다.

　내일신문과 서강대 현대정치연구소는 2015년 '(새로 그리는 대한민국) 유권자 지도'를 기획하면서 새롭게 세대 구분을 시도했다. 일반적인 10세 급간 연령 대신, 청년기 세대 경험을 중심으로 구분한 것이다. 청년기에 정치적 세계관이 형성되고 그 시각이 남은 인생 동안 지속성을 지닐 수 있다는 정치사회화 이론에 기초해, 비교적 짧은 시기에 정치·사회·경제적 급변을 경험해온 한국의 정치세대적 특징을 반영하려는 목적이었다.

　이 분류는 기존의 학문적 연구 성과를 일부 반영하기도 하지만, 정치 현장에서 포착된

직관적 인식에 많이 의존한다. 따라서 엄밀한 학술연구 영역에서는 쟁론의 여지가 있을 수 있다. 하지만 이 책은 한국 유권자들의 역동적 변화의 단면들을 가능한 한 경험적으로 드러내는 것이 목표이며, 새로운 세대 구분은 그 단면을 보여주기 위한 도구적 수단으로 사용되고 있음을 밝힌다.

'유권자 세대 지도' 편에서 각 세대의 특성과 변동을 추적하기 위해 매우 세분화된 구분 틀을 적용했다. 19~25세 연령대는 무상급식 논쟁이 한창이던 2010년 지방선거와 경제민주화, 복지가 주요 이슈로 부상했던 2012년 대선을 통해 유권자로 진입했다는 점에 주목해 '무상복지세대'라고 이름 지었다.

참여정부 말기와 이명박 정부 초기에 유권자로 진입한 26~30세의 가장 큰 정치사회적 경험은 2008년 촛불집회였다. 정치적으로 진보정권의 몰락과 보수정권으로의 교체를 겪었으며 남성의 경우 2010년 천안함 피격 사건, 연평도 포격 사건 당시 군복무 중이었거나 복무 전후 시기였다. 이들에게는 촛불집회 영향이 이중적인 형태로 나타난다는 의미에서 '촛불세대'라고 명명했다.

31~36세는 2002년의 월드컵 성공과 세대 대결 양상을 띤 노무현 정부의 탄생, 그리고 대통령 탄핵 사태 등에서 정치적 영향을 받았다. 월드컵이 정치적 사건은 아니지만 대중적 역량을 확인했다는 측면에서 이들을 '월드컵세대'라고 칭했다.

37~42세는 IMF 외환위기와 사상 최초의 정권교체를 경험한 세대다. 20대 중후반에 사회생활을 시작했거나 학업을 계속하고 있을 즈음에 IMF의 충격을 겪어 'IMF세대'라고 부

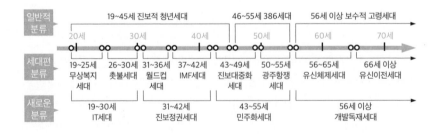

* '세대편 분류'는 내일신문과 서강대 현대정치연구소의
2015년 연중기획 '(새로 그리는 대한민국) 유권자 지도—세대' 편에서 시도한 분류표임.

를 수 있다.

43~49세는 한국 사회에서 민주주의가 확장된 시기에 청년기를 보냈다. 이 시기에 가장 중요한 정치사회적 사건은 1987년 6월 민주화운동과 7, 8월 노동자대투쟁, 12월 직선제 대통령 선출 등이지만 출발점은 1985년 2·12 총선이라고 할 수 있다. 이 시기에는 비록 보수 정권이 정치권력을 장악하고 있었지만 이미 정치사회나 학술, 문화, 생활 영역에서는 진보세력이 헤게모니를 장악하기 시작했다. 진보적 가치가 대중화되던 시기에 청년기를 보낸 이들을 '진보대중화세대'라고 이름 붙였다.

50~55세는 1980년 광주민주화운동과 전두환 군부독재를 경험한 세대다. 1980년대 초 잠깐 찾아온 '서울의 봄'과 광주민주화운동을 총칼로 진압한 전두환 군부정권의 억압으로 광주항쟁에 대한 트라우마를 간직한 이 세대를 '광주항쟁세대'라고 명명했다.

56~65세는 1969년 3선 개헌과 1972년 10월 유신과 긴급조치, 1979년 박정희 전 대통령 피살 등으로 이어지는 유신체제 속에서 청년기를 보낸 '유신체제세대'로, 66세 이상은 '유신이전세대'로 이름 붙였다.

'유권자 이념 지도' 편에서는 이들 세대를 다시 2개의 구간씩 묶어 활용했다. 이념과 관련된 조사 결과, 유독 김대중·노무현 정권 당시 청년기를 보낸 세대의 특징들이 부각됐기 때문이다. 이에 따라 '유권자 세대 지도' 편의 무상급식세대와 촛불세대를 묶어 'IT세대'(19~30세)로 명명했다. 이들은 청년기에 인터넷, SNS, 스마트폰 등 정보통신 기술의 급속한 발달을 경험하면서 새로운 문화를 형성한 세대이기도 하다.

청년기에 IMF 외환위기와 김대중 정부의 탄생, 월드컵에 이은 노무현 정부의 기대와 좌절을 경험한 월드컵세대와 IMF세대는 '진보정권세대'(31~42세)로, 청년기에 광주항쟁과 전두환 정권의 폭정, 1987년 민주화운동, 문민정부의 출범을 경험한 진보대중화세대와 광주항쟁세대는 '민주화세대'(43~55세)로 재분류했다. 청년기에 박정희 정권의 집권과 유신독재, 산업화를 경험한 유신세대와 유신이전세대는 '개발독재세대'(56세 이상)로 이름 지었다.

여기서 나이는 2015년을 기준으로 했다. 2014년 말 이뤄진 조사의 나이도 2015년에 맞춰 재조정했다. 이 책에서는 정치세대 구분이 필요 없는 주제는 20대, 30대 등 연령별 구분을 사용하고 필요에 따라 정치세대 구분을 적용했다.

02 정당 명칭의 표기

1987년 이후로 한정해 보더라도 우리나라 정당들의 명칭 변경은 너무 잦았고 이합집산의 경로도 매우 복잡하다. 당장 이 책이 집필되던 시점과 집필이 완료된 시점의 정당 명칭도 달라졌다. 이런 조건에서 정당 명칭의 일관성을 어떻게 확보할 것인가 하는 고민이 깊었다.

대선	1987	1992	1997	2002	2007	2012	2017
새누리당 계열	1990. 1 민주자유당	1995. 12 신한국당	1997. 11 한나라당			2012. 2 새누리당	
대선 제3후보 계열		1992. 1 통일국민당	1997. 10 국민신당	2002. 11 국민통합21	2007. 10 창조한국당	2012. 9 안철수 출마	
민주당 계열	1990. 6 민주당	1995. 9 국민회의		2003. 11 열린우리당	2007. 8 대통합민주신당 2010. 1 국민참여당	2011. 12 민주당 2014. 3 새정치연합	2015. 12 더민주당 2016. 1 국민의당
진보 정당 계열		1997. 9 국민승리21 2000. 1 민주노동당			2008. 3 진보신당	2011. 12 통합진보당 2012. 10 진보정의당	
총선	1988 1992	1996 2000	2004	2008	2012	2016	

특정 시점의 정당 명칭은 그대로 사용했지만, 보다 장기간에 걸친 변화를 기술할 때마다 바뀐 정당명을 모두 언급할 수는 없는 노릇이었다. 고민 끝에 우리는 '새누리당 계열' 정당, '민주당 계열' 정당, '진보 정당 계열' 정당이라는 표현을 사용하기로 결정했다.

민주자유당 → 신한국당 → 한나라당 → 새누리당으로 이어져온 정당 계보는 비교적 명료하여 현재의 정당명을 기준으로 과거를 계열화시키는 데 큰 무리는 없다고 보았다. 그런데 2015년 시점에 원내 제2당이던 정당의 계보는 그렇게 간단하지 않았다. 당장 2015년 겨울에도 명칭이 바뀌었기 때문에 어떤 명칭으로 해야 할지 고민했으나 일단 그 정당 주체들의 의견을 존중하기로 했다. 2015년 그 정당은 '민주당 60년'이라는 타이틀의 다양한 행사들을 통해 스스로 1955년 '민주당'의 역사적 계승자로 자임한 바 있었기에 '민주당 계열' 정당이라는 표기를 채택했다.

한편 1997년 '국민승리21'이라는 정치조직으로부터 변형되어온 정당들의 명칭 변경도 간단치 않은 문제였다. 그러나 통상적으로 이 계열 정당들을 '진보 정당'이라고 부르는 점을 반영해 '진보 정당 계열'로 명칭을 통일했다. 본문에서 사용되는 명칭은 이러한 기술적記述的 목적에서 사용되는 것이므로 다소 동의하기 어려운 독자들이라도 양해를 부탁드린다.

03 사용한 데이터에 대한 설명

2014~2015년 '(새로 그리는 대한민국) 유권자 지도' 주제로 내일신문사와 서강대학교 현대 정치연구소 연구팀이 기획하고 한국리서치가 조사를 수행한 총 5회의 기획조사 자료를 기본으로 했다. 이하에서 기본 데이터에 관한 간단한 설명을 제공한다. 설문지, 결과표, 원 자료 등 각 조사에 대한 보다 상세한 정보는 내일신문사와 SSK 좋은 정부 연구단 홈페이지를 통해 얻을 수 있다.

'(새로 그리는 대한민국) 유권자 지도—세대 1차' 조사

조사기간	2014년 12월 19~23일
모집단	전국 16개 광역시도에 거주하는 만 19세 이상 남녀
표본추출	안전행정부 '주민등록인구현황' 2014년 11월 기준 성별/연령별/지역별 인구구성비에 따라 비례 할당한 후 무작위 추출
조사방법	유무선 혼합 RDD(임의번호걸기·Random Digit Dialing)를 이용한 전화면접조사(CATI)
표본크기	1,600명(유선전화 932명, 휴대전화 668명)
표집오차	무작위 추출을 전제할 경우, 95% 신뢰수준에서 최대허용 표집오차는 ±2.5%p
응답률	10.6%(유선전화 8.6%, 휴대전화 15.5%)

'(새로 그리는 대한민국) 유권자 지도—지역' 조사

조사기간	2015년 3월 6~10일

모집단	강원·제주를 제외한 전국 15개 광역시도에 거주하는 만 19세 이상 남녀
표본추출	안전행정부 '주민등록인구현황' 2015년 1월 기준 성별/연령별/지역별 인구구성비에 따라 비례 할당한 후 무작위 추출
조사방법	유무선 혼합 RDD를 이용한 전화면접조사(CATI)
표본크기	2,500명(유선전화 1,746명, 휴대전화 754명)
표집오차	무작위 추출을 전제할 경우, 95% 신뢰수준에서 최대허용 표집오차는 ±2.0%p
응답률	14.7%(유선전화 16.8%, 휴대전화 11.4%)

'(새로 그리는 대한민국) 유권자 지도―계층' 조사

조사기간	2015년 5월 15~18일
모집단	전국 16개 광역시도에 거주하는 만 19세 이상 남녀
표본추출	안전행정부 '주민등록인구현황' 2015년 4월 기준 성별/연령별/지역별 인구구성비에 따라 비례 할당한 후 무작위 추출
조사방법	유무선 혼합 RDD를 이용한 전화면접조사(CATI)
표본크기	1,500명(유선전화 836명, 휴대전화 664명)
표집오차	무작위 추출을 전제할 경우, 95% 신뢰수준에서 최대허용 표집오차는 ±2.5%p
응답률	14.5%(유선전화 14.2%, 휴대전화 15.0%)

'(새로 그리는 대한민국) 유권자 지도―이념' 조사

조사기간	2015년 8월 28~30일
모집단	전국 17개 광역시도에 거주하는 만 19세 이상 남녀
표본추출	안전행정부 '주민등록인구현황' 2015년 6월 기준 성별/연령별/지역별 인구구성비에 따라 비례 할당한 후 무작위 추출
조사방법	유무선 혼합 RDD를 이용한 전화면접조사(CATI)
표본크기	1,200명(유선전화 480명, 휴대전화 720명)
표집오차	무작위 추출을 전제할 경우, 95% 신뢰수준에서 최대허용 표집오차는 ±2.8%p
응답률	13.3%(유선전화 9.6%, 휴대전화 15.4%)

'(새로 그리는 대한민국) 유권자 지도─세대 2차' 조사

조사기간	2015년 10월 1~5일
모집단	전국 17개 광역시도에 거주하는 만 19세 이상 남녀
표본추출	안전행정부 '주민등록인구현황' 2015년 8월 기준 성별/연령별/지역별 인구구성비에 따라 비례 할당한 후 무작위 추출
조사방법	유무선 혼합 RDD를 이용한 전화면접조사(CATI)
표본크기	1,500명(유선전화 723명, 휴대전화 777명)
표집오차	무작위 추출을 전제할 경우, 95% 신뢰수준에서 최대허용 표집오차는 ±2.5%p
응답률	12.3%(유선전화 9.6%, 휴대전화 16.6%)

　　책 내용 중 조사 자료에 대한 분석 부분에서는 기술상의 편의를 위해 '유권자 지도─세대 1차 조사' 등으로 표기했다. 이 밖에 한국정치학회와 한국선거학회가 지난 대통령 선거, 국회의원 선거, 지방선거 사후에 진행했던 유권자 조사 자료, 내일신문과 서강대 현대정치연구소의 2014년 이전 조사 자료, 다양한 집합자료나 언론사 보도 자료들도 활용했는데, 이 부분은 그때그때 출처를 명기했다.

GÉNER

1

세대별
표심을
들여다보다

유권자 세대 지도

20대가 보수화됐다고? 천만에! │ 선거의 중심에 선 386세대
부모와 자식의 정치적 갈등, 얼마큼일까 │ 광주항쟁세대와 유신체제세대
IMF세대의 진보성에 주목하라 │ 남자와 여자의 정치적 태도

01
20대가
보수화됐다고?
천만에!

20대, 뭔가 다르다

미국과 북한이 운동경기를 한다면 20대는 누구를 응원할까? 내일신문과 서강대 현대정치연구소는 각 세대의 이념 지형을 살피기 위해 미국과 북한, 일본과 북한, 미국과 중국 간의 가상 대결을 붙여봤다. 결과는 흥미로웠다. 미국과 북한 전에서 20대가 전 세대를 통틀어 가장 미국 편을 든 것으로 나타났다. 한편 북한과 일본의 경기에 대해서는 다른 세대에 비해 훨씬 일본에 관대한 태도를 보였다.

이 가상 대결에서 60대 이상 세대도 미국 편을 들었다. 냉전체제와 한미동맹 아래에서 한평생을 살아온 그들로서는 당연한 선택일 것이다. 반면 30대, 40대, 50대에서는 북한을 응원한다는 비율이 높았다. 특히 40대의 10명 중 7명이 북한을 응원했다. 이 역시 젊은 시절 남북화해와 햇볕정책, 남북정상회담을 보았던 세대의 이유 있는 선택이다. 그러면 20대의 유별난 미국 편향은 어떻게 해석해야 할까?

이 조사에서 20대는 통일 문제에 대해서도 다른 세대와 달랐다. 북한을 지원하는 것에 가장 인색한 태도를 보였고 통일에 대해서도 떨떠름한

그림 1-1 **북한과 미국이 경기를 하면 누구를 응원할 것인가**

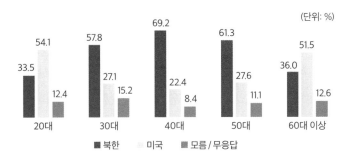

자료: 유권자 지도—세대 2차 조사(2015. 10)

그림 1-2 **통일에 대한 인식**

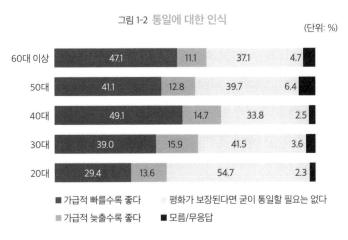

자료: 유권자 지도—세대 2차 조사(2015. 10)

반응이었다. 20대 중 '빠른 통일을 원한다'는 응답은 29.4%밖에 안 됐다. 반면 '평화가 보장된다면 굳이 통일할 필요가 없다'는 대답은 54.7%나 되었다. 20대의 이런 태도는 40대가 미국과 북한의 가상 경기에서 '가장 낮은 미국 응원', '가장 높은 북한 응원'을, 북한 지원과 통일에 대해서 '가장 적극적인 지원', '가장 빠른 통일'을 원하는 것과 완전히 대별된다.

20대가 느끼는 북한에 대한 거부감은 이미 새로운 현상이 아니다. 2015년 8월 지뢰 도발에 이은 북한군의 포격 사태가 발생하자 일부 장병들이 전역을 미루겠다고 발표해 언론의 집중 조명을 받았다. 제대자들은 '이제라도 복귀하겠다'며 이들을 응원했다. 2010년 천안함 사태와 연평도 포격이 일어났을 때에도 20대는 강경한 대북 정책을 지지했다. 이런 20대의 대북관을 놓고 보수 논객들은 '신안보세대로 거듭났다', '애국심이 생겼다'고 반색했다. 과연 20대는 신안보세대의 애국자로 거듭난 걸까?

보수 논객들이 반길 만한 징후는 또 있었다. 최근 이목을 끌고 있는 재벌 2~3세의 경영권 승계에 대해서도 20대는 다른 세대와 시각 차이를 보였다. 경제개혁연구소가 2015년 11월 20~22일 리서치앤리서치에 의뢰해 조사한 바에 따르면, 국민의 54.8%가 재벌 2~3세의 경영권 승계에 부정적이었다. 긍정적 응답은 34.4%에 불과했다. 하지만 20대와 종종 정치적 입장을 같이 해온 30대와 40대가 각각 25.3%, 28.7%만이 재벌 2~3세 승계를 긍정적으로 본 것과 달리 20대의 긍정적 응답 비율은 41.1%나 되었다. 이는 50대 37.4%, 60대 이상 39.3%보다도 높은 수치다. 정말 20대는 보수화된 걸까?

탈민족적 자유주의자들

하지만 20대는 스스로를 진보로 규정한다. '유권자 지도—세대 2차 조사'에 따르면, 20대의 이념 평균점수는 4.49였다. 30대의 4.37에 이어 두 번째로 진보진영에 이름을 올린 것이다. 자신이 진보적일수록 0점, 보수적일수록 10점에 가까운 점수를 주도록 한 11점 척도 조사에서 중간점인 5 미만은 진보 성향으로 분류할 수 있다.

북한 관련 이슈에는 보수적이고 다른 사회정책에는 진보 성향을 띠는 20대의 이념 정체성은 기존의 틀로는 해석이 안 된다. 북한이나 국가보안법에 대한 태도로 진보와 보수를 나누는 옛날 방식으로는 20대를 재단할 수 없다는 얘기다. 그런 측면에서 20대의 이념 정체성은 진보적 자유주의 또는 탈민족적 자유주의라고 규정할 수 있다. 20대의 북한에 대한 거부감도 탈민족적 자유주의라는 관점에서 보면 이해가 된다.

표 1-1 세대별 정책 태도

(단위: %)

연령	성장 우선		파업 엄단		성소수자 제한		인권보다 안보	
	찬성	반대	찬성	반대	찬성	반대	찬성	반대
20대	37.9	58.9	38.8	57.9	12.6	85.0	37.4	59.8
30대	40.9	55.5	45.0	50.0	15.5	81.8	30.9	64.1
40대	57.9	37.1	53.3	43.6	29.7	64.9	39.0	54.8
50대	68.6	21.6	65.3	30.5	49.2	45.3	54.2	41.9
60대 이상	79.3	8.9	75.6	13.7	61.6	28.8	56.5	30.6
전체	58.2	35.8	56.6	38.0	35.1	59.6	44.2	49.4

자료: 유권자 지도—이념 조사(2015. 8)
*모름/무응답은 제외함.

20대에게 북한은 그냥 '다른 나라'일 뿐이다. 그것도 3대 세습과 억지스러운 수령 숭배, 숙청과 처형 등 상식적으로 납득이 잘 안 되는 일들이 일상적으로 일어나고 있는 '이상한 나라'일 뿐이다. 주민들은 굶기면서 걸핏하면 군사적 도발로 평화를 위협하는 '못난' 집단이기도 하다.

20대의 북한에 대한 비호감은 상식적이지 않은 데 대한 거부감일 뿐 일부에서 말하는 안보주의나 애국주의와는 거리가 멀다. 요즘 SNS 상에서 유행하는 '꼬북이'라는 말이 그 반증이다. 꼬북이는 정부에 비판적인 사람들에게 "(아니)꼬우면 북한에 가든가"라고 목소리를 높이는 '꼰대'를 가리키는 누리꾼들의 신조어다. 20대는 걸핏하면 진보를 종북으로 몰아붙이는 수구적 보수에 대해서도 거부감을 느끼고 있는 것이다. 20대의 상식으로는 '진보=종북' 주장도 북한만큼이나 이해가 안 되는 논리인 셈이다.

20대는 '못난 나라' 북한과 '우리 민족'이라고 한 묶음으로 묶이는 데 불편함을 느낀다. 북한 지원에 대한 인색한 태도도, 통일에 대한 뜨뜻미지근한 반응도 여기에 기인한다. 사실 20대의 탈민족적 자유주의 성향은 북한과 일본의 경기를 응원하는 태도에서 드러난다. 아베 정권에 대한 거부감 때문에 일본에 대한 비호감은 전 세대에 걸쳐 나타났지만 20대는 다른 세대에 비해 일본에 훨씬 관대한 태도를 취한다. 일본을 응원하겠다는 20대의 비율은 18.2%로 30대 5.4%, 40대 3.8%, 50대 5.7%, 60대 이상 8.2%에 크게 앞선다. 20대의 입장에서는 군국주의로 치닫는 일본이 싫지만 다른 세대처럼 민족감정까지 자극받을 정도로 불편하지는 않다는 의미다 (2015년 유권자 지도—세대 2차 조사).

재벌 2~3세 승계에 대한 20대의 너그러움도 자유주의라는 틀에서 어느 정도 해석이 가능하다. 그들은 '금수저와 흙수저' 현실에 절망하면서도 한편으로는 금수저를 물고 태어난 사람을 부러워한다. 사실 이 수저계급론 속에는 이미 부모 시대에 만들어진 질서는 어쩔 수 없다는 절망감이 배어 있다. 부모의 부로 인한 격차도 개개인에게 주어진 자유로운 질서(?)로 받아들이고 있는 것이다.

20대의 자유주의적 성향은 그들의 삶과 문화적 가치관에서도 확인된다. 〈그림 1-3〉을 보면 20대 절반 이상이 저축과 내 집 마련보다는 여행을 선택했다. '10년 동안 돈을 모아 집 사는 데 보태는 것보다 매년 여행을 즐기는 것이 낫다'는 의견에 20대 58.0%가 동의한 것이다. 이것은 40대 38.3%, 50대 29.0%, 60대 이상 15.8%가 동의한 것과 완전히 대조를 이룬다. '여성의 사회적 진출 때문에 남자들이 직장 구하기 어려워졌다'는 의견에 대해서도 50대 이상 세대에서는 동의율이 높은 편이었지만 20대는 11.3%만이 '그렇다'고 대답했다.

그림 1-3 세대별 이념 성향과 사회적 가치에 대한 인식

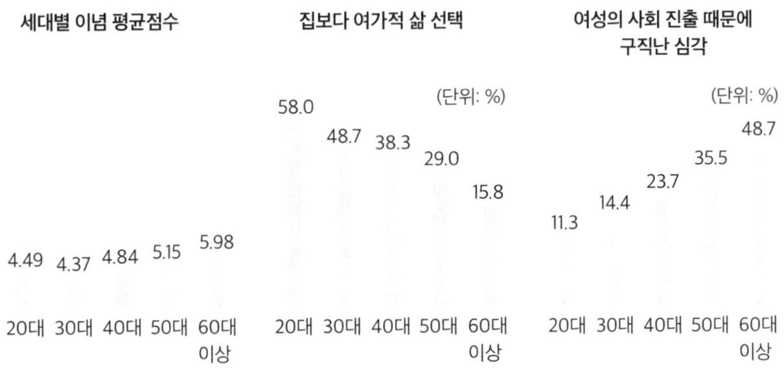

자료: 내일신문 창간기획조사 (2015. 10)

20대의 정치적 선택은 무엇인가

북한·안보 상황에서는 '보수적'이고, 파업 엄단과 인권 등 사회적 사안에 대해서는 '진보적'이며, 성소수자 문제나 문화적 가치에서는 '자유주의적'인 20대의 정치적 선택은 어떤 모습일까? 선거라는 측면에서 볼 때, 그동안 20대는 썩 주목받는 세대가 아니었다. 낮은 정치 효능감과 낮은 투표율 때문에 각 정당의 전략적 고려 대상에서 한 걸음 비켜서 있었다. 물론 그동안 여야는 총선, 대선에서 청년 비례대표를 배정하고 청년공약도 내걸었지만 구색 맞추기의 의미가 강했다.

20대가 북한에 대해 거부감을 드러낸 2010년 이후의 선거도 마찬가지다. 여당은 그들이 보수화됐다고 반겼지만 애당초 '집토끼(자기편)'라는 생각은 하지 않았다. 야당은 자신들과 결이 다른 20대의 대북관에 곤혹스러워했지만 '산토끼'가 되지 않을까 걱정하지도 않았다. 여야 모두 20대가 선거 결과를 좌우할 정도로 투표에 참여할 것이라고 기대하지 않았다.

이념적으로는 진보 성향이지만 그 강도는 약하고 투표에도 잘 나서지 않는 20대의 특성은 앞으로 있을 선거에서 계속될 가능성이 있다. 일반적으로 20대는 좋아하는 정치인을 당선시키고 싶을 때나 정권을 심판하지 않으면 안 된다고 생각할 때, 자신과 직접 관련이 있는 정책이 선거 이슈로 떠올랐을 때 투표장에 나간다. 하지만 현재까지 20대가 반드시 투표해야 할 이유는 보이지 않는다. 정치권 전반에 대한 혐오와 그들이 상대적으로 지지해왔던 야당의 지리멸렬한 상황이 20대의 정치 외면을 더욱 부추길 수 있다.

그렇다고 여당이 방심하기는 이르다. 20대도 마음이 움직이면 바로 행동으로 옮겨왔기 때문이다. 20대는 2002년 월드컵과 노무현 대통령 당선, 2004년 대통령 탄핵 반대와 총선, 2008년 촛불시위 등을 통해 승리를 맛본 세대이기도 하다. 여기에 금수저와 흙수저로 풍자되는 지금의 불공정한 현실과 이로 인한 박탈감이 정치 효능감과 결합된다면 20대가 행동부대가 되는 것은 그리 어려운 일이 아니다. SNS에 익숙한 20대는 의사결정과 행동도 생각만큼이나 빠르다. 지금을 기준으로 총선과 대선을 봐서는 안 된다는 얘기다.

사실 2015년 말에 있었던 교과서 국정화나 노동계 시위에 대한 박근혜 정부의 강경한 태도 등은 또 다른 측면에서 20대를 자극하는 요소다. 북한이 비정상적인 국가이기 때문에 거부감을 갖듯이 진보적 자유주의 성향의 20대에게 박근혜 정부의 행태 또한 비정상적, 비민주적으로 비칠 수 있다. 이런 조짐은 여론조사 지표에서도 확인된다. 내일신문의 2015년 10월 정례조사와 교과서 국정화가 이슈화된 11월 정례조사를 비교하면 20대의 야당 지지율은 10월 23.9%에서 11월 31.2%로 7.3%p 늘어났다. 반면 20대의 새누리당 지지율은 10월 15.7%에서 11월 13.2%로 소폭 떨어졌다. 교과서 국정화 파문 이후 20대는 가장 야당을 지지하는 세대로 자리 잡았다.

또 하나 놓치지 말아야 할 포인트는 20대의 투표율 추세다. 박근혜와 문재인의 양자 대결로 치러진 2012년 대선 당시 20대 투표율은 2002년 대선 때보다 10%p 이상 올랐다(20대 전반 57.9% → 71.1%, 20대 후반 55.2% → 65.7%). 40대, 50대, 60대 이상 연령층의 투표율은 거의 변화가 없었다.

최근 치러진 2014년 제6회 지방선거와 2010년 제5회 지방선거를 비교하면 이 경향은 더욱 두드러진다. 2010년에 비해 2014년 20대 전반의 투표

표 1-2 2010년, 2014년 지방선거의 연령대별 투표율 비교

(단위: %)

분류	19세	20대 전반	20대 후반	30대 전반	30대 후반	40대	50대	60대 이상	전체
2014년	52.2	51.4	45.1	45.1	49.9	53.3	63.2	70.9	56.8
2010년	47.4	45.8	37.1	41.9	50.0	55.0	64.1	69.3	54.5
증감	+4.8	+5.6	+8.0	+3.2	-0.1	-1.7	-0.9	+1.6	+2.3

자료: 중앙선거관리위원회

율은 45.8%에서 51.4%로, 20대 후반은 37.1%에서 45.1%로 크게 늘어났다. 반면 50대 투표율은 64.1%에서 63.2%로 오히려 0.9%p 줄었고, 60대 이상 세대의 투표율은 69.3%에서 70.9%로 겨우 1.6%p 늘어나는 데 그쳤다. 50대 이상 연령층의 투표율이 높기는 하지만, 추세로만 보면 20대는 더 이상 무시해도 좋을 세대가 아닌 게 분명하다.

02
선거의
중심에 선
386세대

386세대가 주목받는 이유

2016년 총선을 거쳐 2017년 대선에서 가장 주목받는 집단은 아마 386세대일 것이다. 청년기에 민주화 세례를 받았고 30~40대 시절 1997년 국민의 정부와 2002년 참여정부를 탄생시킨 주역이지만, 이미 상당수가 50대로 접어들고 있기 때문이다. 여당은 나이가 들면 보수화될 수밖에 없다며 연령효과를 확신한다. 야당은 그들에게 젊은 시절의 진보성이 남아 있을 것이라며 세대효과를 기대한다. 여당 내부에도 '386세대 일부는 보수화됐지만 그들은 30대 때 노무현 돌풍과 탄핵 총선을 주도했고, 2012년 대선에서도 일관되게 문재인, 안철수 후보를 지지했다'는 경계심이 있기는 하다. 야당 내부에도 '386세대도 나이가 들었고 지금의 진보 정치에 대해 염증을 느끼면서 이미 보수로 기울어졌다'는 우려가 있다. 하지만 그것이 다수의 기대를 깰 정도는 아니다.

어쨌건 우리가 386세대에 관심을 갖는 이유는 그들이 한국 현대사에서 가진 독특한 경험 때문이다. 흔히 386세대란, 이 이름이 처음 불려질 1990년대 당시 '30대 나이, 80년대 학번, 1960년대 출생자'를 가리킨다. 이들이 40대가 되면서 '486세대'로, 일부가 50대 중반까지 진입한 지금은 '586세대' 또는 '86세대(80년 대학생활, 60년대 출생자)'로 부르기도 한다. 386세대의 연령을 놓고 연구자들 사이에서도 1960~1969년 출생자, 1961~1970년 출생자, 1962~1971년 출생자 등 약간의 차이가 있지만 정치적 의미에서 보면 그런 세세한 구분은 큰 의미가 없다.

대학에 다녔는지 여부와 상관없이 20대 청년 시절에 5·18 광주민주화운동(광주민주항쟁)을 직간접적으로 겪었으며, 전두환·노태우 정권의 통치 아래 보냈고, 1987년 6월 민주화운동 및 7, 8월 노동자대투쟁을 통해 민주화 시대를 열어젖힌 정치적 경험을 공유한 세대를 386세대라고 부르는 데에는 별 무리가 없어 보인다.

386세대를 주목해야 할 또 다른 이유는 이들이 선거에서 가지는 특별한 위상과 관련이 있다. 2002년 대선 당시 386세대는 30~40세였다. 당시 유권자 비중을 보면 30~40대(47.5%)가 50대 이상 연령층(29.3%)에 크게 앞선다. 투표자율은 30대 67.4%, 40대 76.3%, 50대 83.7%, 60세 이상 78.7%로 별로 차이가 나지 않는다. 2002년 노무현 돌풍은 바로 유권자와 투표자에서 중심에 섰던 3040세대가 만들어낸 것이다.

386세대가 40~50대로 진입한 2012년 18대 대선에서 이들이 전체 유권자 가운데 차지하는 비중은 41.0%, 투표자 비중은 42.6%였다. 2014년 제6회 지방선거에서는 유권자 비중 41.3%, 투표자 비중 41.9%로 2002년

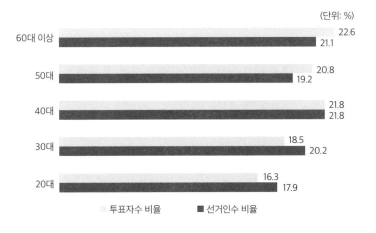

그림 2-1 2012년 18대 대통령 선거의 연령대별 선거인수·투표자수 비율

(단위: %)

자료: 중앙선거관리위원회 18대 대통령 선거 총람(2013)

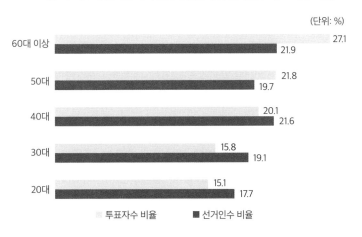

그림 2-2 제6회 전국동시지방선거 연령대별 선거인수·투표자수 비율

(단위: %)

자료: 중앙선거관리위원회 18대 대통령 선거 총람(2014)

대선에 비해 줄어들었다. 하지만 정치 효능감과 투표 영향력 면에서 이들은 여전히 한국 선거의 중심 세대였다.

물론 지금의 40~50대가 모두 386세대는 아니다. 50대 후반은 유신 시절 청년기를 보낸 세대로, 386세대와 세대 경험 자체가 다르다. 하지만 다가올 대선에서 386세대가 50대 중후반까지 진입하게 된다는 점은 특별한 의미를 지닌다. 흔히들 '50대＝보수'라고 하지만 이들에 의해 50대의 색깔이 바뀔 수도 있기 때문이다.

386세대의 분화

386세대는 20대 청년기에 민주화 세례를 받았다는 동일한 정치적 경험을 공유했지만 30여 년이 지난 지금은 세대 내부에서 분화가 진행되고 있는 것으로 확인되고 있다. '유권자 지도—세대 조사'에서는 여론조사 결과를 토대로 1980년대 초반에 대학생활을 경험한 광주항쟁세대(2015년 기준 50~55세)와 진보대중화세대(2015년 기준 43~49세)로 나누어 분류했다. 두 세대의 차이가 뚜렷하게 드러났기 때문이다.

1960년대 전반에 출생한 광주항쟁세대가 20대 초입에 잠깐 맛본 '서울의 봄'과 그 이후의 좌절, 광주민주항쟁의 트라우마 때문에 전두환 정권에 맞서 계란으로 바위치기 식 저항을 한 세대였다면, 1960년대 후반에 출생한 진보대중화세대는 1985년 2·12총선과 1987년 6월 민주화운동, 그리고 7, 8월 노동자대투쟁을 통해 진보 헤게모니를 장악해나간 세대였다. 이들은 6월 민주화운동 당시 '호헌철폐, 직선제'의 민주주의 제도화를 쟁취

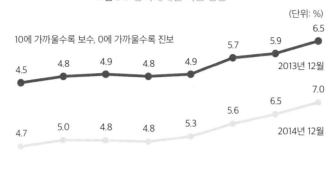

그림 2-3 **정치세대별 이념 성향**

(단위: %)

10에 가까울수록 보수, 0에 가까울수록 진보

4.5 4.8 4.9 4.8 4.9 5.7 5.9 6.5

2013년 12월

4.7 5.0 4.8 4.8 5.3 5.6 6.5 7.0

2014년 12월

| 무상복지
세대 | 촛불
세대 | 월드컵
세대 | IMF
세대 | 진보대중화
세대 | 광주항쟁
세대 | 유신체제
세대 | 유신이전
세대 |

자료: 유권자 지도―세대 1차 조사(2014. 12);
내일신문―서강대 현대정치연구소―한국리서치 2014년 신년조사(2013. 12)

한 세대이기도 하다. 따라서 이 세대를 '민주화 기치세대'와 '민주화 확대세대'라고 지칭할 수도 있겠다.

민주화 시대를 열었다는 큰 경험은 동일하지만 각각이 접했던 상이한 사회정치적 경험은 30여 년이 지난 지금에는 상당한 생각의 차이로 나타나고 있다. 정치 이념에서 보면 광주항쟁세대나 진보대중화세대 모두 어느 정도 보수화 경향을 보였는데, 특히 광주항쟁세대는 유신 시절 청년기를 보낸 유신체제세대(2015년 기준 56~65세)와 근접하고 있었다.

이들은 국가정책의 우선순위에서도 약간의 차이를 보였다. '남북관계'를 최우선 정책과제라고 본 광주항쟁세대는 15.9%였지만, 진보대중화세대는 7.5%였다. '정치개혁'이라는 대답은 광주항쟁세대 10.3%, 진보대중화세대 16.3%였다. '공동체를 위해 개인의 희생은 어쩔 수 없다'는 데 대해서도 광주항쟁세대(76.2% 동의)와 진보대중화세대(66.7% 동의)는 차이를 보였

다. 이 의견에 대해 광주항쟁세대는 진보대중화세대보다 유신체제세대에
더 가까운 것으로 나타났다.

보수와 진보의 의미를 해석하는 것도 달랐다. 광주항쟁세대는 다른
세대보다 '재벌과 노동자'의 의미로 이해하는 비율이 높았고, 진보대중화
세대는 '권위와 자유'의 의미로 이해하는 비율이 상대적으로 높았다.

희석된 세대효과

386세대의 세대효과가 확연하게 드러난 것은 2002년 대선과 2004년 국
회의 노무현 대통령 탄핵소추 의결 이후 치러진 탄핵 총선이었다. 2002년
초 새천년민주당의 대통령 후보 선출을 위한 국민경선에서 시작된 '노무
현 바람'의 진원지는 386세대였다. 이들은 노무현 대통령이 낡은 정치의
틀을 깨고 제대로 된 민주화 시대를 열어젖힐 것으로 기대하고 환호했다.

그해 6월 월드컵 열풍과 미군의 장갑차에 치여 숨진 효순이와 미선이
사건으로 그들은 다시 광장으로 뛰쳐나왔다. 대선 전날 벌어진 노무현과
정몽준의 단일화 파기는 386세대를 더 자극했다. 그들은 온라인, 오프라
인을 통해 가족과 친구들을 투표장으로 끌어냈다. 2004년 대통령 탄핵 사
건도 386세대의 민주주의 수호 의지를 불태우는 계기가 되었다. 자기 손
으로 뽑은 대통령을 끌어내리려는 상황에 대해 이들은 갓 태어난 열린우
리당에게 과반수 의석을 안기는 것으로 답했다.

하지만 2007년 대선에서는 기권하거나 오히려 여당인 이명박 후보를
지지했다. 이명박 후보의 530만 표 차 승리는 노무현 정권의 아마추어적

국정운영에 넌더리를 내던 386세대의 실망과 침묵 때문에 가능했다. 더구나 40대로 진입하면서 더 큰 무게로 다가온 경제에 대한 부담이 이명박 정권에 대한 기대로 나타나기도 했다. 2007년 대선 후 다수 연구자들은 '이제 386세대는 끝났다', '386세대의 세대효과는 사라졌다'고 진단했다.

2012년 대선에서 박근혜 후보와 문재인 후보가 접전을 벌이면서 '386세대의 세대효과는 살아 있다'는 주장이 나왔지만 그 위력에 대해서는 여전히 의구심을 갖는 사람들이 적지 않다. 이들의 세대효과가 희석되고 있는 현상은 '유권자 지도—세대 조사'에서도 다시 확인된다. 광주항쟁세대 가운데 스스로 진보적이라고 생각하는 사람이 21.9%에 불과했고, 스스로 보수적이라는 사람은 2배에 가까운 40.5%나 되었다. 진보대중화세대에서도 자칭 진보는 20.6%에 지나지 않았고, 자칭 보수는 32.8%였다. 이는 전 세대 진보 평균(23.9%)보다도 낮은 수치로, 자칭 진보가 41.1%나 되는 IMF세대(2015년 기준 37~42세)와는 확연하게 구분된다. 결국 광주항쟁세대건, 진보대중화세대건 이미 보수화되고 있음이 지표로 확인된 셈이다.

이러한 현상은 민주주의 가치에 대한 의견에서도 비슷하게 나타났다. '민주주의 가치가 항상 최선'이라는 데 동의한 386세대는 촛불세대(2015년 기준 26~30세)나 IMF세대보다 훨씬 적었다. '민주화 경험을 공유한 세대인 만큼 민주주의 가치에 대한 확고한 신념이 있을 것'이라는 통념과는 달리 연령효과가 오히려 이들을 지배하고 있었던 것이다.

386세대의 연령효과 표출은 그들이 처한 현실과 무관치 않다. 광주항쟁세대 중 일부는 이미 사회로부터 밀려났거나 퇴출에 임박한 사람들이다. 자녀를 위해 모든 것을 바치고 이제 가난한 노후를 고민해야 하는 처지가 된 것이다. 진보대중화세대도 크게 다르지 않다. 한국 사회의 중심을 이

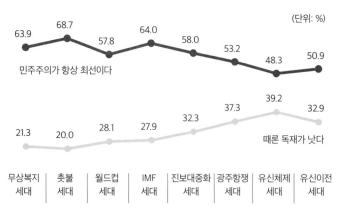

그림 2-4 민주주의 가치에 대한 세대별 인식

(단위: %)

민주주의가 항상 최선이다
63.9 68.7 57.8 64.0 58.0 53.2 48.3 50.9

때론 독재가 낫다
21.3 20.0 28.1 27.9 32.3 37.3 39.2 32.9

| 무상복지
세대 | 촛불
세대 | 월드컵
세대 | IMF
세대 | 진보대중화
세대 | 광주항쟁
세대 | 유신체제
세대 | 유신이전
세대 |

자료: 유권자 지도—세대 1차 조사(2014. 12)

루는 연령대이지만 이 세대의 상당수는 취직을 하지 못하는 자녀를 뒷바라지하고, 노령화로 삶의 주기가 길어진 부모세대를 봉양하며, 자신의 노후까지 고민해야 하는 3중고에 시달리고 있다. 이들에게 사회정의와 민주주의를 위해 싸웠던 젊은 시절의 경험은 기억의 한구석에 간직되어 있을 뿐이다. 당장 눈덩이처럼 불어난 가계부채의 늪과 눈앞에 다가오고 있는 경제위기를 어떻게 넘겨야 할지를 더 고민해야 하는 입장인 것이다.

나이의 지배에서 못 벗어나는 걸까

그렇다고 386세대가 보수화됐다고 단정하기는 이르다. 연령효과의 노예가 되기에는 그들의 젊은 시절을 불태웠던 민주화 세례의 경험이 DNA 속에 간직돼 있기 때문이다. 사실 지난 2012년 대선에서도 386세대의 세대효과의 흔적을 찾을 수 있다. 당시 새누리당 박근혜 후보는 50대 후반에서 71.0% 대 29.0%로 크게 이겼지만(42%p 차이), 386세대가 진입한 50대 초반에서는 54.2% 대 45.8%(8.4%p 차이)로 40대 후반의 54.1% 대 45.9%(8.2%p 차이)와 비슷한 결과를 보인다. 40대 후반과 50대 초반의 동기화는 바로 386세대의 세대효과로 해석된다.

양자 대결로 진행된 2012년 대선은 선거 캠페인과 무관하게 '박근혜=박정희의 딸=산업화 계승', '문재인=노무현의 후예=민주화 승계'로 받아들여졌고, 386세대는 문 후보의 '민주주의 회복' 캠페인에 적극적으로 반응했다. 2002년 대선도 '이회창=보수', '노무현=개혁'으로 선거 구도가 만들어지면서 386세대가 가장 적극적으로 세대효과를 발휘한 선거로 기록

표 2-1 연령대별 득표율 비교(2002년, 2012년 대선)

(단위: %)

연령	2012년		2002년		격차	
	박근혜	문재인	이회창	노무현	여당 후보	야당 후보
20대 초반	35.4	64.6	33.6	60.2	1.8	4.4
20대 후반	32.0	68.0	30.9	62.6	1.1	5.4
30대 초반	32.7	67.3	31.7	61.3	1.0	6.0
30대 후반	34.5	65.5	37.4	56.9	-2.9	8.6
40대 초반	33.4	66.6	46.5	48.9	-13.1	17.7
40대 후반	54.1	45.9	52.2	45.1	1.9	0.8
50대 초반	54.2	45.8	55.7	40.8	-1.5	5.0
50대 후반	71.0	29.0	57.7	39.2	13.3	-10.2
60대	70.8	29.2	60.4	38.2	10.4	-9.0
70대 이상	74.2	25.8	54.9	42.9	19.3	-17.1

자료: 2002년 KBS 출구조사와 2012년 KEP 방송사 출구조사

되었다. 물론 여기에는 정치권의 '동원'이 중요한 요소로 작용했다.

물론 지금 야당의 리더십으로 이들을 동원하기란 거의 불가능에 가깝다. 386세대 입장에서 볼 때 야당은 자신들의 삶의 무게를 덜어줄 수도 없고, 정치적 갈증을 해소해줄 수도 없는 집단이기 때문이다. 오히려 386세대에게 그들은 함께 일궈온 민주화의 성과물을 자신의 정치적 삶을 영위하는 데 이용해온 '정치꾼'으로 비칠 수 있다. 알량한 권력 때문에 분열을 거듭하는 그들을 보며 386세대는 2007년 대선 때처럼 정치권 자체를 외면할 가능성이 크다.

하지만 유권자는 단순히 정당이나 정치지도자의 동원 대상이 아니라 스스로 선택하는 주체이기도 하다. 2012년 대선 당시 386세대의 상당수는 '문재인 후보도 맘에 들지 않지만 박근혜 후보가 되면 안 된다'는 생각에서 투표장에 나왔다. 문재인 후보의 동원 때문이 아니라 민주주의가 후퇴할 수 있다는 본능적 위기감이 그들을 투표장으로 등 떠민 것이다. 세대효과는 때로 이처럼 정치적인 동원이 없어도 그 세대를 행동하게 한다. 그런 의미에서 2015년 말 교과서 국정화 사태와 김영삼 전 대통령 서거 이후의 신드롬은 눈여겨봐야 할 대목이다.

박근혜 정부의 일방통행으로 진행되는 교과서 국정화는 다른 과거 회귀적 국정운영과 함께 386세대가 온몸으로 일궈왔던 민주주의 가치의 훼손으로 받아들여졌다. YS는 IMF 외환위기를 불러온 실패한 대통령으로 외면당했지만, 사후 민주화 시대를 연 인물로 재조명되면서 386세대에게 민주화 시대의 향수를 불러일으켰다.

이런 일련의 사건들이 386세대에게 세대효과를 환기시키고 있음은 여론조사에서도 확인된다. 정치권의 특별한 동원이 없었지만 내일신문의

2015년 12월 정례조사에서도 50대 전반(50~54세)과 40대 후반(45~49세)의 동조 현상이 나타난 것이다. 'YS 재임 시절과 비교해 지금 우리나라의 민주주의가 얼마나 발전됐다고 보느냐'는 질문에 50대 전반의 58.6%가 '더 후퇴했거나 당시와 비슷하다'고 대답했다. 이 수치는 50대 후반의 43.8%보다 40대 후반의 65.7%에 훨씬 가깝다.

다가올 양대 선거에서 386세대의 선택은 과연 무엇일까? 온몸으로 열어젖힌 민주주의가 후퇴하는 데 분노하며 권위주의적인 정부를 응징하러 나설까? 아니면 나이와 삶의 무게를 버거워하며 보수정권에 침묵의 동조를 보낼까? 그것도 아니면 아예 뒷짐을 진 채 혐오스러운 정치 상황을 외면해버릴까?

03
부모와 자식의 정치적 갈등, 얼마큼일까

부모는 여당, 자식은 야당?

2015년, 부모세대와 자식세대의 정치 성향의 차이는 분명해 보인다. 특히 정당 지지도에서 2030세대는 야당 지지 성향이 강하고, 5060세대는 여당 지지 성향이 강하다는 것이 상식처럼 되어 있다. 그리고 세대 간 정치 성향의 차이를 근거로 역대 선거 결과를 해석하는 것도 꽤 익숙한 현상이다. 2002년 대선 당시 전체 유권자의 48.3%를 차지한 2030세대가 노무현 정권을 탄생시킨 주역이라는 것은 널리 회자된 얘기다. 반면 2007년 대선에서 한나라당 이명박 후보와 대통합민주신당 정동영 후보의 530만 표 차이는 부모세대의 결집으로 해석되기도 했다. 2012년 대선에 대해서도 세대 간 대결이나 갈등의 결과라는 해석이 많이 제출되었다.

그런데 '세대별로 지지하는 정당 혹은 투표하는 정당(후보)이 다르다'

는 것과 '세대가 정치적으로 갈등한다'는 것이 과연 같은 걸까? 만약 같은 것이라면 부모세대와 자식세대가 갈등하는 내용은 무엇일까?

2015년 10월 '세대별 지지정당 조사' 결과에서는 먼저 '응답자들에게 지지정당이 있는가'를 묻고, '있다'고 답한 사람들에게만 '지지하는 정당이 어느 정당인가'를 물은 다음, '지지정당이 없다'고 대답한 사람들에게 다시 한 번 '그래도 조금이라도 좋아하는 정당이 있다면 어느 정당인가'를 물었다. 〈그림 3-1〉은 처음에 '좋아하는 정당이 있다'고 답한 사람과 '없다' 혹은 응답하지 않은 사람들을 나타낸 것이고, 〈그림 3-2〉는 두 차례 질문을 거쳐 얻은 좋아하는 정당에 대한 답변과 무응답을 합산한 결과를 나타낸 것이다.

〈그림 3-1〉을 보면 전 세대에 걸쳐 '좋아하는 정당이 없다'는 응답자가 절대다수를 차지한다. 정도는 나이가 젊을수록 더 강했고, 20~30대에서는 10명 중 8~9명이 좋아하는 정당이 없었다. 하지만 60대 이상에서도 57.3%는 지지정당이 없다고 답하거나 응답 자체를 하지 않았다. 선거일이 가까워 오면 지지정당이 없는 이른바 '무당파'의 숫자가 조금 줄어들기는 하지만, 그래도 우리나라 전체 유권자 2명 중 1명은 특별히 좋아하는 정당이 없다는 것이 일반적 경향이었다.

물론 각 세대의 유권자들 중 선거일에 투표하는 사람들은 대개 특정 정당과 그 정당에 소속된 후보자를 찍는다. 그리고 그 결과는 2030세대와 50세 이상 세대에서 큰 격차가 나타나는 것이 최근 추세다. 그러나 그것은 투표일의 이야기다. 일상적인 시기에는 전 세대에서 지지정당이 없는 사람들이 다수이며, 새누리당 지지층에서만 세대별로 차이가 있을 뿐 새정치민주연합 지지층은 전 세대에서 미미한 수준이다. 여·야당을 지지하더라

그림 3-1 1차 질문에 답한 지지정당

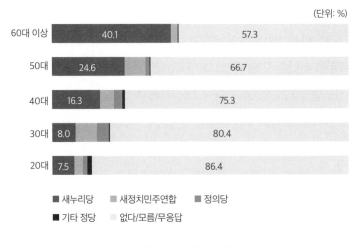

자료: 유권자 지도—세대 2차 조사(2015. 10)

그림 3-2 1, 2차 질문에 답한 지지정당

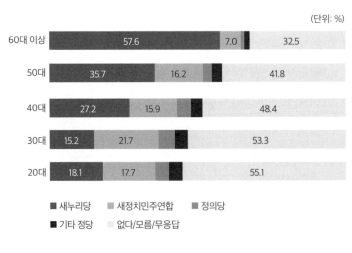

자료: 유권자 지도—세대 2차 조사(2015. 10)

도 그 강도는 매우 약하다는 것이다. '그래도' 좋아하는 정당을 물어 모두 합한 〈그림 3-2〉에서조차 2030세대에서는 2명 중 1명이 무당파로 나타난다. 그리고 50대와 60대 이상 세대의 차이도 작지 않다. 50대 10명 중 4명은 여전히 지지정당이 없었다.

수치로만 본다면, 부모세대는 평소 새누리당을 선호하는 경향이 있지만 자식세대는 야당을 더 좋아하지도 않고 지지정당이 없다는 것이 정확한 해석이다. 지지정당이 없는 무당파는 투표 때 평소 지지하는 정당에게 투표하기보다 그때그때 중요하게 생각하는 정책이나 이슈 혹은 호감 가는 인물 등에 따라 투표 결정을 하게 된다. 이런 조건에서 세대 갈등이란 적어도 지지정당이나 여야 성향을 둘러싼 갈등을 의미한다고 볼 수는 없다.

직관적으로도 그렇다. 평소 우리 주변에서 부모와 자식 세대 유권자들이 어느 정당을 지지한다, 혹은 어느 정당의 정책이 옳다, 이런 문제로 갈등을 벌이는 것을 보기는 쉽지 않다. 물론 특정 이슈나 정책, 가치에 대한 견해 차이가 있을 수 있고 그것이 때로 특정 정당의 입장이나 소속 정치인의 견해와 일치될 수는 있다. 하지만 그것이 부모와 자식 세대의 정치 갈등을 의미하는 건 아니다. 그렇다면 우리 사회에서 세대 갈등이란 무엇을 의미하는 걸까?

연금과 일자리에 대한 생각

가족 내 부모자식 관계를 넘어 사회 전체 수준에서 부모세대와 자식세대가 갈등할 수 있는 사회경제적 문제는 단연 일자리와 연금이다. 우리나라

뿐만 아니라 외국에서도 이미 고령화 단계에 진입한 사회에서는 세대 간 지속 가능성을 위협하는 가장 중대한 문제가 일자리와 연금을 어떻게 나눌 것인가이다.

노후세대의 연금이 안정적으로 제공되기 위해서는 현재 경제활동인구가 적정한 소득을 얻고 그중 일부를 연금보험료로 축적해야 한다. 현 경제활동세대가 어느 정도의 보험료를 어떤 방식으로 축적할 것인가, 그리고 연금수급세대가 언제 어느 정도로 연금을 지급받을 것인가 하는 문제에서 균형점을 찾는 일은 쉽지 않다. 만약 보험료 납입세대는 더 적게 내고자 하고 보험료 수급세대는 더 많이 받고자 한다면, 혹은 보험료 납입세대는 더 늦은 나이에 연급수급이 시작되어야 한다고 생각하는 반면 현재의 수급세대는 조금 더 일찍부터 받기를 원한다면, 이것이야말로 이해관계를 둘러싼 부모와 자식 세대의 갈등으로 발전할 수 있다. 앞서 이런 문제에 봉착했던 사회들은 부모세대의 양보와 자식세대의 연대로 적정한 균형점을 찾는 방법들을 발전시켜왔다.

일자리 문제도 유사한 성격을 지닌다. 점점 수명이 늘어나는 사회에서는 '경제활동을 쉬어도 좋을' 나이에 대한 인식도 달라진다. 그런데 한 사회의 일자리 개수는 무한정 늘어날 수 없다. 제한된 일자리를 둘러싸고 신규로 일자리를 찾아야 하는 세대와 이미 일자리를 갖고 있기는 하지만 조금 더 일을 하고자 하는 세대 사이에서 협력의 방법을 찾는 것도 고령화 진입 이후 사회에서 공통적으로 당면하게 되는 문제다.

이 문제를 제로섬 게임으로 접근한다면 제대로 된 대안을 찾기 어렵다. 누군가는 일자리를 내놓아야 하고 누군가는 다른 사람의 일자리를 빼앗아야 한다는 가정에서 출발한다면, 이것 역시 부모와 자식 세대의 물리적 갈등으로 발전할 수 있다. 그러나 현실은 많이 다르다. 의자 빼앗기나 밀어내기 게임으로 일자리 문제를 해결하려 한다면 종국에 가서는 단 한 자리밖에 남지 않게 될 것이고, 그 한 자리를 차지하기 위한 사회 갈등은 수습하기 어려운 파국을 낳을 것이다. 우리 사회는 한편으로 더 많은 일자리를 만들어야 하지만, 다른 한편으로 제한된 일자리를 나누는 현명한 방법을 찾아야 하는 과제를 안고 있는 셈이다.

이런 문제들이야말로 부모와 자식 세대가 사회적으로 당면할 수 있는 잠재적 갈등 의제라 할 수 있다. 그렇다면 한국의 부모와 자식은 이 문제에 대해 어떻게 생각하고 있을까?

2015년 10월 조사 자료에 따르면, 전 세대에 걸쳐 유권자 10명 중 6명 이상이 '젊은 층에 부담이 되더라도 노후연금을 줄여서는 안 된다'고 생각하고 있었다. 세대별로 나누어 보면 이러한 견해에 대해 2030세대에서 특히 동의율이 높았고, 부모세대 중에서 50대가 가장 동의율이 낮았다. 사회

그림 3-3 연금과 일자리에 대한 연령대별 견해

젊은 층에 부담이 되더라도 노후연금을 줄여서는 안 된다		젊은 층의 일자리를 위해 나이 든 사람들이 양보나 희생을 할 필요가 있다	
			(단위: %)
60대 이상	62.3	60대 이상	68.1
50대	56.1	50대	60.4
40대	57.5	40대	46.1
30대	60.5	30대	34.4
20대	66.8	20대	37.9

자료: 유권자 지도─세대 2차 조사(2015. 10)

적으로 부모세대를 부양해야 할 자식세대에서 동의율이 높고 부모세대에서 상대적으로 동의율이 낮다는 건 부모와 자식 세대가 서로 배려하고 있다는 의미다.

일자리 문제도 마찬가지였다. '젊은 층의 일자리를 위해 나이 든 사람들이 양보나 희생을 할 필요가 있다'는 의견에 대해 50대 이상일수록 동의율이 높았던 반면 2030세대에서는 동의율이 훨씬 낮았다. 자식세대는 부모세대의 양보나 희생으로 일자리를 얻기보다 다른 방법을 더 선호하는 것이다. 반면 부모세대는 자식세대의 일자리를 위해 양보할 준비가 되어 있었다.

지속 가능한 사회를 위한 건강한 갈등

어느 사회든 부모세대의 일방적 희생이나 자식세대의 일방적 부양의 의무가 아니라, 상호 적절한 배려와 세대 간 연대를 통해 유지되는 것이 바람직하다. 2015년 한국 사회의 부모와 자식 세대들도 이 점을 충분히 인지하고 있는 것으로 보인다. 그러나 한국 사회가 감당할 수 있는 적절한 균형점이 어디인지, 그것이 어떤 정책으로 구체화될 수 있는지에 관해서는 충분한 정보를 바탕으로 한 사회적 공론 과정이 필수적이다. 그리고 그 공론의 과정에서 정보를 제공하고 대안을 제시하며 토론을 이끌어야 할 책임이 정부와 정당, 정치인들에게 있다.

유권자 수준에서 사회의 지속 가능성에 대한 건강한 고민들을 하고 있다 하더라도, 문제를 해석하고 대안을 제시하는 정당(정치인)이 세대 간 갈등을 촉발하고 그것으로부터 편향된 지지를 얻고자 한다면 사회적 공론 과정은 왜곡될 수 있다. 정당(정치인)이 단기적 이득을 위해 세대 동원 전략을 구사하는 것은 중장기적으로 한국 사회의 지속 가능성을 파괴하는 결과를 초래할 수 있다는 말이다. 현재 한국 사회의 부모세대와 자식세대는 사회경제적 이익을 둘러싸고 갈등하는 상태도 아니고, 정치적 권력의 배분을 둘러싸고 갈등하는 것도 아니다. 물론 어느 사회에나 있는 것처럼 세대 간 가치관의 차이는 분명 존재한다. 그러나 그것은 세대가 서로를 극복해야 할, 혹은 어느 한 세대가 다른 세대에게 굴복해야 할 갈등은 아니다. 이를 지속 가능한 사회를 만들어가기 위한 건강한 갈등으로 해석하고 합의적 대안을 마련해나가는 정치 담론이 필요한 시점이다.

04

광주항쟁세대와
유신체제세대

유신이 만든 콘크리트 지지층

몇몇 여론조사 회사가 매주 대통령 지지도를 조사한다. 질문은 대통령이 직무수행을 잘한다고 생각하는지 혹은 잘못 수행한다고 생각하는지를 묻는 방식이다. 만일 응답자가 '모르겠다'고 답하면 다시 한 번 '잘하고 있다'와 '못하고 있다' 중 하나를 선택하도록 질문한다.

이 방식에 따른 조사에서 집권 3년 동안 박근혜 대통령의 지지도는 한 번도 30% 이하로 내려간 적이 없다. 이전의 이명박, 노무현 전 대통령이 집권 3년차에 접어들기 전에 30% 이하의 낮은 지지율을 경험한 것과 달리, 박 대통령에게는 어떠한 경우에도 충성심이 변하지 않는 공고한 지지층이 있는 것으로 알려져 있다. '콘크리트 지지층'이라는 표현은 박 대통령에 대한 절대적 지지를 보내는 집단을 지칭한다. 이들은 웬만한 정치공세나 대통령이 책임져야 하는 사건이 터져도 전혀 흔들리지 않을 만큼 강력한 충성도를 보인다.

　이러한 확고한 지지층은 주로 영남 출신들로 알려져 있다. 그런데 지역주의 외에도 영향을 미치는 요인이 있다. 바로 세대다. 서울, 경기 등 지역주의가 없는 수도권 출신들 중에서도 박 대통령에게 무한 신뢰를 보내는 세대가 있는데 그들은 주로 유신시대에 교육을 받은 연령층이다. 1972년 10월부터 박정희 전 대통령이 서거한 1979년 말까지의 유신 기간 동안청소년기를 보내면서 정치와 사회공동체에 대한 인식이 생기기 시작한 집단을 일컬어 유신체제세대라고 한다. 2015년 기준으로 이 계층에 속한 연령층은 56~65세다.

시대적 경험에 따른 세대 구분

〈표 4-1〉에 정리된 조사 결과를 살펴보자. 2010년 조사는 이명박 대통령에 대한 평가로 당시에는 '모르겠다'는 응답을 포함하지 않았다. 반면 2015년 조사는 박근혜 대통령에 대한 평가로 '모르겠다'는 응답을 포함했다. 따라서 두 개의 설문 결과를 직접 비교하기는 어렵다. 그러나 개별 조사내에서 전체 응답과 각 집단의 비교는 가능하다. 예를 들어 2010년의 경우 50대는 전체 평균에 비해 긍정적 평가가 16.7%p 높았다. 이에 비해 광주항쟁세대인 당시 40대 후반의 평가는 53.1%로 전체 평균보다 약간 긍정적이었다. 5년이 지난 조사에서도 같은 패턴이 유지되고 있는 것이 세대효과를 증명한다.

표 4-1 대통령 직무평가 중 긍정평가 비율

(단위: %)

2010년		2015년	
50~59세	66.4	55~64세	49.6
45~50세	53.1	50~55세	29.1
대구·경북	63.3	대구·경북	43.6
부산	51.0	부산	32.1
전체	49.7	전체	28.5

자료: 2010년 내일신문 현안여론조사(2010. 2); 유권자 지도—세대 1차 조사(2014. 12)
*표의 나이는 조사시점인 2014년 12월을 기준으로 한 것임.

2015년 조사를 보면 유신체제세대의 대통령 국정운영 긍정평가 비율은 전체보다 21.1%p 높다. 2010년 조사와 달리 '모르겠다'는 응답 항목이 포함된 2015년 조사에서 전체 평균이 28.5%인데 유신체제세대의 긍정평가 비율은 49.6%로 큰 차이를 보인다. 반면에 2010년 당시 40대였던 광주항쟁세대는 5년 후에는 50~55세가 되었는데 이들의 긍정평가 비율은 전체 평균과 비슷하다.

이처럼 5년 간격의 설문조사 결과를 비교했을 때 대통령의 국정운영에 대한 지지율은 세대별로 차이가 나는 패턴이 그대로 유지되고 있음을 확인할 수 있다. 또한 흥미로운 것은 지역주의에 기초해 분석했을 때, 영남지역에서의 대통령 국정운영 긍정평가는 이명박 정부와 박근혜 정부 때 공히 대구·경북지역에서 더 높은 지지를 보였고, 부산 출신의 긍정평가 비율은 전체 평균과 별로 다르지 않다는 것을 확인할 수 있었다. 또한 출신지역에 따른 긍정평가 비율의 차이보다 세대 구분에 의한 차이가 더 두드러지게 나타났다.

그동안 설문조사 결과를 분석하면서 일반적으로 10년 단위로 구분해 20대, 30대 등으로 연령 기준의 분석 단위를 설정했다. 그런데 유권자들의 연령이 매년 변하는데도 불구하고 분석의 편의성 때문에 10년 단위로 세대를 구분하는 것은 타당하지 않다는 점을 고려해야 한다. 그러한 방식보다는 정확하게 시대적 경험에 따른 세대 구분이 필요하다. 즉 조사년도에 관계없이 정치사회적 경험을 바탕으로 세대를 구분하고 그것에 따라 분석하는 것이 더 정확하다. 10년 단위의 출생년도 분석은 조사시점에 따라 매번 달라지므로 앞으로는 응답자의 출생년도 기준의 분기점을 찾아서 세대

그림 4-1 박근혜 대통령 국정운영에 대한 세대별 평가

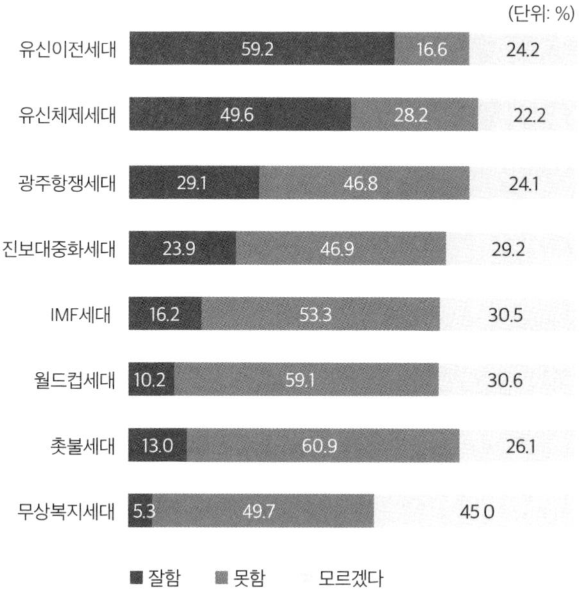

(단위: %)

세대	잘함	못함	모르겠다
유신이전세대	59.2	16.6	24.2
유신체제세대	49.6	28.2	22.2
광주항쟁세대	29.1	46.8	24.1
진보대중화세대	23.9	46.9	29.2
IMF세대	16.2	53.3	30.5
월드컵세대	10.2	59.1	30.6
촛불세대	13.0	60.9	26.1
무상복지세대	5.3	49.7	45 0

■ 잘함　■ 못함　　모르겠다

자료: 유권자 지도—세대 1차 조사(2014. 12)

를 구분하고 그 연령집단의 특성을 파악하는 일이 필요하다.

이같이 세대를 세분화하여 대통령 국정 직무평가 비율을 보면 〈그림 4-1〉과 같다. 대통령 직무에 대한 긍정평가 비율은 유신이전세대가 가장 젊은 무상복지세대의 무려 10배가 넘는다. 세대별로 전반적인 분위기를 보면 유신이전세대와 유신체제세대에서는 긍정적 분위기를 엿볼 수 있다. 부정평가보다는 긍정평가가 월등히 앞서고 있다. 그러나 광주항쟁세대와 그보다 젊은 세대에서는 절대적으로 부정평가의 비율이 높아서 세대별로 대통령 국정운영에 대한 온도 차가 큰 것을 확인할 수 있다. 따라서 세대에 따른 정치 성향을 크게 구분한다면 유신체제를 기준으로 그 이전과 그 이후 세대로 나누어볼 수 있다.

50대라고 다 같지 않다

그렇다면 이러한 세대별 차이는 무엇을 의미하는 것인지 좀 더 생각해 볼 필요가 있다. 여기서 주목해야 할 것은 유신체제세대를 전반, 후반으로 구분했을 때에도 유의미한 차이가 없다는 사실이다. 50대 후반의 유신체제후반세대의 긍정적 평가는 46.3%로 50대 전반의 광주항쟁세대보다 17.2%p 높게 나타난다. 60대 초반의 유신체제전반세대의 긍정평가 비율인 53.1%와는 단지 6.8%p의 차이만 보이고 있다. 이러한 사실을 통해서 50대 내에서도 상당한 차이가 존재하며, 따라서 좀 더 세밀한 세대 구분이 필요하다는 것을 확인할 수 있다.

이들 집단의 이념적 차이가 어떠한지를 보자. 〈표 4-2〉에서 이념 점수

표 4-2 세대별 이념 점수와 이슈 찬성률

(단위: 점, %)

구분	광주항쟁세대 (50~55세)	유신후반세대 (56~60세)	유신전반세대 (61~65세)	유신이전세대 (66세 이상)
이념 점수	5.59	6.41	6.61	7.05
국가보안법은 폐지되어야 한다	32.8	22.8	22.9	21.2
대북협력 정책은 지속되어야 한다	84.1	71.3	73.3	74.1

자료: 유권자 지도—세대 1차 조사(2014. 12)

를 기준으로 볼 때 유신체제세대는 모두 6점이 훨씬 넘어 상당히 보수적이라는 것을 알 수 있다. 반면에 광주항쟁세대의 이념 평균은 5.59점으로 전체 응답자의 이념 평균 5.55점과 별 차이를 보이지 않았다. 따라서 이러한 이념의 차이가 대통령의 직무평가에 상당한 영향을 미쳤을 것이라고 판단할 수 있다. 보수적인 박근혜 대통령에 대해 보수적 성향이 강한 유신체제세대와 그 윗세대가 더욱 긍정적으로 평가했던 것이다.

한편 세대별로 주관적 이념 점수뿐만 아니라 논쟁적 이슈에 대해서도 뚜렷한 차이가 있는 것을 볼 수 있다. 인권과 관련된 국가보안법 폐지에 대한 입장을 보아도 50대 전반의 광주항쟁세대는 3명 중 1명꼴로 찬성하는 데 비해 유신전후반세대의 찬성 비율은 20% 초반으로 유신이전세대와 유사한 태도를 보이고 있다. 이러한 태도는 대북 정책에 대한 입장에서도 마찬가지로 발견된다. 대북협력 정책이 지속되어야 한다는 데 대해 광주항쟁세대와 그 이전 세대의 입장은 10%p 이상의 차이를 보인다.

이러한 비교를 통해서 다시 한 번 50대의 세분화가 필요하다는 것을 확인할 수 있다. 50대 후반의 연령집단은 50대 전반의 세대보다는 더 나이가 든 유신전반세대나 유신이전세대와 정치적 태도가 더 유사하다는 것

1장 세대별 표심을 들여다보다

을 확인했다.

　연령집단 간의 이념이나 정치 정향에서 차이가 나는 이유는 연령효과와 세대효과로 구분해 설명할 수 있다. 여기서 연령효과란 나이가 들어가면서 점차 보수화 경향을 띠는 것을 말한다. 〈표 4-2〉의 이념 점수를 보면 나이가 들어감에 따라 보수적 성향이 높아지는 것을 알 수 있다. 한편 세대효과는 사회화 과정을 겪는 특정한 연령층이 특정 사건이나 환경에 영향을 받으면서 얻은 독특한 세대 경험이 이들의 정치적 태도에 영향을 미치는 것을 말한다.

　50대 후반이 50대 전반보다 60대 전반과 유사한 정치 성향을 보이는 이유는 세대의 명칭에서처럼 56~65세가 유신시대를 경험한 세대라는 공통점을 갖고 있기 때문이다. 55세 이전의 세대는 유신시대 이후에 고등학교와 대학생활 혹은 초기 사회생활을 경험한 세대다. 따라서 50대 전반의 연령층은 50대 후반에 비해 유신의 영향을 덜 받았다고 볼 수 있다. 유신 교육을 받은 세대는 차후에 그 교육의 문제점을 알게 된다 해도 여전히 그 교육의 영향에서 완전히 벗어나기는 힘들다.

　따라서 앞에서 본 바와 같이 56~65세의 연령층은 비슷한 정치 정향을 보이며 유신체제세대라는 명칭으로 성격을 규정할 수 있다. 그리고 이들은 박근혜 정부를 지지하는 핵심 연령층이다. 이처럼 유신체제세대와 그 이후 세대들 사이에서 대통령 직무평가에 대한 뚜렷한 차이가 나타나는 것은 단지 대통령 선호에 의한 것이 아니라 세대별 정치 정향이 확실히 다르기 때문이다.

세대별 이념 차이

〈표 4-3〉은 한국 사회 평가인식 중 긍정 응답의 비율을 세대별로 정리한
것이다. 사회평가는 크게 3가지 질문으로 구성되었다. 한국 사회의 평등,
자유, 공정의 수준을 응답자들이 긍정, 보통, 부정의 3단계로 평가하도록
했다. 여기서는 분석의 편의상 보통의 답변은 제외하고 긍정과 부정 답변
사이의 비율만을 계산해 제시한다.

사회적 평등에 대해서 전체적으로 19.1%가 긍정적 답변을 했는데 유
신체제세대와 그 이전 세대에서 긍정 응답 비율이 각각 23.1%와 44.6%로
평균보다 높게 나타났다. 전체적으로 사회적 평등에 대해 부정적 평가가
다수를 이루지만 그래도 유신체제세대에 와서는 긍정평가 비율이 상대적
으로 높았다.

자유 수준에 대한 평가도 같은 분포를 보이고 있다. 유신체제세대에
서 한국 사회가 자유롭다는 응답이 86.0%에 이르고 그보다 더 나이가 많
은 세대에서는 절대다수인 95.1%가 한국 사회가 자유롭다는 데 동의하고

표 4-3 사회평가 중 긍정 답변 비율

(단위: %)

세대 구분	평등	자유	공정
진보대중화세대	14.0	75.9	19.4
광주항쟁세대	17.9	79.2	28.7
유신체제세대	23.1	86.0	30.7
유신이전세대	44.6	95.1	47.7
평균	19.1	80.3	24.4

자료: 유권자 지도—이념 조사(2015. 8)

표 4-4 세대별 이념 성향

(단위: 점)

세대 구분	자유 대 질서	진보와의 거리	보수와의 거리
진보대중화세대	6.25	4.97	5.40
광주항쟁세대	6.30	5.55	5.32
유신체제세대	6.76	6.28	4.28
유신이전세대	6.71	6.95	4.01
평균	6.08	5.53	5.11

자료: 유권자 지도—이념 조사(2015. 8)

있다. 공정 수준에 있어서도 평등이나 자유 수준의 평가와 마찬가지로 유신체제세대와 유신이전세대에서 긍정 답변의 비율이 그 이전 세대보다 높으며 전체 평균과 비교해도 높은 것으로 확인되었다.

추상적 가치인 평등, 자유, 공정의 수준뿐만 아니라 가치 및 이념집단에 대해서도 세대별로 차이가 있는지 확인해보았다. 〈표 4-4〉를 보자. 이 조사는 '자유와 질서 중 어떤 가치가 더 중요한가'를 묻고, 점수가 작을수록 자유를 선호하고 점수가 클수록 질서를 선호하는 것으로 설계했다. 따라서 평균점수가 6.08이라는 것은 자유보다는 질서의 가치를 약간 더 중시하는 것으로 해석하면 된다. 여기서 유신체제세대와 유신이전세대의 점수가 진보대중화세대나 광주항쟁세대보다 크게 나타나는 것은 이들이 젊은 세대보다 질서를 더 중시한다고 보면 된다. 점수 차를 비교해보면 유신체제세대와 유신이전세대는 거의 차이가 없으며, 반면에 진보대중화세대와 광주항쟁세대가 유사한 세대로 구분된다고 할 수 있다.

세대 간에 이념 점수와 논쟁적 이슈에 대한 태도에 차이가 있다는 것은 이미 확인했다. 그렇다면 세대별로 내부적 동질성뿐만 아니라 다른 세대에 대한 이질성도 동시에 존재하는 걸까? 그래서 다른 집단에 대한 거부감과 자기집단에 대한 충성심이 동시에 작용할 수 있을까?

표를 보면 진보대중화세대는 진보에 대해 중립적 정서(4.97)를 가지며 광주항쟁세대는 진보를 약간 불편해하는 편이다(5.55). 이에 비해 유신체제세대(6.28)와 유신이전세대(6.95)는 거리감 점수가 6점이 훨씬 넘어 진보를 상당히 멀게 느끼고 있다는 것을 알 수 있다. 보수에 대한 거리감은 오히려 진보에 대한 거리감보다 적다. 전체 국민의 이념이 보수적 성향에 가깝다는 얘기다. 진보대중화세대와 광주항쟁세대가 보수에 대해 느끼는 거리감 점수는 5점을 약간 넘고 있어 중립적 태도를 보인다고 해도 무방하다. 그러나 유신체제세대와 더 나이가 많은 유신이전세대가 보수에 대해 갖는 거리감은 각각 4.28점, 4.01점으로 이들은 보수에 대해 상당한 정도의 우호적 감정을 갖고 있는 셈이다.

세대별로 자기 세대에 대한 이념 차가 크지 않아 내부적 동질성이 높은 편이며, 측정 방법에 관계없이 일관되게 다른 세대에 대한 태도는 거부감 정도의 수준은 아니지만 불편함을 느끼기에는 충분한 정도의 거리감을 보이고 있다. 특히 유신체제세대를 전후로 하여 그 차이는 뚜렷하게 나타난다.

이러한 경험적 결과가 뒷받침되지 않았다면, 유신체제세대는 유신이라는 정치적 억압의 환경 속에서 자라났기 때문에 반대로 자유를 훨씬 중시하고 진보적 경향이 강할 것이라고 주장할 수도 있을 것이다. 그러나 세대와 관련된 경험적 분석은 연령을 감안한다고 해도 유신체제세대는 그이상으로 보수적 성향이 강하다는 것을 보여준다. 그러한 보수 성향은 청소년기의 교육을 통해 이미 머릿속에 내재화된 것으로 시간이 지나도 그 영향력이 발휘되고 있는 셈이다.

이를 뒷받침하는 다른 결과를 보면 유신체제세대가 가장 민주주의 감수성이 낮은 것으로 나타났다. '언제나 민주주의가 낫다'는 응답(50.6%)과 '독재가 더 낫거나 상관없다'는 응답(49.4%)이 거의 절반으로 나눠졌다. 20대 초반을 한국 현대 정치사에서 가장 독재적 성격이 강했던 유신체제 하에서 보낸 세대적 특성이 반영된 것으로 보인다.

05

IMF세대의
진보성에
주목하라

젊어서 경험한 위기

좀처럼 변하지 않는 이념도 연령층에 따라 변화가 나타난다. 윈스턴 처칠은 "20대에 진보가 아니면 심장이 없는 것이고, 40대에 보수가 아니면 뇌가 없는 것이다"라고 말했다. 그만큼 젊을 때 진보 성향이 강하고 나이가 들수록 점차 보수화된다는 뜻이다. 앞서 이러한 현상을 연령효과라고 했다. 나이가 들수록 자신의 기득권을 지키려는 욕구가 커진다는 뜻으로 해석할 수 있다. 또한 변화보다는 질서와 현상유지를 선호하는 경향이 강해지는 것이 일반적이다. 그런데 사람들의 정치 이념에 영향을 미치는 또 다른 요인으로 세대효과를 생각해볼 수 있다. 세대적 특성을 가장 잘 간직한 집단이라면 386세대일 것이다. 그 또래집단이 다른 연령집단과 구분되는 특성을 지니고 있다고 여겨지기 때문이다.

연령효과와 세대효과는 시간과 밀접한 관련을 갖지만 그 특성은 뚜렷이 구분된다. 연령효과와 달리 세대효과는 시간이 지나도 해당 세대에게 변하지 않는 영향력을 미치는 요인이 된다. 한 가지 예로 6·25세대는 전쟁의 공포와 공산주의에 대한 혐오 수준이 다른 세대보다 강하게 나타난다. 바로 한국전쟁을 겪은 경험이 평생 뇌리에 박혀 있기 때문이다. 그 전쟁을 겪은 다른 세대들 역시 기억을 갖고 있지만 그 나이 또래집단이 더 강하게 지속적으로 영향을 받는다.

역사적으로 우리 사회에 큰 충격을 가져온 사건 중 하나로 IMF 경제위기를 빼놓을 수 없다. 당시 사회 진출을 앞둔 젊은이들에게는 특히 충격적인 사건이었다. 여기에 해당하는 연령층이 2015년 기준으로 37~42세로 볼 수 있다.

국가경제가 위기의 소용돌이에 빠져들면서 이들에게 취업은 거의 절망적이었다. 따라서 이들은 자본주의가 개인에게 미칠 수 있는 폐해를 목도하면서 평등에 대한 강한 의식을 갖게 되었다. 따라서 기존 질서에 대한 불신이 강하고 참여정부의 등장을 보면서 사회변화에 대한 자신감을 갖기도 했다. 뿐만 아니라 20대 후반에 월드컵을 경험하면서 개인적 표현의 자유를 만끽하는 경험을 하기도 했다.

나이를 뛰어넘는 진보 성향

진보진영이 선거에서 주목해야 할 집단은 바로 이 IMF세대다. 이 집단이 가진 진보적 성향을 잘 파악하는 것이 중요하다. 〈그림 5-1〉의 전반적 추세

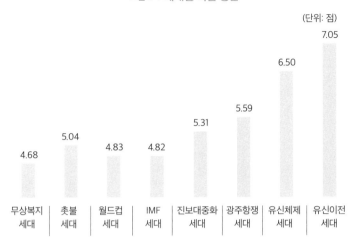

그림 5-1 세대별 이념 평균

(단위: 점)

무상복지세대	촛불세대	월드컵세대	IMF세대	진보대중화세대	광주항쟁세대	유신체제세대	유신이전세대
4.68	5.04	4.83	4.82	5.31	5.59	6.50	7.05

자료: 유권자 지도—세대 1차 조사(2014. 12)

를 보면 나이가 들어감에 따라 보수적 성향이 나타나는 것을 볼 수 있다. 그런데 IMF세대의 이념 평균이 유독 낮은 것이 눈에 띈다. 전체 유권자의 평균연령이 45.7세이고 평균 이념 점수가 5.55점이라는 것을 볼 때 IMF세대가 세대적 특성이 없다면 이념 점수는 5점은 충분히 넘었을 것으로 예상된다. 그러나 이 집단의 이념 평균은 4.82점으로 월드컵세대가 4.83점인 것과 별 차이를 보이지 않는다. 이들의 이러한 진보 색깔은 이번 조사뿐만 아니라 2012년 이후의 여론조사에서도 뚜렷하게 나타났다.

　IMF세대는 단지 이념 평균점수에서만이 아니라 개인주의와 집단주의, 성장과 복지 등의 갈등적 균열 축에서도 다른 세대와 구별되는 입장을 취한다. 〈그림 5-2〉에서 우선 진보와 보수, 개인주의와 집단주의 축에 의한 분포를 확인해보자. IMF세대의 정책적 입장은 개인주의적이면서도 동

　　　　　　　　　　　　　　　　　　1장　세대별 표심을 들여다보다

그림 5-2 이념과 개인주의

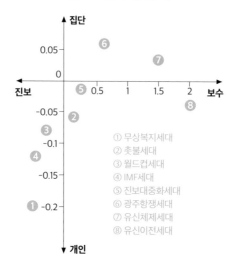

자료: 유권자 지도—세대 1차 조사(2014. 12)

그림 5-3 복지·성장과 개인주의

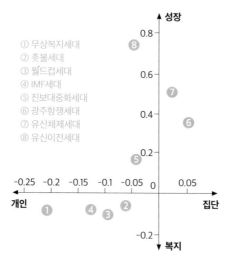

자료: 유권자 지도—세대 1차 조사(2014. 12)

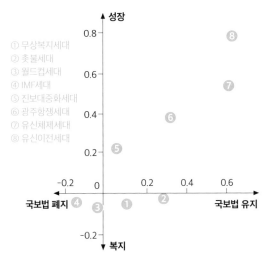

그림 5-4 복지·성장과 국가보안법

자료: 유권자 지도—세대 1차 조사(2014. 12)

시에 진보적 성향을 띠고 있다는 것을 알 수 있다. 따라서 이 세대는 더 젊은 세대인 무상급식세대(19~25세) 및 월드컵세대(31~36세)와 유사한 부분이 훨씬 많다. 광주항쟁세대나 유신체제세대는 집단주의와 보수적 성향의 국가보수주의 성향을 보여 젊은 세대들과 차이를 보인다. 한편 외국의 경우에는 진보적이면서 동시에 집단적인 사회민주주의 성향의 세대가 나타나는데 한국에서는 발견되지 않는다.

　　IMF세대의 진보성은 다른 세대에 비해 상대적으로 높은 일관성을 보여준다. 〈그림 5-3〉에서 IMF세대는 더 젊은 세대들과 함께 성장보다 복지를 선호하는 것으로 나타났다. 젊은 세대들은 모두 집단주의보다 개인주의에, 성장보다는 복지에 더 큰 가치를 부여하는 것으로 확인된다. 그런데

〈그림 5-4〉를 보면 가장 젊은 세대인 19~25세의 무상복지세대와 바로 그 위의 세대인 촛불세대는 복지를 선호하면서 동시에 국가보안법에 관해서는 유지를 더 선호하는 것으로 나타났다. 국가보안법의 찬반 여부가 '국가의 안보와 개인의 인권 중 어느 측면을 더 강조하는가'에 따라 달라진다면, IMF세대보다 젊은 세대들은 복지는 중시하되 국가 안보도 중요하다는 입장이다. 일반적으로 개인주의를 중시한다면 국가보안법 폐지에 찬성하는 입장을 취하는 게 일관성 있는 태도다. IMF세대는 성장보다 복지를 추구하면서 국가보안법 폐지의 입장이 우세한데, 이러한 일관성이 개인주의와 일맥상통한다고 볼 수 있다.

국보법과 북한의 인권 문제는 별개

흥미로운 것은 북한의 인권 문제에 대한 IMF세대의 정치적 태도다. 〈그림 5-5〉를 통해 좀 더 자세히 보면 IMF세대가 국가보안법 폐지와 북한의 인권 문제를 전혀 별개로 받아들이는 것을 알 수 있다. 국보법 폐지에 찬성하는 의견이 높지만, 북한의 인권 문제에 정부가 개입해야 한다는 의견(71.0%)이 평균보다 훨씬 높았다. 이것은 IMF세대가 전통적 의미에서의 진보보다 자유주의적 진보 성향을 뚜렷이 보이고 있는 것으로 분석된다.

　　IMF세대의 이러한 태도는 국가보안법 폐지 문제에서 동질적인 입장을 보인 월드컵세대와도 구분된다. 말하자면 '국보법은 폐지되는 게 좋지만, 북한의 인권 문제도 해결되어야 한다'는 입장인 것이다. IMF세대의 절반 가까이는 '표현의 자유 등 개인의 자유를 억압할 수 있어서' 반대한다

그림 5-5 북한 이슈에 대한 태도

(단위: %)

국보법 폐지

	찬성	반대
IMF세대	50.5	49.5
월드컵세대	54.7	45.3
무상복지세대	44.9	55.1

■ 찬성
　 반대

국보법 폐지 찬성 이유

	정치적 탄압 수단이 된다	개인의 자유를 억압한다
IMF세대	51.7	48.3
월드컵세대	62.4	37.6
무상복지세대	45.9	54.1

■ 정치적 탄압 수단이 된다
　 개인의 자유를 억압한다

정부의 북한 인권 문제 개입

	찬성	반대
IMF세대	71.0	29.0
월드컵세대	67.3	32.7
무상복지세대	55.7	44.3

■ 찬성
　 반대

북한의 인권 문제 개입 반대 이유

	남북관계에 나쁜 영향을 준다	북한 내부의 문제다
IMF세대	39.2	60.8
월드컵세대	47.2	52.8
무상복지세대	43.5	56.5

■ 남북관계에 나쁜 영향을 준다
　 북한 내부의 문제다

자료: 유권자 지도—세대 1차 조사(2014. 12)

고 했다. 월드컵세대의 60% 이상이 '정치적 탄압의 수단이 되기 때문에'라고 답한 것과는 다르다.

　IMF세대는 북한의 인권 문제에 개입하는 것에 찬성하지만, 반대하더라도 '남북관계에 악영향' 등의 국가적 문제 때문이 아니라 '북한의 인권은 북한의 문제이기 때문에' 반대한다. 월드컵세대나 촛불세대 역시 '쓸데

없이 낄 필요 없다'는 입장이 강했지만, IMF세대에 비해서는 그 강도가 떨어진다. IMF세대의 이런 성향은 다른 보수 세력들이 정치적 공세의 수단으로 북한 인권 문제를 받아들이는 것과도 다르다. 인권 문제라는 보편적 진보 이슈에 반응하는 것이라고 해석할 수 있다.

국보법과 북한의 인권 문제를 별개로 보는 IMF세대의 인식은 한국의 야당이 눈여겨봐야 할 대목이다. 국보법 폐지에 대해서는 적극적이면서 북한의 인권 문제에는 소극적인 야당과 그들의 핵심 지지층일 수 있는 유권자 사이의 이런 간극이 '낮은 야당 지지도'의 비밀일 수도 있다.

06

남자와 여자의
정치적 태도

정치는 남성의 영역인가

오늘날에는 여성 장관이나 여성 국회의원을 찾아보기 어렵지 않지만 오랫동안 정치는 남성의 영역으로만 생각되어왔다. 이제는 여성을 대통령으로 뽑을 정도이니 정치권에서 여성의 영역이 꽤 넓어진 것 같다. 하지만 사실은 그렇지 않다. 19대 국회에서 여성 당선자는 47명인데 그중 지역구 국회의원은 19명뿐이다. 나머지는 비례대표로 선출되었다. 특히 지역구 의원들중 15명이 서울과 경기에서 당선되었으니 지역적으로만 보아도 아직 여성의 대표성이 높다고 보기 힘들다.

여성 유권자의 정치 성향은 남성 유권자와 얼마나 다를까? 서구 민주주의 국가에서 여성들은 사회적 약자minority이기 때문에 남성에 비해 상대적으로 진보적 성향을 지니는 것으로 본다. 예를 들어 미국의 경우 여성 유권자들이 민주당을 지지하는 경향이 더 높게 나타난다. 통념적으로 아직도 정치가 남성의 영역으로 인식되기 때문에 여성은 남성보다 정치에 관심이 덜하다는 추측도 가능하다. 따라서 과연 한국 유권자를 성별로 구분했을 때 남녀 사이에 어떠한 차이가 있는지를 규명해볼 필요가 있다.

정치 참여의 정도와 정치 성향에 대한 구체적인 분석이 필요하다. 우선 여성이 남성보다 정치에 관심이 적기 때문에 상대적으로 여성의 투표율이 낮은지를 확인해보자. 다음으로 여성이 좀 더 많은 사회적 배려를 필요로 하기 때문에 진보적인 정치 성향을 보이고 아울러 진보적인 정당을 지지하는지도 확인해볼 필요가 있다. 2014년 세월호 참사에 가장 영향을 많이 받은 집단이 '앵그리 맘'이라는 내용이 언론에서 보도된 바 있다. 그러한 보도 내용이 맞다면 이슈에 따라서는 특정 연령층의 여성이 더욱 민감하게 반응한다는 사실을 보여주는 것이다.

성별 투표율

여성과 남성의 전체 유권자 비율을 보면 2014년 지방선거 기준으로 여성이 50.6%이고 남성이 49.4%로 여성이 조금 더 많다. 그렇다면 투표율은 어떨까? 2000년대 이후를 보면 16대 대선 이후 남성의 투표율이 다소 높은 경향을 보였지만, 18대 대선에서는 여성의 투표율이 비교적 높았으며, 제6회 지방선거에서는 남녀의 투표율이 같은 것으로 나타났다. 그런데 이전에 남성 유권자의 투표율이 약간 높은 경우에도 그 차이가 유의미한 것이라 보기는 어렵다.

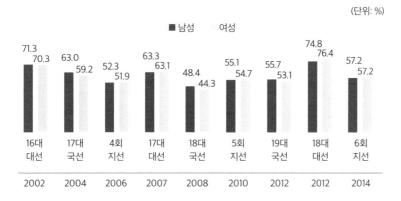

그림 6-1 남녀 유권자의 투표율

(단위: %)

■ 남성　　여성

	16대 대선	17대 국선	4회 지선	17대 대선	18대 국선	5회 지선	19대 국선	18대 대선	6회 지선
남성	71.3	63.0	52.3	63.3	48.4	55.1	55.7	74.8	57.2
여성	70.3	59.2	51.9	63.1	44.3	54.7	53.1	76.4	57.2
연도	2002	2004	2006	2007	2008	2010	2012	2012	2014

자료: 중앙선관위 제6회 전국동시지방선거 투표율 분석 결과

　　18대 대선에서 여성의 투표율이 예외적으로 높았던 것은 여성이 대통령 후보였기 때문이라는 추측이 가능하다. 그런데 이러한 추측은 여성들이 박근혜 후보를 더 많이 지지했다는 사실이 확인될 때 받아들여질 수 있다. 왜냐하면 여성 후보로 인해 여성의 투표율이 높아졌다는 것은 그 후보에 대한 지지가 많았다는 것을 전제하기 때문이다. 이 부분은 뒤에서 다시 이야기하도록 하겠다. 이제 좀 더 세부적인 분석을 해보자. 남성과 여성의 전체적인 투표율뿐만 아니라 연령별로도 남성과 여성의 투표율이 차이 나는지를 확인해봐야 하기 때문이다.

　　지난 제6회 지방선거에서 전체 투표율 평균 57.2%를 기준으로 볼 때 남성 유권자들 가운데서는 60대와 70대의 투표율이 77%가 넘어 전체 평균과 20%p 가까운 차이를 보이고 있다. 60대와 70대에서 남성 유권자의 투표율이 여성 유권자보다 훨씬 높은 것은 이 연령층에서는 아직도 정치

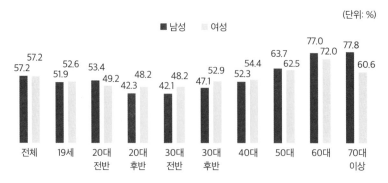

그림 6-2 성별·연령대별 투표율

(단위: %)

■ 남성　　■ 여성

자료: 중앙선관위 제6회 전국동시지방선거 투표율 분석 결과

가 남성의 영역이라는 생각이 남아 있기 때문으로 해석된다.

흥미로운 것은 20대 전반 남성 유권자의 투표율이 53.4%로 같은 연령대의 여성 유권자의 투표율 49.2%보다 훨씬 높다는 점이다. 여성 유권자들을 보면 20대와 30대 전반까지의 연령대에서 비슷한 투표율을 보이는데, 남성 유권자 가운데서 유독 20대 전반의 투표율이 높은 것은 군복무 중인 그 나이 또래들이 대부분 투표에 참여하기 때문인 것으로 해석할 수 있다.

군복무자가 약 65만 명이고 20대 유권자가 680만 명 정도로 어림짐작하면, 전체 유권자의 10% 정도 되는 유권자가 군대에서 투표를 한 것이기 때문에 20대 전반의 투표율이 유별나게 높은 이유를 쉽게 이해할 수 있다. 결국 군복무자 대부분이 투표한다는 한국적 특성을 제외한다면 60대 이하의 모든 연령층에서 남녀 간의 투표율 차이는 없는 것으로 보아야 한다.

여성 유권자와 여성 후보

남녀의 투표율에 차이가 없다고 해서 누구를 선택하는지에 대해서도 차이가 없다는 뜻은 아니다. 투표율이 비슷해도 후보자에 대한 선호가 다를 수가 있다. 예전의 가부장적인 문화에서는 남편의 투표 결정을 여성이 따라가는 경향이 있었지만 이제 그런 이야기는 통용되지 않는다. 여성들의 교육수준이 높아지고 경제적 위치가 강화되면서 독자적인 투표 결정이 이루어진다고 보아야 할 것이다.

그럼 여성이 남성과 다른 투표 경향을 보이는지를 확인해볼 필요가 있다. 서구 국가들에서처럼 여성이 좀 더 진보적인 성향을 지녔는지 확인해보자. 남녀 간 이념 성향의 차이를 살펴보는 이유는 정치 이념이라는 것이 세상의 가치를 판단하는 큰 기준틀이 되기 때문이다. 〈표 6-1〉에서 보이는 바와 같이 남녀 사이의 이념 차는 크지 않다. 표를 보면 항상 여성이 조금 더 진보적인 것으로 나타나지만, 통계적으로 분석해보면 그 차이가 별로 의미 없는 것으로 나타난다. 따라서 여성이 남성보다 진보적 성향을 보이는 서구 국가들과는 다르다.

표 6-1 성별 이념 차이

(단위: 점)

연도	남성	여성
2015년 9월	5.08	4.90
2014년 9월	5.29	5.28
2013년 9월	5.31	5.18

자료: 각 연도 내일신문 조사

물론 남녀 간에 이념적 차이가 없다는 것이 반드시 투표 선택에서도 차이가 없다는 것을 의미하지는 않는다. 왜냐하면 선거에서 후보를 선택할 때 유권자의 이념 외에도 투표 선택에 영향을 미치는 요인들이 많기 때문이다. 예를 들어 한국 선거에서 중요한 요소가 되는 지역주의 측면에서 볼 때 남성이 여성보다 더 강한 영향을 받을 수도 있다. 또한 18대 대선을 달구었던 복지 논쟁 같은 이슈에 대해서는 여성이 더 민감하게 반응할 수도 있다. 따라서 투표 행태 자체에 대한 분석이 필요하다.

〈표 6-2〉는 2012년 19대 총선과 18대 대선, 2014년 제6회 지방선거에서 남녀 유권자의 지지 비율을 보여준다. 총선에서는 남녀 유권자 간 정당 지지에 있어 아무런 차이가 없다. 그리고 지방선거에서도 남녀별 정당 지지의 차이가 거의 없다. 그러나 대선에서는 여성 유권자들이 박근혜 후보를 더 많이 지지한 것으로 나타난다. 전통적으로 여성 유권자들은 여성 후보자에게 인색하다는 속설이 이제는 맞지 않는 것으로 확인된 것이다.

2015년의 대통령 지지율 추세를 보아도 여성이 남성보다 좀 더 호의적이라는 사실이 확인되었다. 〈그림 6-3〉에서 보는 바와 같이 한 번도 대통령 직무평가에 대해 여성의 평가가 남성의 평가보다 낮은 적이 없다. 물론

표 6-2 **성별 투표 행태**

(단위: %)

성별	19대 총선		18대 대선		6회 지방선거	
	새누리당	통합민주당	박근혜	문재인	새누리당	새정연
남성	49.7	45.5	58.9	41.1	53.2	39.9
여성	49.0	44.5	63.7	36.3	54.8	38.1

자료: 한국사회과학데이터센터

그림 6-3 성별 대통령 지지도 변화

(단위: %)

남성 ── 여성

자료: 갤럽 데일리 오피니언 2015년 1~9월 월간통합/이후 월평균

그 평가점수의 차이가 오차범위 안에 있는 경우도 여러 번 있지만 전체적으로 여성의 평가가 더 긍정적인 것은 사실이다. 일반적으로 여성이 남성과 정치적 태도가 다르다고 한다면 좀 더 진보적이라는 측면에서 차이를 보이는 것을 의미한다. 그러나 한국에서 여성이 보수적 성향이 강한 박근혜 후보를 지지한 비율이 남성보다 높았다는 것은 여성 후보라는 요인이 작용한 것으로 보아야 할 것이다.

이처럼 여성 유권자들이 여성 대선 후보에 대해 상대적으로 우호적인 태도를 보이는 것은 우리나라만의 일이 아니다. 미국에서도 2016년 대선을 위해 뛰고 있는 민주당의 힐러리 클린턴의 지지도를 보면 여성들의 지지가 상대적으로 높은 것을 확인할 수 있다. 미국 유권자의 민주당 지지도는 58%이다(2015년 11월 조사).

그런데 이를 성별로 구분해서 보면 남성 민주당 지지자들 중 힐러리에 대해 호감을 갖고 있는 비율은 54%이다. 하지만 여성 민주당 지지자의

1장 세대별 표심을 들여다보다

힐러리 지지도는 61%로 남성 지지자보다 7%p 높다. 이러한 현상은 특정 조사에 국한된 것이 아니다. 2015년 8월부터 10월 사이의 조사도 11월 조사와 마찬가지로 여성 민주당 지지자들의 힐러리 지지 비율이 남성 지지자들에 비해 7%p가량 높았다. 미국과 한국 여성들의 여성 후보자에 대한 지지도는 연령별로 보아도 유사한 현상이 나타난다.

〈표 6-3〉은 미국 민주당 지지자들 중 여성 유권자들의 힐러리 지지도를 한국의 여성 유권자들의 박근혜 대통령 국정 지지도와 비교한 것이다. 이 표의 목적은 여성 정치인에 대한 여성 유권자들의 지지가 상대적으로 편향적인지 여부와 그러한 우호적 편향성이 연령과 어떤 관계가 있는지를 보기 위한 것이다. 따라서 두 정치인의 정치적 위치가 다르고 평가 내용도 다르다는 것은 비교에 문제가 되지 않는다. 표를 통해서 알 수 있는 것은 한국과 미국 모두에서 여성 유권자의 연령이 높을수록 여성 정치인에 대한 지지율이 높아진다는 사실이다.

흥미로운 것은 미국의 진보 성향의 민주당 여성 정치인과 한국의 보수 성향의 박근혜 대통령에 대한 지지율은 공히 연령과 정비례관계에 있

표 6-3 한국·미국 여성 유권자의 여성 정치인 지지율

(단위: %)

연령	힐러리 지지	박근혜 지지
18~29세	39	6
30~49세	62	21
50~64세	64	52
65세 이상	66	63
전체	61	34

자료: 미국은 갤럽 11월 조사, 한국은 유권자 지도—이념 조사(2015. 8)

다는 점이다. 이것은 연령에 따른 이념 차이에도 불구하고 여성 후보라는 요인이 여성 유권자들의 지지 결정에 중요한 역할을 하는 것을 의미한다. 표를 보면 최소 연령층과 최고 연령층의 지지율 차이가 한국에서 더 크게 나타난다. 한국의 경우에는 여성 후보라는 요인 외에도 연령이 높아지면서 나타나는 보수 성향이 더해진 것이다. 미국 민주당의 힐러리 후보보다도 한국의 보수적인 박근혜 대통령에 대한 평가에서 세대별로 차이가 더 크게 확인됐다는 얘기다. 결론적으로 이러한 비교 검토를 통해서도 여성 유권자들이 여성 정치인에 대해 상대적으로 높은 호감을 보인 것을 알 수 있지만, 그렇다고 여성이 남성보다 더 진보적이라는 증거는 찾을 수 없다.

저성장사회,
국가적인 세대 공존 기획이 필요하다*

2015년 내일신문과 서강대 현대정치연구소의 '세대를 말하다' 기획조사는 한국 사회 변화에 대한 전 세대의 급변하는 인식과 함께 세대 간 차별적 인식의 복잡한 결을 보여주었다. 하지만 그 속에서 부모세대와 자식세대는 서로의 희생이 아닌 배려를 통한 공존 기획이 필요하다고 인식하고 있었다.

현대사회에서 정부의 거시경제 운용 정책의 두 축은 성장과 분배다. 지속적인 성장과 모든 구성원이 만족할 수 있는 분배 정책을 동시에 추구할 수 있다면 더 바람 나위가 없겠지만 현실에서 이런 조합이 항상 가능한 것은 아니다. 지난 몇 년 한국의 경제성장률은 세계 평균 성장률을 밑돌고 있다. 2011년 3.7%(세계 4.2%), 2012년 2.3%(세계 3.3%), 2013년 2.9%(세계 3.3%), 2014년 3.3%(세계 3.4%)에 이어, 2015년 국제통화기금IMF은 한국의 경제성장률을 2.7%로 전망하고 있다. 몇몇 국내외 경제기관들에 의하면 2016년에도 2%대의 성장률을 벗어나기 힘들다고 한다.

이런 현실은 유권자들의 인식에도 그대로 반영되고 있다. 2012년 한 기관의 조사에 의하면 성장과 복지를 함께 이룰 수 있다는 응답자는 77%에 달했다. 그러나 불과 3년 후인 2015년에 이 응답은 54%까지 떨어진 것으로 나타났다. 저성장의 지속 상태가 성장과 복지의 동시 달성에 대한 회의를 크게 증가시킨 것이다. 여전히 정부는 미래 세대의 먹고사는 문제를 고민해야 하며, 새로운 성장 가능성을 탐색하고 국가적 차원의 투자를 기획해야 할 책임이 있다. 그러나 지난 몇 년의 경험은 대기업과 수출산업에 대한 집중 투자를 통해 고성장 전략을 추구하고 그 과실이 시장을 통해 분배되기를 기대하는 과거의 방식이 통하지 않음을 확인시켜주었다.

한국에서 저성장의 지속 상태는 전례가 없는 새로운 경험이다. 당대를 살아가는 사람들에게 이 유례없는 경험은 심각한 불안으로 받아들여진다. 특히 과거의 방식에 익숙했던 부모세대에게는 더욱 그러하다. 이번 조사에서 50대 이상의 부모세대가 성인이 된 자식세대를 바라보는 시선은 안타까움과 배려였다. 부모세대들은 지금의 젊은이들이 절약정신이 다소 부족하고 부모에 대한 의존도도 높다고 생각하지만, 자신들이 젊은이였을 때보다 지금의 자식들이 살기 힘들어졌다는 데 동의하고 있었다. 그들은 자식세대의 일자리를 위해 필요하다면 기꺼이 희생할 각오가 되어 있었다.

하지만 부모들의 희생만으로 자식세대의 미래가 보장될 수 없는 현실이다. 소위 100세 시대, 부모세대의 희생으로 자식들이 일자리를 가질 수 있다고 해도 경제생활을 중단한 부모들을 부양하는 일은 고스란히 자식세대의 사회적 부담으로 돌아갈 수밖에 없다. 다행히 현재 성인이 된 자식세대들은 이 부양의 의무를 회피하지 않으며 기꺼이 받아들이려 한다. 2030세대의 다수는 젊은 층에 부담이 되더라도 노후연금을 줄여서는 안 된다고 생각하고 있었다.

문제는 부모와 자식 세대가 서로를 배려하는 마음만으로는 현재의 사태가 해결되기 어렵다는 것이다. 시장의 고용 구조에서 벗어난 부모세대들은 주택담보로 빚을 내 영세자영업자가 되고, 이미 포화상태를 훨씬 넘어선 자영업 시장에서조차 파산하게 되면 노후 대책이 없는 사회적 부양 대상자로 전락한다. 한편 적정한 때에 시장에 진입해 소득을 얻고 납세자가 되고 소비자가 되어야 할 자식세대들은 늦은 취업준비, 단기 취업과 실업, 구직을 반복하고 있다. 부모세대를 기꺼이 부양하겠다는 의지와는 달리 그 능력을 결여하고 있는 것이다.

저성장사회에서 부모세대와 자식세대가 공존하기 위해서는 개인적인 희생과 배려가 아닌 사회적이고 정책적인 기획이 시급하다. 부모든 자식이든 시장 낙오가 곧바로 나락이 되어버리지 않도록 사회적 인프라를 구축해야 한다. 대기업과 수출산업에 대한 무한한 특혜가 일자리와 가계소득으로 돌아갈 것이라는 헛된 기대 대신, 중소기업 지원과 적정 소득을 보장할 수 있는 정책 전환이 필요하다. 부모세대의 시장 퇴출이 자식세대의 일자리로 이어질 것이라는 잔인한 가정 대신, 노동시간 단축을 통해 함께 경제활동을 할 수 있는 방안이 모색되어야 한다.

---

* 이하 각 장의 칼럼은 2015년 내일신문 '전문가 기고'에 실린 글들에서 추린 것이다.

2

한국 정치의 독특한 문화, 지역주의

유권자 지역 지도

같은 듯 다른 지역정서, TK와 PK │ '우리도 대통령 한번 내보자'는 충청 민심
호남 사람들의 이유 있는 고민 │ 지역투표? 유권자는 억울하다
우리나라 지역정당의 실체는 무엇인가

01
같은 듯 다른
지역정서,
TK와 PK

TK와 PK의 역사

영남은 하나인가, 아니면 둘인가? 역대 선거에서 영남이 하나로 뭉치면 새누리당 계열 정당들이 넉넉하게 승리했고, 그들이 대구·경북TK과 부산·울산·경남PK으로 나누어지게 되면 민주당 계열 정당들이 유리했다. 그만큼 TK와 PK의 단합과 균열 여부가 선거 결과에 커다란 영향을 미친다는 말이다.

TK와 PK의 정치연대는 1990년으로 거슬러 올라간다. 당시 민주정의당과 통일민주당, 신민주공화당이 보수대연합을 기치로 3당 합당을 이루면서다. 이렇게 탄생한 민주자유당의 후보로 1992년 대선에서 당선된 사람이 바로 PK의 정치적 상징인 김영삼 전 대통령이다. 이후 신한국당, 한나라당, 새누리당을 거친 25년 동안 TK과 PK의 정치연대는 한국 보수 정치의 튼튼한 기반이 되었다.

　PK가 처음부터 보수의 지지 기반은 아니었다. 박정희 전 대통령 시절 반유신 투쟁의 중심에 섰던 YS에 대한 열렬한 지지와 1979년 10월 부마항쟁은 PK의 야성野性을 상징적으로 보여준다. 5공화국에 들어서도 계속된 민주화투쟁은 노무현 전 대통령 같은 스타를 배출했다.

　선거에서도 마찬가지였다. 민주화의 서막을 연 1985년 12대 총선에서 YS와 DJ가 주도하여 창당한 신한민주당은 부산에서 5명의 후보를 내 5명 모두를 당선시키는 기염을 토했다. 당시 부산의 지역구 의석은 모두 10석으로 여당이었던 민주정의당은 2석을 얻는 데 그쳤다. 나머지는 또 다른 야당인 민주한국당이 2석, 국민당이 1석을 가져갔다. 1988년 13대 총선에서도 야당이 압승을 거뒀다. PK지역에 토대를 둔 YS의 통일민주당은 부산 15개 지역구 중 14개 지역구에서 당선자를 냈다. YS가 야당이던 때, 부산은 야당의 도시였다.

　3당 합당 이후에도 TK와 PK는 갈등을 일으킬 때가 많았다. 이회창과 김대중이 경쟁하던 1997년 대선에서 PK는 신한국당에서 뛰쳐나온 이인제에게 표를 몰아주어 DJ의 승리에 기여했다. 신한국당의 이회창 후보가 IMF 외환위기로 인기가 떨어진 김영삼 전 대통령을 밟고 나서자, 그를 표로 응징한 것이다. 2002년 대선에서도 PK의 젊은 층은 부산 출신 노무현 후보를 열렬히 지지했다. 그러나 이것은 YS를 무조건 지지하던 과거의 지역주의가 아니다.

영남에 흐르는 두 가지 정서

2015년에도 TK와 PK 사이의 균열은 이미 상당 수준 진행되었다. 2016년 총선에 이어 2017년 대선에서 여전히 주도권을 행사하려는 TK 기반의 박근혜 대통령과 PK 출신 김무성 새누리당 대표 간의 갈등은 언제 터질지 모르는 시한폭탄이다. 앞서 1990년대의 페놀 사태와 위천공단 논란, 2000년대의 동남권 신공항을 둘러싼 갈등은 PK와 TK의 지역정서를 갈라놓는 요인으로 작동했다. 2002년 노무현 당선 이후 친노의 출현은 PK의 정치 지형을 근본적으로 흔들어놓았다.

TK 500명, PK 500명 등 전국 2,500명을 대상으로 실시한 이번 '유권자 지도—지역 조사' 결과 두 지역의 정치 성향에서 차이가 드러났다. 박근혜 대통령 국정운영 지지율(3점 척도 기준 잘함/못함/잘 모름)에서 TK는 40.0%로 비교적 높았지만 PK는 6.1%p 낮은 33.9%였다. 이는 충청(34.4%)보다 낮고, 전국 평균 29.9%에 근접한 수치다. 새누리당에 대한 호감도도 TK는 58.4%로 상당히 높은 수치를 기록했지만 PK는 53.2%로 조금 낮았다. '향후 선거에서 가급적 새누리당 후보에게 투표할 의향이 있느냐'는 질문에서도 TK는 과반이 넘는 52.0%가 그렇다고 답했지만 PK의 응답률은 47.8%였다.

지난 선거 결과는 TK와 PK 사이의 격차를 더 뚜렷하게 보여준다. 2012년 대선에서 박근혜 후보의 득표율은 TK에서는 80.5%나 됐지만 PK에서는 61.2%로 약 19%p 낮았다. 반면 문재인 후보는 당시 TK에서 19.1%의 득표율을 얻는 데 그쳤지만 PK에서는 2배나 많은 38.4%를 얻었다. PK의 지지 덕분에 당선됐다는 2002년 노무현 전 대통령의 PK 득표율 29.4%

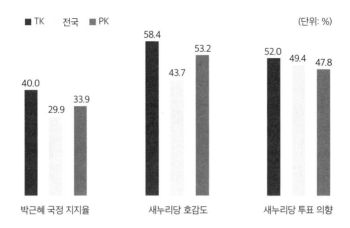

그림 1-1 TK와 PK의 여권 성향 차이

■ TK 전국 ■ PK (단위: %)

40.0 / 29.9 / 33.9 — 박근혜 국정 지지율
58.4 / 43.7 / 53.2 — 새누리당 호감도
52.0 / 49.4 / 47.8 — 새누리당 투표 의향

자료: 유권자 지도—지역 조사(2015. 3)

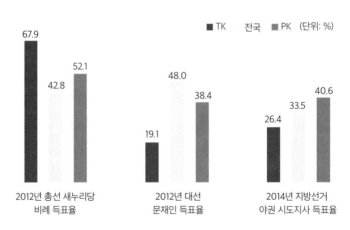

그림 1-2 TK와 PK의 투표 성향 차이

■ TK 전국 ■ PK (단위: %)

67.9 / 42.8 / 52.1 — 2012년 총선 새누리당 비례 득표율
19.1 / 48.0 / 38.4 — 2012년 대선 문재인 득표율
26.4 / 33.5 / 40.6 — 2014년 지방선거 야권 시도지사 득표율

자료: 유권자 지도—지역 조사(2015. 3)

2장 한국 정치의 독특한 문화, 지역주의

보다 10%p 정도 더 받은 것이다.

2014년 지방선거에서 TK와 PK의 차이는 더 확연해졌다. TK로부터 얻은 야권 시·도지사 후보의 득표율은 26.4%였지만 PK에서는 40.6%로 올라선 것이다. 특히 부산시장 선거에서는 야권의 지원을 받은 오거돈 무소속 후보가 49.3%를 얻어 여당 후보를 턱밑까지 추격하기도 했다. 이러한 상황을 읽은 새누리당 싱크탱크 여의도연구원은 한 보고서를 통해 PK를 기반으로 한 야권 후보가 대선에 출마할 경우 새누리당의 PK 지지 기반은 지금보다 더 잠식될 것이라는 전망을 내놓기도 했다.

정부여당을 향한 애정의 차이

지역만큼 투표 선택에 커다란 영향을 미치고 있는 세대별 차이를 알아보자. 〈그림 1-3〉은 TK와 PK의 연령대별 새누리당 호오好惡도를 보여준다. 그래프 상에 나타난 수치는 새누리당을 '좋아하는' 비율에서 '싫어하는' 비율을 뺀 값이다. 지역별, 연령대별로 모름/무응답 비율이 차이가 나기 때문에 호감도만을 보는 것보다 정당 선호에 대한 훨씬 정확한 모습을 알 수 있다.

전체적으로 PK에서 새누리당을 싫어하는 비율보다 좋아하는 비율이 16.2%p 많았고, TK에서는 29.0%p 많았다. 즉 PK가 TK보다 새누리당을 좋아하는 강도가 약 13%p 낮다. PK 20대에서는 좋아함보다 싫어함이 27%p 많았지만, TK 20대에서는 6%p에 그쳤다. 그 차이는 무려 21%p나 된다.

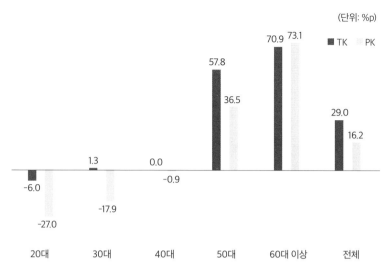

그림 1-3 **연령대별 새누리당 호오도**

(단위: %p)

- TK ■ PK

20대: TK -6.0, PK -27.0
30대: TK 1.3, PK -17.9
40대: TK 0.0, PK -0.9
50대: TK 57.8, PK 36.5
60대 이상: TK 70.9, PK 73.1
전체: TK 29.0, PK 16.2

자료: 유권자 지도—지역 조사(2015. 3)

노무현 정부 시기에 청년기를 보낸 30대를 보면 두 지역의 차이는 더욱 뚜렷하다. PK 30대가 새누리당을 싫어하는 비율은 좋아하는 비율보다 17.9%p 많았다. 하지만 TK 30대에서는 새누리당을 좋아하는 비율이 싫어하는 비율보다 오히려 1.3%p 많았다. 40대의 새누리당에 대한 호오도는 거의 같다는 것을 알 수 있으나, 여기서도 PK는 싫어하는 비율이 좋아하는 비율보다 약간 더 많았다. PK와 TK의 차이는 50대에서도 뚜렷하게 드러났다. TK 50대가 새누리당을 좋아하는 비율은 싫어하는 비율보다 57.8%p 많았지만, PK에서는 36.5%p에 그쳤다.

노무현 전 대통령의 당선과 집권을 거치면서 PK 20~30대는 새누리당에 별로 호감을 갖고 있지 않다. 50대의 새누리당 호오도에서도 PK지역

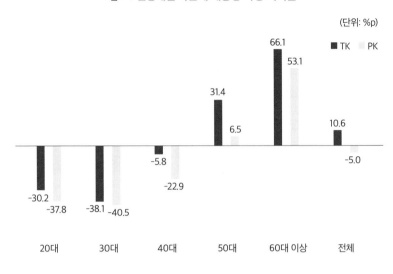

그림 1-4 **연령대별 박근혜 대통령 국정 지지율**

(단위: %p)

■ TK　　PK

20대: TK -30.2, PK -37.8
30대: TK -38.1, PK -40.5
40대: TK -5.8, PK -22.9
50대: TK 31.4, PK 6.5
60대 이상: TK 66.1, PK 53.1
전체: TK 10.6, PK -5.0

자료: 유권자 지도—지역 조사(2015. 3)

은 TK지역과 정서적 차이가 많다. PK지역이 TK지역보다 새누리당을 좋아하는 정도가 낮지만, 그렇다고 그만큼 지금의 민주당 계열 야당을 좋아하는 것은 아니다. 민주당 계열 야당에 대한 호감도는 PK가 TK보다 높지만 그 차이는 매우 적다. 야권이 현재 지리멸렬해 보이기 때문이다.

　　박근혜 대통령 국정 지지에서도 PK와 TK의 세대별 차이가 잘 드러난다. 〈그림 1-4〉를 보면 전체 평균부터 PK와 TK는 차이를 보인다. 그림의 수치는 '잘한다'는 비율에서 '못한다'는 비율을 뺀 값이다. PK에서는 적은 수치이기는 하지만 못함이 잘함보다 많았고(5.0%p), TK에서는 10.6%p만큼 잘함이 더 많았다. 이는 40대 이상 연령층에서 나타난 차이 때문인 것으로 보인다. PK 40대에서는 못함이 잘함보다 22.9%p 많았으나 TK에서는

5.8%p로 줄었다. PK 50대에서는 잘함이 못함보다 6.5%p 많았지만 TK에서는 31.4%p나 더 많았다. 60대 이상에서도 두 지역의 차이는 13.0%p였다. 두 지역의 20대와 30대에서는 큰 차이가 없었다.

PK의 숨은 야성

앞선 자료들을 통해 우리는 PK지역이 TK지역보다 새누리당과 박근혜 대통령에 대해 상당한 거리를 두고 있음을 확인할 수 있었다. 이미 말했지만 PK가 여권에 비판적이라 하더라도 그만큼 조사 당시의 새정치민주연합을 지지하는 것은 아니었다. 그러나 TK에 비교되는 PK가 여당과 현 정부에 대해 느끼는 상대적 비호감은 야권이 정비되고 수권 가능한 인물이 등장하면 언제든지 야성을 드러낼 수 있음을 시사한다.

김영삼 전 대통령의 서거는 PK 시민들에게 많은 것을 생각하게 했을 것이다. PK 유권자들은 민주화를 향한 YS의 불굴의 의지에 탄복했고, 3당 합당을 하고 집권하자마자 군부세력을 하룻밤에 날려버린 그의 개혁정치에 열광했다. 부마항쟁을 일으켜 유신독재에 종지부를 찍었던 것처럼 그들은 자신들이 박근혜 대통령의 지지 기반인 TK와 다르다는 것을 보여줄 계기를 찾고 있는지 모른다. 그러나 지금까지는 새누리당과 민주당 어디에서도 그것을 찾지 못했다. 두 정당에서 어떤 후보가 나오든지 '우리가 남이가'보다는 '우리는 다르다'는 PK의 정서가 있음을 유념할 필요가 있다.

02
'우리도 대통령 한번 내보자'는 충청 민심

달라진 충청

"1987년 대선 당시 충청지역 유권자를 대상으로 대선 후보와 관련한 심층면접조사FGD, Focus Group Discussion를 실시했다. 아무리 얘기를 끌어내려고 해도 참석자들이 속내를 털어놓지 않았다. 노태우 후보가 어떻냐고 물어도 '괜찮지유', 김대중, 김영삼, 김종필 후보에 대해 물어도 '좋지유' 하고 대답했다. 한 시간 이상 입씨름한 끝에 백지를 꺼내 대통령이 되어서는 안 될 사람부터 적게 했더니 그제야 한 명씩 제쳐나갔다. 마지막에 김종필만 남았다."

한국에서 정치여론조사 1세대 중 한 사람인 안부근 디오피니언 소장의 경험담이다. 이처럼 충청지역 유권자들은 통상적으로 자기 의사를 잘 밝히지 않는 것으로 유명하다. 지역주의에 기반한 영남과 호남의 득세에

한 번도 이 지역 출신 정치인이 집권해보지 못했다. 충청의 대표 정치지도
자 김종필은 1992년 대선 전 내각제 개헌에 대한 약속을 받고 3당 합당에
참여했지만, 약속은 지켜지지 않았고 김영삼에게 대통령 후보 자리를 내
줘야 했다. 1997년 대선에서는 김대중과의 선거연합을 통해 정권 교체를
이뤘지만 역시 정권의 일부 지분을 가진 국무총리에 만족해야 했다. 대표
적인 충청 출신 지도자는 권력의 2인자나 킹메이커의 역할에 그쳤다.

　이런 충청이 변하고 있다. 지역감정이라고 비판받을 만한 발언도 거침
없이 한다. 단적인 사례가 2015년 2월 이완구 국무총리 후보자 인준 당시
충청 유권자들이 보인 반응이다. 청문회 과정에서 병역 기피 의혹, 분당의
토지와 서울 강남의 타워팰리스 투기 의혹, 차남의 건강보험료 미납 의혹
등에 대한 야당의 공세가 이어지자 충청 출신 인사를 중심으로 홀대론이
일기 시작했다. 지역에서는 "충청 총리 낙마되면 다음 총선, 대선 두고 보
자"라는 현수막이 내걸릴 정도였다.

충청의 커밍아웃

충청 유권자들의 커밍아웃 현상은 지표로도 확인되었다. '유권자 지도—지
역 조사'에서 충청 유권자들은 호남 다음으로 지역 대표성에 대한 욕구를
강하게 드러냈다. 〈표 2-1〉에서 볼 수 있는 것처럼 '지역 발전을 위해 지역
출신 대통령이 당선되어야 한다'(지역 출신 대통령)는 의견에 동의하는 비율
은 광주·전라 46.0%, 대전·충청 41.4%, 대구·경북 37.2%였다. '지역 발전
을 위해 지역을 대표하는 정당이 필요하다'(지역 대표 정당)는 의견에 공감하

표 2-1 정치의 지역성에 대한 공감

(단위: %, 명)

지역	지역 출신 대통령	지역 대표 정당	지역 사례수
서울	20.8	39.9	529
인천·경기	20.4	41.4	761
대전·충청	41.4	54.1	268
광주·전라	46.0	58.9	265
대구·경북	37.2	52.4	267
부산·경남	32.1	49.3	412
전체	29.2	46.8	2,505

자료: 유권자 지도—지역 조사(2015. 3)

표 2-2 지역 대표 정치의 필요성 인식

(단위: %)

지역	지역주의 긍정(a)	지역주의 부정(b)	격차(a-b)
서울	17.6	51.2	-33.6
인천·경기	15.6	48.1	-32.5
대전·충청	33.0	33.0	0.0
광주·전라	36.8	29.4	7.4
대구·경북	29.2	35.8	-6.6
부산·경남	26.4	41.4	-15.0

자료: 유권자 지도—지역 조사(2015. 3)

는 비율도 광주·전라(58.9%), 대전·충청(54.1%), 대구·경북(52.4%) 순으로 나타났다. 충청지역에서 대통령이든 정당이든 정치에서 지역 대표성을 표출하고 싶은 정도가 호남보다는 작았지만 영남보다는 많았다. 충청 유권자들이 과거에도 지역 대표성에 대한 열망이 강했는데 지금 드러내고 있는 것인지, 아니면 그러한 욕구가 약했는데 요즘 강해진 것인지는 알 수 없지만, 현재 표출되고 있는 충청 민심은 예사롭지 않다.

〈표 2-2〉는 지역별로 지역 대표 정치를 얼마나 필요로 하는지를 나타낸 것이다. '지역주의 긍정'은 '지역 출신 대통령과 지역 대표 정당이 모두 필요하다'고 응답한 비율이며, '지역주의 부정'은 '지역 출신 대통령도, 지역 대표 정당도 필요 없다'고 답한 비율이다. 지역주의 긍정에서도 충청은 33.0%로 36.8%인 호남 다음으로 높았다. 대구·경북은 29.2%였다. '둘 다 필요 없다'는 의견 역시 충청은 33.0%로 호남(29.4%) 다음으로 낮았다.

'모두 필요하다'와 '모두 필요 없다'의 격차를 보면 호남이 7.4%p로 단연 앞섰지만, 충청도 0%p로 만만치 않았다. 서울을 비롯한 다른 지역들에 비해 큰 차이가 난다. 그만큼 이곳의 지역주의 강도가 강하다는 반증이다. 지역주의 하면 일반적으로 호남과 대구·경북을 떠올리지만 충청이 오히려 대구·경북을 따라잡고 있는 것이다.

충청 유권자들이 숨김없이 지역정서를 드러내는 배경에는 정치인들이 한몫 거들었다. 제5회 지방선거에서 충남도지사 후보로 나선 안희정은 유세 과정에서 '더 이상 충청에서 2인자 정치를 하지 않겠다'는 메시지를 던졌다. 이 발언을 통해 안희정은 자신이 대선에 나설 수 있음을 슬쩍 내비치면서 김종필 이래로 수면 아래 쌓여 있던 충청 유권자들의 지역주의를 촉발시켰다.

이후 이완구 총리 후보자의 자질 논란과 낙마 과정도 충청 유권자의 숨겨온 지역정서가 드러나게 된 배경이 되었다. 한때 여권 내에서 가장 유력한 대선주자로 떠올랐던 이완구 전 총리가 성완종 리스트에 올라 정치자금법 위반 혐의로 낙마한 사건은 충청 유권자들의 지역감정을 자극하기에 충분했다. 그러나 이런 정치적 이유 외에도 지역의 인구 증가와 천안, 당진, 오송을 중심으로 한 지역개발, 행정수도 세종시에 대한 자부심 등이 충청 유권자들의 지역감정을 결집시키는 데 일조한 것으로 보인다. '인구는 더 많은데 국회의원 숫자는 호남에 밀린다'는 등 이 지역 출신 정치인들의 인식도 충청 유권자들의 지역정서를 자극하는 데 기여했다.

충청지역의 정당 호오도

〈그림 2-1〉은 지역별 정당 호오도를 보여준다. 충청 유권자들은 새누리당을 좋아하는 비율이 싫어하는 비율보다 4.4%p로 많았다. 싫음이 좋음보다 조금 많은 서울, 인천·경기 지역보다 새누리당 지지가 더 많은 것으로 보인다. 그러나 그 정도는 경북이나 경남 지역에 비해 매우 적었다.

충청지역의 새정치민주연합에 대한 호오도는 다른 지역과 비교해서 또 다른 의미를 지닌다. 당시 새정치민주연합은 모든 지역에서 싫음이 좋음보다 많았지만, 특히 충청지역이 호남 다음으로 거부감이 적었다. 서울과 경기 지역에서 싫음이 좋음보다 각각 33.0%p와 35.8%p를 기록하고 있는 것과 대조적이다. 충청 민심은 결코 높지 않은 새누리당 지지를 보이면서, 또한 아주 낮지도 않은 야당 지지를 나타내고 있다. 이는 충청지역 민심의 향배를 미리 예측하기가 어렵다는 것을 의미한다.

그러면 충청지역의 연령대별 정당 호오도를 살펴보자. 〈그림 2-2〉를 보면 새누리당을 좋아하는 것보다 싫어하는 비율이 높은 연령대는 40대 이하였다. 특히 30대에서는 27.5%p만큼 새누리당을 좋아하는 사람보다 싫어하는 사람이 많았다. 그러나 주목할 만한 연령대는 40대다. 충청지역

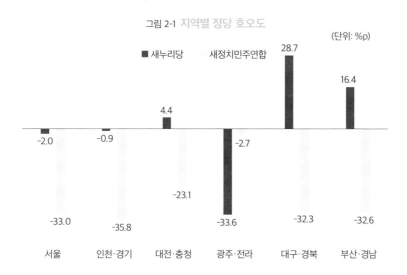

그림 2-1 지역별 정당 호오도

(단위: %p)

■ 새누리당   새정치민주연합

자료: 유권자 지도―지역 조사(2015. 3)

그림 2-2 충청지역 연령대별 정당 호오도

(단위: %p)

■ 새누리당   새정치민주연합

자료: 유권자 지도―지역 조사(2015. 3)

40대는 새누리당, 새정치민주연합 두 정당에 대해 모두 싫어함이 앞섰지만, 새누리당에 대한 싫어함이 새정치민주연합에 대한 싫어함보다 강했다. 새정치민주연합에 대한 싫어함이 좋아함보다 15.1%p 많긴 했지만, 새누리당의 경우에는 22.6%p로 7.5%p나 더 많았다.

40대는 김대중과 노무현 정권 시기에 청년기를 보낸 진보정권세대다. 40대가 2030세대와 함께 현재와 같은 민심을 지속한다면 충청지역은 앞으로 선거에서 여당과 야당의 격전지가 될 것이 분명하다. 이는 야당이 대선을 향해 수권정당으로서의 대오를 정비해나간다면 대전·충청지역에서 적지 않은 선전을 할 수 있음을 의미한다.

지난 지방선거에서 충청 유권자들은 새정치민주연합 후보에게 광역단체장 선거의 승리를 안겨주었지만, 광역·기초의회 선거에서는 새누리당의 우위를 보장했다. 최근 다른 지역과 마찬가지로 충청에서도 야당의 인기는 떨어졌다. 새누리당이 여전히 유리한 여건에 있다. 야당이 분열되어 있는 현 상황에서는 더 말할 것도 없다.

그러나 대선에서 이 지역 출신 유력 인사들이 경쟁에 나선다면 상황은 달라진다. 예컨대 안희정 충남도지사가 나온다면 40대를 중심으로 지역정서를 결집시킬 수 있다는 기대감이 있다. 최근 반기문 유엔 사무총장의 새누리당 대통령 후보설은 대선에서 결집하는 충청지역의 민심을 새누리당 쪽으로 이끌겠다는 의지에서 나왔을 것이며, 그것의 실현 여부와 관계없이 총선에서 안희정의 영향을 막으려는 전략으로도 풀이된다. 안희정이든 반기문이든 충청 출신의 대통령 후보설이 나도는 배경에는 '우리도 대통령 한번 내보자'는 충청 민심의 꿈틀댐이 있다고 볼 수 있겠다.

03
호남 사람들의
이유 있는 고민

호남 정치인들의 신당 추진, 왜?

2015년 호남 유권자들의 정치적 선택이 유례없이 주목을 받았다. 발단은 새정치민주연합 소속 정치인들의 탈당과 연이은 내분인 것처럼 보였다. 2007년 새정치민주연합의 전신 대통합민주신당의 대통령 선거 후보로 출마했던 정동영 전 의원이 2015년 1월 탈당과 신당 창당을 선언했다. 3월에는 천정배 전 장관이 탈당을 한 후 4월 광주 서구을 보궐선거에 무소속 후보로 출마해 당선됐다. 7월에는 박준영 전 전남도지사가 탈당을 했고, 9월에는 광주 동구를 지역구로 둔 박주선 의원이 당을 떠났다. 12월에는 안철수 전 대표가 탈당했고, 연이어 호남에 지역구를 둔 몇몇 의원들의 탈당이 이어졌다. 이들은 각기 탈당의 변으로 신당 추진을 공식화했는데, 대부분 호남에 지역구를 둔 의원이거나 호남의 지지를 기반으로 하겠다는 입장을 표명했다.

덕분에 호남지역 유권자들의 지지가 어디로 향할 것인지가 초미의 관심사로 떠올랐다. 과연 호남 유권자들의 마음은 무엇일까? 그런데 여기서 생각해볼 것이 있다. 유권자의 지지가 정당(정치인)을 따라 움직이는 것일까, 아니면 정당(정치인)이 유권자의 지지를 따라 움직이는 것일까?

물론 이 문제는 닭이 먼저냐, 알이 먼저냐에 가까운 우문일 수 있다. 유권자와 정당(정치인)은 당연히 서로 상호작용을 하며 움직인다. 하지만 특정 시점에 국한해본다면 집권이나 재선을 목적으로 하는 정당(정치인)이 유권자의 지지가 뒷받침된다는 확신이 없이 기존 소속 정당을 떠나 신당 창당에 나서기는 쉽지 않다. 2015년 벽두부터 시작된 새정치민주연합 내 호남 출신 정치인들의 연이은 탈당과 신당 추진은 이미 오래전부터 감지된 호남 유권자들의 '어떤 욕구'가 있었기 때문이다. 그것을 어떻게 해석하느냐는 또 다른 차원의 문제다. 하지만 분명한 건 호남 유권자들의 '어떤 욕구'는 실체가 있다는 것이다.

새로운 정당(정치인)에 대한 높은 기대감

2015년 10월 '유권자 지도―세대 2차 조사' 자료는 호남 유권자들의 '어떤 욕구'의 일단을 보여준다. 조사에서는 '한국 정치에 새로운 정당이 필요하다'는 진술에 동의하는지, 어떤 종류의 새로운 정당이 필요한지에 대한 의견을 물었다. 〈그림 3-1〉은 새로운 정당이 필요하다는 응답자들을 지역별로 나타낸 것이다. 전체 응답자 기준 53% 정도가 필요하다고 응답했는데,

그림 3-1 새로운 정당의 필요성에 대한 인식

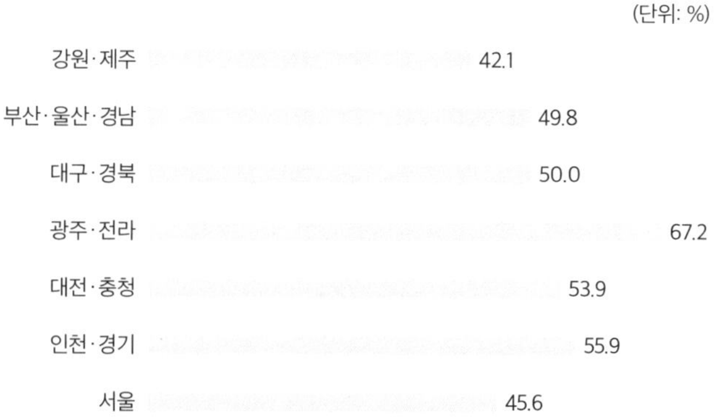

(단위: %)

강원·제주	42.1
부산·울산·경남	49.8
대구·경북	50.0
광주·전라	67.2
대전·충청	53.9
인천·경기	55.9
서울	45.6

자료: 유권자 지도—세대 2차 조사(2015. 10)

호남 유권자들은 이보다 14%p 정도 더 많은 67.2%가 필요하다고 생각하고 있었다. 이 수치는 전체 응답자 평균보다 높을 뿐만 아니라 다른 모든 지역 유권자들과 비교해도 월등히 높다.

또한 이 조사에서는 '새로운 인물이 정치를 한다면 정치가 나아질 것이다'라는 진술에 대해서도 동의 여부를 물었다. 이 조사에 대한 응답에서도 호남지역 유권자들은 다른 지역 유권자들에 비해 주목되는 응답을 내놓았다. 전체 응답자 기준으로 '그렇다'는 응답은 38% 수준이었으나 호남 유권자들은 49% 가까이 새로운 정치인에 대한 기대를 드러냈다.

실체가 있는 이런 욕구는 호남 출신 정치인들이나 신당 추진 세력들에게 유력한 기회의 공간으로 보였을 것이다. 그런데 호남 유권자들은 왜 이처럼 새로운 인물이나 정당에 대한 기대가 강한 걸까?

일각에서 내놓는 해답 중 하나는 '더불어민주당(구 새정치민주연합) 내

그림 3-2 새로운 인물에 대한 기대

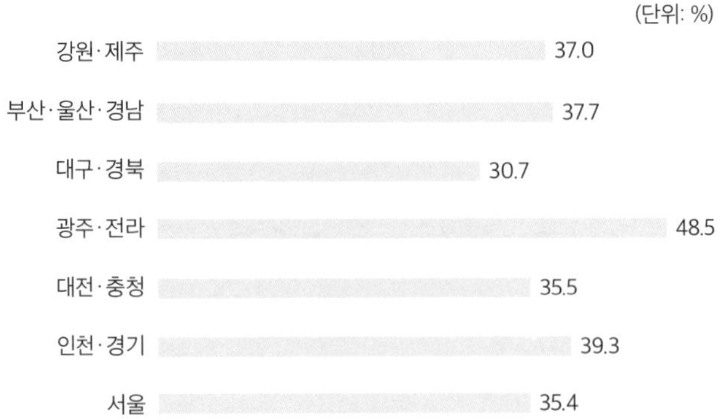

(단위: %)

강원·제주	37.0
부산·울산·경남	37.7
대구·경북	30.7
광주·전라	48.5
대전·충청	35.5
인천·경기	39.3
서울	35.4

자료: 유권자 지도—세대 2차 조사(2015. 10)

현 주류 세력이 싫어서'라는 것이다. 이 해석에 따르면 호남 유권자들이 현 주류 세력을 싫어할 수 있는 이유는 다양하다. 더불어민주당의 현 주류 세력은 과거 민주당으로부터 열린우리당의 분당을 야기했거나 주도했던 세력이며 DJ의 민주당을 훼손했기 때문에 DJ를 매개로 민주당 계열 정당을 지지했던 호남 유권자들의 신뢰를 잃었다는 해석이 있다. 또 겉으로는 호남 유권자의 지지를 호소하지만 실제로는 영남 유권자의 지지를 얻기 위해 호남권의 높은 지지를 부담스러워하거나 폄훼했기 때문이라고 설명하기도 한다. 혹은 호남 출신 정치인들을 배척하고 당내 패권을 추구했기 때문이라고도 한다.

이런 해석들은 호남 유권자들이 지닌 정서의 일면을 담고 있을 것이다. 그러나 '현 주류 세력이 싫어서'가 이들이 새로운 세력을 기대하는 이유의 전부라고 하기에는 뭔가 부족하다. 현 주류 세력에 대한 반감이 핵심 원인이라면 2015년 2월 전당대회로 현재의 지도부가 등장하기 이전에 새정치민주연합은 높은 지지를 얻었어야 한다. 그러나 2015년 2월 이전이나 이후 호남 유권자들의 새정치민주연합 지지율에 큰 차이는 발견되지 않는다. 또 현 주류 세력이 호남 정치인들을 배척한 것이 문제라면 호남의 현직 의원들에 대한 유권자들의 지지가 높아야 하는데 그렇지도 않다. 오히려 현직 의원들에 대한 반감 역시 매우 높게 나타난다(2015년 10월 6~8일 한국 갤럽 조사). 뭔가 더 설명되어야 할 것이 있는 것이다.

다른 선택지가 필요하다

시선을 중앙정치 차원에서 호남의 지방정치 차원으로 돌리면 좀 다른 해석을 해볼 수 있다. 중앙정치 차원에서 2015년 시점에 원내 제2세력이자 제1야당인 정당은 DJ의 정당에 그 역사적 뿌리를 두고 있다. 물론 역대 이 계열 정당들이 DJ의 민주당에 얼마나 빚을 지고 있는지에 대한 판단은 사람마다 다를 수 있다. 역대 민주당 계열 정당에는 시민사회와 사회운동 진영에서 합류하기도 했고, 새누리당의 전신인 정당들에서 탈당해 합류한 적도 있었으며, DJ계가 아닌 야당 세력들이 합류하기도 했다. 그러나 DJ의 민주당이 중요한 뿌리였다는 점에 대해서는 누구도 부인하기 어렵다.

　　역사적으로 존속했던 이 정당들은 호남 정치 차원에서 지난 30여 년간 지역지배정당이었다. 국회의원뿐만 아니라 광역·기초단체장, 광역·기초의회에 이르기까지 선출된 모든 대표기구를 지배했던 정당이었다. 주기적인 선거가 제대로 된 대표 기능을 할 수 있으려면 유권자들에게 현직자가 아닌 다른 선택을 할 권리가 주어져야 한다. 언제든 현직자를 유권자의 힘으로 바꿀 수 있는 권리가 대의제 민주정치의 기본 요건이다.

그런데 호남 유권자들은 너무나 오랫동안 '경쟁적 대안이 부재한' 정치 환경에 놓여 있었다. 물론 역대 민주당 계열 정당들이 공천한 호남 후보자들도 자주 교체되었다. 그러나 그것은 정당이 한 일이지 유권자의 선택이 만든 결과가 아니다. 경쟁이 없거나 약한 상황에서 권력의 부패와 무능은 제어되기 어렵다. 선거를 통해 주기적으로 재구성되는 민주정치의 원리는 경쟁적 대안을 끊임없이 불러내는 제도적 힘을 가진다. 현직자가 아닌 다른 선택지가 필요하다는 것은 이 체제에서 너무나 당연한 요구다.

그렇다면 호남 유권자들은 그동안 왜 다른 선택을 하지 않았는가, 스스로 초래한 결과가 아닌가 하는 의문을 던질 수 있다. 그러나 불행히도 현대 대의제 정당 민주주의에서 대안을 제시하는 것은 유권자가 아니라 정당이다. 현 체제에 아무리 불만이 있는 유권자라 하더라도 스스로 정당을 만들지 않는 이상 출마한 후보들을 놓고 선택할 수밖에 없다. 그런데 스스로 정당을 만드는 일은 많은 노력과 큰 비용을 요구한다. 주어진 대안이 경쟁적이지 않을 때 유권자가 할 수 있는 일은 안타깝게도 그리 많지 않다.

중앙정치 차원에서 역대 민주당 계열 정당의 대안은 분명 있었다. 현 새누리당과 그 전임 정당들이 대표적이다. 다른 지역의 유권자들은 이 두 큰 정당들 중에 지지를 이동하면서 제재도 하고 보상도 받을 수 있었다. 그러나 1980년 광주민주항쟁의 역사적 상처를 가진 호남 유권자들에게 새누리당 계열 정당은 경쟁적 대안이 될 수 없었다. 불과 한 세대 전에 벌어진 참혹한 역사는 신군부의 정당, 민정당과 역사적 단절을 하지 않은 정치세력에게 지지를 보내는 것을 허락하지 않았다.

새누리당 계열 정당이 대안이 될 수 없는 조건이지만 호남 유권자들도 새로운 대안을 찾으려는 노력을 지속해왔다. 17대 총선에서 민주노동당, 19대 총선에서 통합진보당에 대해 다른 지역보다 훨씬 높은 지지를 보낸 것은 지역지배정당에 대한 경쟁적 대안이 필요했기 때문이다. 그러나 그 정당들은 더 좋은 대안이 되기 전에 사라져버렸다. 호남이 2012년 대통령 선거 직전에 소위 '안철수 현상'의 진원지가 된 것도 이런 욕구의 표출이었다. 하지만 안철수는 독자적인 정치세력화를 택하는 대신 민주당 계열 정당과 합당을 선택했다.

이 과정에서 호남 유권자들의 선택과 선거 결과 간 괴리는 계속 커졌다. 19대 총선에서 호남지역 선거구에 출마한 민주통합당 후보들의 득표율은 과반을 조금 넘긴 53%였다. 그러나 호남지역에 할당된 국회 의석의 83%를 민주통합당이 가져갔다. 호남 유권자의 47%가 민주통합당이 아닌 후보들을 선택했지만 이런 의사들은 대변될 수 없었던 것이다. 이미 오래 전부터 민주당 계열 정당이 독점한 정치지배구조, 득표와 의석의 심각한 괴리에 대한 호남 유권자들의 불만은 데이터로도 확인되고 있었다.

지난 24년간 우리나라 선거의 투표율은 급격한 하락을 경험했다. 2012년의 투표율은 54.2%로 1988년 75.8%에 비해 21.6%p가 하락했다. 〈그림 3-3〉의 수치는 13대 총선 투표율에서 19대 총선 투표율을 뺀 값이다. 가장 많은 하락을 경험한 곳은 강원·제주지역에 이어 호남지역으로 26.9%p가 줄어들었다. 1988년 13대 총선에서 호남지역 투표율은 81.4%로 전국 투표율 75.8%보다 5.6%p나 높았다. 그러나 2012년 19대 총선에서 호남지역 투표율은 54.5%로 전국 투표율 54.2%와 0.3%p밖에 차이가 나지 않는다. 호남 유권자들은 다른 지역 유권자들에 비해 정치에 관심이 많

그림 3-3 13대, 19대 총선 투표율의 격차

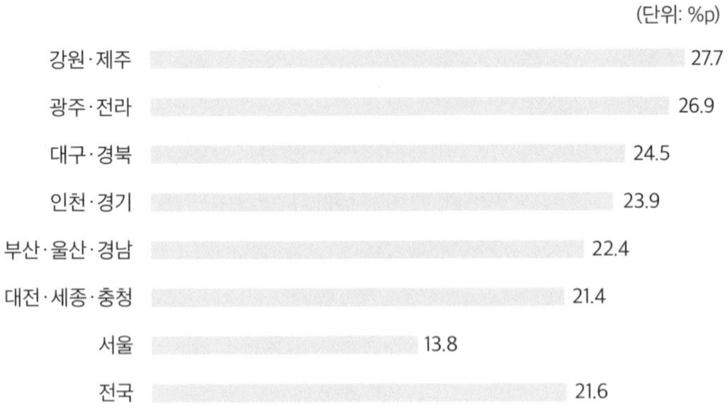

(단위: %p)

강원·제주	27.7
광주·전라	26.9
대구·경북	24.5
인천·경기	23.9
부산·울산·경남	22.4
대전·세종·충청	21.4
서울	13.8
전국	21.6

자료: 중앙선거관리위원회 홈페이지 제공 지역별 투표율

고 정치 참여도 적극적이라는 것은 이제 옛말이 되어버렸다. 경쟁적 대안이 없는 환경은 호남 유권자들을 점점 투표장에 나가지 않게 만든 것이다.

20대 총선 전야의 호남 유권자들의 흔들린 표심에는 '더불어민주당의 주류가 싫다' 혹은 '더불어민주당이라는 정당이 싫다'라는 단순한 반감 이상의 것이 담겨 있었던 것 같다. 또한 안철수(세력), 천정배(세력), 박원순(세력), 문재인(세력) 등의 대안 중에 누구를 더 지지하고 덜 지지하는가 하는 문제만으로 환원될 수 없는, 보다 근본적인 모색이 진행된 것으로 보인다. 지난 30여 년간 선택의 권리를 보장받지 못했던 정당정치, 선거정치에서 벗어나 다른 선택이 가능한 정치구조가 필요하다는 간절함으로 읽어야 하지 않을까? 이렇게 본다면 여기저기서 눈발처럼 날린 '호남정치' 담론들은 너무나 가볍고 얕아 보인다.

04

지역투표?
유권자는
억울하다

정당 말고 인물과 정책을 보고 찍으라는 말

2016년 국회의원 선거는 막 지났지만, 이제 대선도 내년에 치러질 예정이니 이른바 '정치의 계절'이다. 선거철에는 특히 유권자의 시선이 어디에 모이는지 주목하며 정당(정치인)들의 주인 대접이 극진해진다. 당연한 일이다. 선거는 유권자들이 4년 혹은 5년 동안의 성과를 평가해서 현직자에게 보상도 하고 제재도 할 수 있는, 민주정치의 가장 강력한 수단이다. 선거와 선거 사이에도 항상 주권자들이 대접을 받아야 하지만, 특히 선거는 정당(정치인)들이 그동안 해온 정치에 대한 중간 성적표를 채점받는 시간이므로 채점하는 사람들의 원칙과 기준, 느낌과 정서까지도 주목을 해야 마땅하다.

그런데 우리나라 선거에서는 좀 다른 게 있다. 정부 공공기관이나 공영방송들이 나서서 유권자들에게 올바른 투표는 이래야 한다, 저래야 한다고 훈수를 둔다. 선거 때마다 연예인이나 유명인이 우리가 낸 세금으로 만든 광고에 출현해 이렇게 투표합시다, 저렇게 투표합시다 하고 유권자들을 계도하려는 것을 보면 의아한 기분이 든다. 생각해보면 그렇지 않은가? 4년 혹은 5년 동안의 성적은 이미 나온 것이고, 그것을 어떤 기준과 원칙으로 평가하든 그건 유권자 마음이다.

민주선거의 기본 원리는 '자유롭고 공정한 선거'이다. 정당(후보자)은 공정하게 경쟁하고 유권자는 자유롭게 평가하라는 것이다. 선거 관리의 책임이 있는 정부 기관들은 유권자들이 알아서 평가할 수 있도록 충분한 정보를 제공하고 정당(후보자)들의 경쟁이 공정하게 진행되도록 관리하는 데 그쳐야 한다. 평가의 기준까지 제시하려는 것은 의도와 무관하게 유권자 권리의 영역을 침범하는 것이다.

민주화 이후 오랫동안 우리나라 유권자들이 반복해서 들어온 것은 "지역투표 하지 마세요!", "정당 보고 찍지 마세요!", "인물과 정책을 보고 투표하세요!"라는 메시지다. 너무 익숙해서 일견 당연해 보이기도 하지만 곰곰이 생각해보면 여기에 여러 의문이 든다. 우선 왜 정당투표는 나쁜 것 혹은 열등한 것이고, 인물투표는 더 나은 것일까?

우리나라는 다른 나라에 비해서 선거운동 기간이 매우 짧다. '듣지도 보지도 못한' 후보들이 정당의 공천을 받아 나오는 경우도 많다. 정당이 후보를 공천한다는 것은 '후보를 잘 모르더라도 정당이라는 브랜드 가치를 믿고 선택해달라'는 제도적 행위다. 시장에서 기업의 브랜드 가치를 믿고 물건을 샀는데 그 물건이 하자가 있으면 기업이 일차적 책임을 져야 한다. 사과도 하고 리콜도 하고 재발 방지를 위한 개선 노력을 해야 할 책임도 기업에게 있다. 마찬가지로 정당이 공천한 후보가 하자가 있으면 그 정당이 책임질 일이다. 유권자가 믿을 수 있도록 정당에 더 나은 공천의 기준과 절차를 만들라고 요구를 해야지, 유권자들에게 일단 정당을 불신한 다음에 공천한 후보를 뜯어보지 않으면 안 된다고 하는 것은 어딘가 맞지 않는 말이다. 하루하루 바쁘게 살아가는 평범한 시민들을 대신해서 제대로 공천하라고 세금으로 정당 보조금과 선거 보조금을 주는 게 아닌가.

정당투표는 하지 말고 정책투표를 하라는 것도 의문이다. 이 둘이 과연 서로 다른 걸까? 복잡한 현대사회에서 대한민국이라는 정치공동체가 당면한 문제를 해결하려면 무수히 많은 정책들이 필요하다. 선거 때가 되면 정당들은 10대 공약에서부터 100대 공약까지 내놓고, 세부사항으로 들어가면 더 많은 정책들이 감자 줄기처럼 엮여 있다. 평범한 시민들이 그 모든 공약을 다 알기도 어렵고 꼭 알 필요도 없다. 자신에게 중요한 정책 몇 가지에 대한 입장만 정확히 알고 선택의 기준으로 삼으면 충분하다. 5천만 국민과 4천만 유권자들은 각기 다른 데에 관심이 있을 것이고 각각의 관심들이 모여서 집단적 결정을 만들어내는 것이다.

개별 유권자들이 관심을 갖는 정책에 관한 정보는 선거 때 날아오는 홍보물보다 지난 선거와 이번 선거 사이에 있었던 정당이나 정치인의 행태를 통해 보는 것이 더 정확할 수 있다. 내게 꼭 필요한 정책을 어떤 정당이 국회에서 4년 내내 반대했다면, 그 정당의 공천을 받은 후보도 그 정책에 반대할 거라고 가정하는 것이 합리적이다. 정당은 선거와 선거 사이에 시민들의 일상에 영향을 미치는 다양한 정책 영역들에 대한 특정한 경향의 정책 활동을 하고 있다. 그래서 유권자들이 복잡한 정책 대신 정당 이미지를 소비하는 것은 자연스럽다.

물론 그 이미지가 실제로 그 정당이 표방하고 추진한 정책과 일치하지 않는 경우도 종종 있다. 유권자들이 정책에 좀 더 관심을 가지면 정당들이 더 좋은 정책을 개발하고 추진하도록 이끌 수 있을 것이다. 그러나 그런 노력은 일상의 정치를 통해 이루어져야 하는 것이지, 선거 때 투표 기준으로 강요될 문제는 아니다.

의석의 집중이 곧 표의 집중은 아니다

이렇게 본다면 우리나라에서 정당투표가 기피되어야 할 이유로 남는 것은 소위 '지역투표의 폐해'이다. 원내 1, 2당이 지역정당이면서 각각 영남과 호남의 압도적 지지를 받기 때문에 정책 경쟁이 잘 이루어지지 않고 전국적 대표성도 담보하지 못한다는 것이다. 그런데 이런 현상은 영·호남 거주 유권자 혹은 출신 유권자들이 따져보지도 않고 '묻지 마 정당투표'를 하기 때문이라고 한다. 대한민국 유권자의 훨씬 많은 수가 영남과 호남 외 지역에 살고 있고, 원내 1, 2당의 의석도 그 외 지역에서 더 많이 나온다는 것은 일단 제쳐두기로 하자. 원내 1, 2당이 영남과 호남에서 독점적 의석을 얻는 것이 유권자들의 지역투표 때문이라는 가설은 과연 타당할까?

　〈그림 4-1〉은 2012년 19대 총선에서 각 지역에 할당된 의석을 얻은 정당들을 그림으로 나타낸 것이다. 붉은색은 새누리당이, 노란색은 당시 민주통합당이 의석을 차지한 지역이며 동서로 나뉜 것을 볼 수 있다. 이 그림은 두 가지 착시효과를 가져온다. 우선 지리적 넓이와 거주 유권자의 밀도 간 괴리다. 새누리당이 의석을 차지한 지역은 민주통합당이 차지한 지역보다 지리적으로 훨씬 넓어 보인다. 그런데 이 선거에서 지역구 기준 두 정당

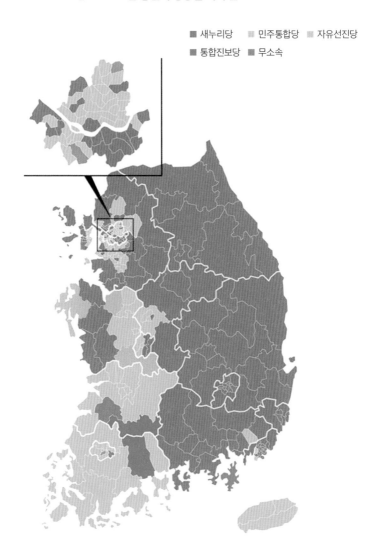

그림 4-1 2012년 총선의 정당별 의석 분포

■ 새누리당 ▨ 민주통합당 ▨ 자유선진당
■ 통합진보당 ■ 무소속

자료: http://v.media.daum.net/v/20120628144113598

2장 한국 정치의 독특한 문화, 지역주의

의 의석 차이는 21석밖에 나지 않았다. 수도권의 인구 밀집 지역이 상대적으로 좁은 지리적 범위를 갖기 때문에 그림만 보면 3~4배의 지지 차이가 나는 것처럼 착시효과를 일으킨다.

또한 이 그림만 보면 영·호남의 지역투표는 아주 명료한 것처럼 보인다. 그러나 이 선거에서 새누리당은 영남지역 전체 투표자 54.7%의 지지를 얻어 94%의 의석을 차지했다. 민주통합당은 호남지역 전체 투표자 53.1%의 지지를 얻어 83%의 의석을 차지했다. 당시 영남지역에서 민주통합당 후보들이 얻은 득표율은 전체 투표자의 20.1%였으나 의석의 4.5%만 그 정당에 돌아갔다. 두 정당이 영남과 호남에서 각각 상대적으로 높은 지지를 얻은 건 맞지만, 이 그림은 온전히 유권자의 투표 결정 때문이 아니라 득표를 의석으로 전환하는 시스템, 즉 선거제도의 효과가 크게 작용한 결과다.

〈그림 4-2〉와 〈그림 4-3〉은 미국 대통령 선거에서 공화당과 민주당이 얻은 지지를 각기 다른 기준으로 나타낸 것이다. 〈그림 4-2〉는 1992~2008년에 치러진 다섯 번의 대선에서 양당이 얻은 평균 득표율의 격차를 3%p 미만부터 20%p 이상까지 7개 기준으로 나누어 표시한 것이다. 가장 파랗게 표시된 지역은 민주당이 평균 20%p 이상 더 득표한 지역이며, 가장 붉게 표시된 지역은 공화당이 평균 20%p 이상 더 득표한 지역이다. 〈그림 4-3〉은 2012년 대통령 선거에서 민주당의 버락 오바마 후보를 지지했던 선거인단 지역을 푸른색으로, 공화당의 미트 롬니 후보를 지지했던 선거인단 지역을 붉은색으로 표시한 것이다.

미국 대선은 각 주 유권자의 표심에 따라 각주에 할당된 선거인단이 투표권을 행사하는 방식으로 당선자가 결정된다. 대다수 주에서 선거인단

그림 4-2 미국 공화당과 민주당의 대선 득표율 차이(1992~2008년)

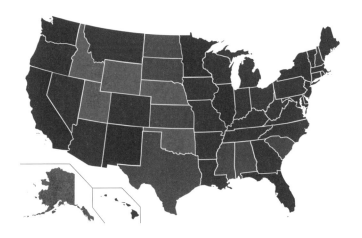

자료: https://en.wikipedia.org/wiki/Red—states—and—blue—states#Reaction

그림 4-3 2012년 미국 대선 선거인단 분포

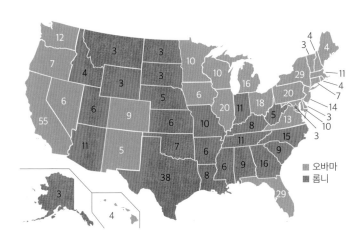

자료: https://en.wikipedia.org/wiki/Red—states—and—blue—states#Reaction

은 주 유권자 다수가 지지하는 후보에게 표를 몰아준다. 51 대 49로 표심이 나타나더라도 주에 할당된 선거인단의 전체 표는 51% 지지를 얻은 후보가 모두 갖는 방식이다. 이렇다 보니 선거인단 투표 결과로만 보면 전체 주가 붉은색 혹은 푸른색으로만 나뉘게 된다.

미국 언론들은 민주당이 더 지지를 받는 지역을 푸른 주blue states, 공화당이 더 지지를 받는 지역을 붉은 주red states라고 부르기도 한다. 그러나 〈그림 4-2〉를 보면 푸른 주 내에서도 지지 격차의 수준은 다양하고 붉은 주 내에서도 그런 것을 알 수 있다. 그리고 상당수의 주는 그 격차가 3%p 미만이어서 선거 때마다 지지후보가 바뀌는 주로, 이동 주swing states 혹은 보라색 주purple states로 불리기도 한다.

미국에서도 전통적으로 공화당 지지세가 강한 주와 민주당 지지세가 강한 주가 있다. 하지만 지지 격차의 정도는 다양한데 그것을 더욱 도드라지게 만드는 것은 1등이 다 가져가는 1위 대표제의 효과다. 선거가 끝나면 의석이나 선거인단의 분포가 붉게 혹은 푸르게 1차원적으로만 확인된다. 이렇게 되면 유권자들이 지역적 의석의 집중효과를 마치 득표의 집중효과인 것처럼 착각할 수 있다. 미국 정치권 내에서도 이런 문제에 대한 비판이 활발하다. 51%의 지지를 얻고서 100% 의석을 가져갔는데 마치 100% 지지를 얻은 것처럼 인식되는 것이다. 이렇게 되면 당선자를 지지하지 않은 49%의 유권자들은 마치 유령과 같은 존재가 된다. 분명히 투표장에서는 다른 선택을 했는데 그 선택이 의석이나 선거인단에 전혀 흔적을 남기지 못하는 것이다.

우리나라나 미국처럼 지역구 1등만 당선되는 선거제도를 가진 나라에서는 대개 표와 의석의 지리적 집중 현상이 나타나고, 득표에 비해 의석의 집중 현상이 더 또렷이 나타난다. 2등 이하의 후보자들에게 유권자가 던진 표는 사표가 되고, 선거가 끝나면 다음 선거 때까지 의회에서는 1등 당선자(정당)만 보이기 때문이다. 원내 1, 2당이 영남과 호남에서 각기 독점적 지지를 받기 때문에 지역정당체제가 만들어졌다는 주장, 이런 체제는 유권자의 지역투표로 인한 것이며 유권자가 지역이 아닌 다른 기준으로 투표를 해야 사라진다는 주장은 1위 대표제의 착시효과를 온전히 유권자 탓으로 돌리고 있다는 점에서 우선 동의하기가 어렵다.

'지역투표라는 해석'이 문제다

다시 지역투표 이야기로 돌아가보자. 1위 대표제는 지역적 표의 집중을 의석의 집중으로 대체시켜 그 효과를 과대하게 보이게 한다. 이런 점에서 득표한 만큼만 의석을 얻도록 제도를 바꾸면 과대 대표 효과는 사라지게 할수 있다. 하지만 그 근저에 지지 집중 현상 자체가 없는 것은 아니다. 그런데 특정 정당(후보)에 대한 표의 지리적 집중이 왜 모든 문제의 근원처럼 이야기되는 것일까?

〈그림 4-4〉는 2010년과 2015년에 있었던 영국 총선에서 런던 지역의 선거와 관련된 내용을 나타낸 것이다. 2010년은 선거 종료 후 결과를, 2015년은 선거 전 예측치를 표시한 것이다. 푸르게 표시된 지역은 보수당 후보가 당선된 지역, 붉게 표시된 지역은 노동당 후보가 당선된 지역, 노랗게 표시된 지역은 자유민주당 후보가 당선된 지역이다. 약간의 변동은 있지만 대체로 가운데 지역에서는 노동당이, 외곽지역에서는 보수당이, 서남쪽 지

그림 4-4 2010년 런던의 선거 결과와 2015년 런던의 선거 예측

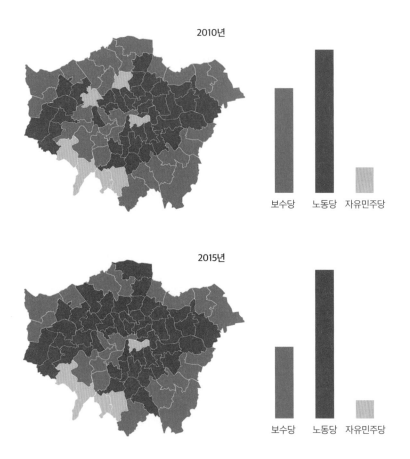

2010년

보수당   노동당   자유민주당

2015년

보수당   노동당   자유민주당

자료: http://www.wired.co.uk/news/archive/2015-04/23/general-election-2015-maps

역에서는 자유민주당이 두 선거에서 모두 당선되었거나 당선이 예측되고 있음을 알 수 있다.

전통적으로 런던 시내 지역에는 노동자 밀집 주거지역이 있고 이 지역의 유권자들은 노동당을 지지하는 경향이 강하다. 반면 런던 외곽지역에는 상대적으로 부유한 중상층 주거 밀집 지역이 분포해 있고 이들은 보수당을 지지하는 경향을 보인다.

영국도 우리나라나 미국처럼 지역구 1등이 당선되는 선거제도를 갖고 있다. 그러다 보니 상대적으로 노동당이나 보수당을 지지하는 유권자들이 더 밀집해 있으면 그 정당 후보가 1등으로 당선되기 유리하다. 하지만 영국 정치에서 이런 현상을 지역투표라고 해석하지는 않는다. 또 그것이 보수당과 노동당의 경쟁을 왜곡하거나 정당정치가 잘 안 되는 문제의 근원이라고 말하지도 않는다. 그저 각 정당을 지지하는 유권자들이 밀집한 결과로 나타나는 하나의 현상이라고 이해할 뿐이다. 마치 우리나라 '강남 3구' 유권자들이 새누리당(후보)을 더 지지하는 것을 지역투표라고 해석하지 않는 것처럼 말이다.

유권자 입장에서 보면 더 익숙한 후보나 정당에게 마음을 주는 것은 자연스럽다. 역사적으로 영남과 호남 유권자들은 지역지배정당이 아닌 상대지역 지배정당(정치인)과 친숙할 기회를 많이 갖지 못했다. 호남에서 새누리당 계열 정당(정치인)의 활동이 활발하지 못했고, 영남에서 민주당 계열 정당(정치인)의 활동 역시 그러했다. 각 지역에서 명망이 있는 정치 엘리트들은 자기 지역 지배정당의 공천을 받기 위해 줄을 섰고, 그러다 보니 유권자들의 눈에는 그 정치인의 자질이 상대적으로 우위를 가진 것처럼 보였다.

오랫동안 영남 유권자들이 일상에서 가장 많이 보는 정당은 새누리당 계열 정당이었고 가장 많이 듣는 정치 담론 또한 그 정당의 것이었다. 호남 유권자들도 민주당 계열 정당을 가장 친숙하게 접했고 그들의 이야기를 가장 많이 들었다. 이 자연스런 결과로 특정 정당을 더 익숙하게 느끼게 되었고 선택을 한 것이다. 여기에 바람직함과 바람직하지 못함, 옳음과 틀림의 잣대를 대는 것이 타당한 일일까?

　　유권자들이 정당(정치인)에게 정을 들이려면 절대시간이 필요하다. 하루하루 바쁜 유권자들이 그들만 바라보고 살 수는 없지 않은가. 시간이 흘러 다른 정당(정치인)을 자주 보게 되고 이야기를 듣고 친숙해지면 다른 선택도 가능해지는 것이다. 민주정치에서는 누구도 도덕적 당위로 유권자의 선택을 강제하거나 비난할 권한을 갖지 않는다. 영남 유권자가 새누리당(후보)을 지지했다고 해서 그 지지 이유가 지역투표 성향 때문이라고 단정지을 권리는 누구에게도 없다. 그곳의 유권자들은 다양한 이유에서 투표했을 것이고 그 집합적 결과가 집중된 것일 뿐이다. 영남 유권자의 지지를 얻고 싶거나, 혹은 호남 유권자의 지지를 얻고 싶은 정당(정치인)들은 그 지역의 유권자가 원하는 바를 더 열심히 말하고 실천하면 되지, 정체가 모호한 지역투표 성향을 버리라고 계도할 필요는 없다. 그런데 정말 궁금하긴 하다. 대체 지역투표 성향이란 게 뭘까?

05

우리나라
지역정당의 실체는
무엇인가

모호한 개념

지구상의 어떤 나라든 시민들은 자기 나라 정치에 문제가 있다고 생각한다. 생각해보면 당연하다. 그 사회의 많은 문제들을 해결해야 할 1차적인 책임이 정치에 있다고 보기 때문이다. 정치를 통해 경제, 사회, 안보 등 모든 것을 해결해가야 하는데 문제를 안고 있지 않은 나라는 없다. 경제가 어려워도 정치가 문제, 안보가 어려워도 정치가 문제다. 물론 정치가 얼마나 잘 작동하느냐에 따라 불만의 정도는 차이가 난다. 우리나라 유권자가 특히 정치에 불만이 많은 것은 달리 보면 그만큼 사회의 각 영역에 당장 해결해야 할 문제가 많기 때문일 것이다. 지금보다 더 많은 문제를 더 유능하게 해결해주면 좋겠다는 기대가 클수록 기대와 현실의 격차로 더 큰 실망을 느끼게 된다.

그런데 정치도 경제나 교육, 외교 등 다른 영역들처럼 현재의 문제를 정확히 진단해야 제대로 된 개선방안을 찾을 수 있다. 인플레이션 억제정책을 써야 할 시점에 경기부양책을 쓰면 경제가 더 나빠질 수 있듯이 정치를 더 나아지게 하려면 정확한 진단이 중요하다.

정치민주화 이후 지난 30여 년 동안 많은 사람들은 우리 정치의 핵심 문제를 지역주의라고 진단했다. 정당들은 특정 지역 기반에만 매몰되어 전국적인 경쟁을 하지 못했고, 유권자들은 진짜 중요한 정책들을 고려하지 않은 채 지역 연고만을 우선해 투표했기 때문에 정치가 자꾸만 나빠진다는 것이다. 그런데 이게 정말 정확한 진단일까? '지역주의가 문제'라는 주장은 '지역정당이 문제'라는 것과 '지역투표가 문제'라는 내용으로 나눠볼 수 있다. 지역투표가 문제라는 주장에 대해서는 이미 이야기했으니 여기서는 지역정당이 문제라는 주장을 한번 따져보자.

우리나라의 지역정당은 다른 나라의 지역정당과 달라서 개념 정의가 쉽지 않다. 다른 나라의 지역정당은 누가 봐도 이해하기 쉽다. 특정 지역의 분리 독립이나 자치가 핵심 목표이며 대개 정당명에 그 지역의 이름이 들어간다. 퀘벡 주를 캐나다에서 분리 독립시키겠다는 목표로 활동하는 퀘벡당, 스페인에서 바스크 지역의 독립을 추진했던 바스크 민족주의당, 스코틀랜드의 독립을 주장하며 현재 그 지역의 제1당으로 활동하는 스코틀랜드 국민당 등이 그 사례다. 그런데 우리나라의 지역정당은 특정 지역의 분리 독립이나 자치를 요구한 적도 없고 그 지역에만 한정해서 활동하지도 않는다. 오히려 전국적으로 후보를 내고 16개 광역마다 시·도당을 갖고 있으며 지역의 자치는커녕 전체 대한민국의 집권당이나 원내 제1당이 되는 게 목표다.

또 다른 나라의 지역정당은 민족, 인종, 종교, 경제 등 여러 분야에서 생기는 격차로 인한 구체적인 사회 갈등에 뿌리를 두고 있다. 쿠르드 족의 독립운동을 추진하는 쿠르드 노동자당은 이란, 터키, 이라크 등에 흩어져 사는 쿠르드 민족의 독립국가 건설을 목표로 활동하는 정당이다. 이탈리아로부터 분리 독립을 추진하고 있는 베네치아 독립당은 이탈리아 남·북부의 심각한 경제적 격차로 인한 갈등 때문에 결성되었다.

그런데 우리나라 지역정당의 경우는 어떨까? 영·호남 갈등이라는 답을 떠올릴 수 있다. 그러나 뭔가 이상하다. 영남과 호남의 거주민들이 서로 민족, 인종, 종교, 경제의 격차 등으로 갈등을 벌이고 있느냐 하면 그건 아니기 때문이다. 그저 선거 때마다 좋아하는 정당이 달라서 특정 정당 지지표가 집중되는 현상이 나타날 뿐이다. 선거가 아닌 시기에는 아무런 문제 없이 오순도순 잘 살아간다. 사실 선거 때에도 투표장에 들어가 조금 다른 선택을 할 뿐 지역 유권자들이 서로 갈등하는 상황은 전혀 아니다.

그래서 우리나라 지역정당의 실체(?)에 대해 다른 나라 사람들에게 설명하려면 매우 난감하고 곤혹스런 상황에 맞닥뜨려야 한다. 정당의 지지표가 특정 지역에 몰려 있기 때문이라고 말하면 "그건 어느 나라에나 있는 일 아닌가?"라는 질문이 되돌아온다. 특정 정당의 주도적인 정치인들이 주로 특정 지역 출신이라고 설명하면, "그래서 (그 정당이 집권하거나 의석을 얻는 데) 다른 지역 유권자의 표가 적고 그 지역 유권자의 표가 결정적인가?"라는 질문이 돌아온다. 물론 아니다. 우리나라 지역정당은 영남과 호남 외 지역에서 더 많은 표를 얻고 더 많은 의석을 얻는다. 우리나라 정당들이 문제가 있는 건 맞는데, 그 문제를 정의하는 명칭이 정말이지 '지역정당'은 아니었으면 좋겠다는 생각을 하게 되는 이유다.

왜 지역정당이라고 부를까

우리나라 정당의 정체성이 지역을 핵심으로 한다고 할 때 흔히 쓰이는 기준은 두 가지다. 하나는 거주지, 다른 하나는 출신지다. 영남의 거주자이거나 출신자는 새누리당 계열 정당을 더 지지하고, 호남의 거주자이거나 출신자는 민주당 계열 정당을 더 지지해왔다는 것이다. 그런데 이것은 어떤 이유들에 의한 결과다. 영남 거주자가 새누리당을 더 지지한 것은 맞는데 왜 그랬을까? 그저 새누리당이 영남지역 정당이어서일까, 아니면 다른 이유 혹은 많은 이유들이 겹친 결과일 뿐일까?

유권자 조사를 해보면 영남 유권자 혹은 호남 유권자는 역대 새누리당 계열 정당과 민주당 계열 정당을 지지한 이유를 '지역 대표 정당이기 때문에'라고 답하지 않는다. 그런데 이런 결과를 놓고 해석을 할 때 일각에서는 허위 응답일 것이라고 말한다. 실제로는 지역 대표 정당이라서 지지했는데 지역주의가 문제라는 사람들이 많으니까 아니라고 답한다는 것이다. 영남 혹은 호남 유권자 입장에서 보면 참 답답한 노릇이 아닐 수 없다. 아니어서 아니라고 답했는데 굳이 그렇다고 하면 답할 말이 없기 때문이다.

혹은 이런 가설도 가능하다. 영·호남 유권자들이 서로 경제적 이권이나 문화적 차이로 갈등하고 그것이 정당 지지를 결정할 만큼 중요한 갈등이라고 생각한다는 것이다. 그렇다면 이 지역의 유권자는 다른 지역의 유권자보다 지역 갈등을 더 심각하게 인식하고 있어야 한다. 그래야 다른 갈등보다 더 중요한 갈등을 대표하는 정당이니 지지했다고 할 수 있겠다.

그런데 그건 아닌 것 같다. 〈그림 5-1〉에 따르면, 우리나라 유권자들은 여러 사회 갈등 중에 빈부 갈등이 가장 심각하고 그다음이 이념 갈등이라

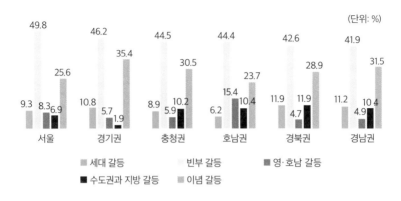

그림 5-1 '가장 심각한 사회 갈등'에 대한 지역 유권자들의 인식

(단위: %)

■ 세대 갈등　　　■ 빈부 갈등　　　■ 영·호남 갈등
■ 수도권과 지방 갈등　　　■ 이념 갈등

자료: 유권자 지도―지역 조사(2015. 3)

고 생각하고 있었다. 지역 갈등이라는 응답은 전국적으로 7.1%에 불과했고 순위로도 꼴찌다. 이런 인식은 영남 유권자나 호남 유권자나 마찬가지였다. 두 지역의 유권자들도 모두 빈부 갈등이 가장 심각하다고 생각했고 다음이 이념 갈등이었다. 호남 유권자들 중에 영·호남 갈등이 심각하다고 생각하는 사람의 비율이 다른 지역보다 좀 높기는 했지만 빈부 갈등이나 이념 갈등의 심각성에 비하면 그 비중은 매우 낮았다.

또 이런 가설도 가능하다. 어쨌든 이 두 지역의 유권자들은 지역 대표 정당이 필요하다고 생각하고 그것을 핵심 기준으로 투표 결정을 했다는 것이다. 왜 지지했는지를 물었을 때 지역 대표 정당이기 때문이라고 답하지는 않았지만, 지역 대표 정당의 필요성을 다른 지역의 유권자들보다 더 강하게 인식하고 있다면 지지정당을 결정할 때 우선 기준으로 사용했을 것이라고 추정해볼 수도 있겠다.

그런데 유권자들의 응답을 보면 그것도 아닌 것 같다. 지역 대표 정당이 필요하다는 주장에 대해 어떻게 생각하는지를 물었는데, 수도권과 비수도권 유권자들의 의견 차이가 가장 도드라졌고 다른 지역 유권자들의 동의율에 질적 차이는 나타나지 않았다. 서울과 경기권 유권자들은 10명 중 4명 정도가 필요하다고 답했고, 그 외 지역의 유권자들은 10명 중 5.5명 정도가 필요하다고 답했다. 가장 동의율이 높은 지역은 호남지역이었지만 충청권, 경북권과 오차범위 안에서 차이를 보였다. 수도권을 기준으로 비수도권 유권자들은 좀 더 지역 대표 정당이 필요하다고 생각했고, 그중에서도 호남권, 경북권, 충청권 유권자들이 경남권 유권자들보다 좀 더 필요성을 느끼고 있었다. 영·호남의 문제가 아닌 것이다.

유권자들이 지역 갈등을 심각하게 인식하고 있는 것도 아니고, 영·호남 유권자들이 지역 대표 정당의 필요성을 더 크게 느낀다고 보기도 어려우며, 정당 지지의 이유가 지역 대표성 때문도 아니라고 한다면, 대체 왜 그 정당들은 지역정당이라고 불려야 하는 걸까?

〈그림 5-2〉를 보면 유권자들은 지역주의의 주된 원인이 정치인(정당)이지 경제적 격차나 편견 등의 사회적인 문제는 아니라고 보고 있었다. 경제적 격차를 줄여야 하거나 편견을 없애는 등 유권자가 필요해서 지역정당이 된 게 아니라 정치인(정당)들의 필요 때문에 지역정당이 됐다는 것이다. 이런 인식은 지역에 따라 차이가 없었고 모든 지역에서 공통적이었다.

정확한 진단이다. 우리나라 원내 1, 2당은 평소에는 "우리는 절대 지역정당이 아닙니다!"라는 메시지를 보내다가 선거가 가까워 오면 각자 영남과 호남의 지지 기반을 돈독히 하느라 정신이 없다. 이런 모습이 정당들의 지역 정체성을 과장된 듯 보이게 하지만, 정작 선거와 선거 사이 일상의 정

그림 5-2 '지역주의의 원인'에 대한 지역 유권자들의 인식

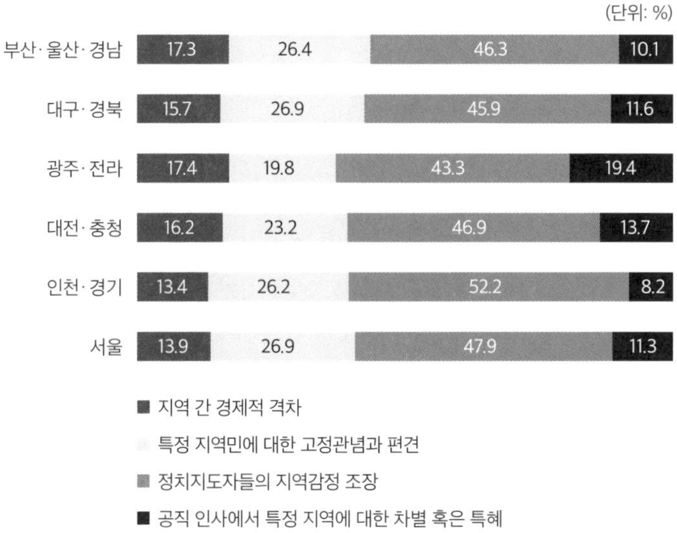

(단위: %)

부산·울산·경남	17.3	26.4	46.3	10.1
대구·경북	15.7	26.9	45.9	11.6
광주·전라	17.4	19.8	43.3	19.4
대전·충청	16.2	23.2	46.9	13.7
인천·경기	13.4	26.2	52.2	8.2
서울	13.9	26.9	47.9	11.3

■ 지역 간 경제적 격차
▫ 특정 지역민에 대한 고정관념과 편견
■ 정치지도자들의 지역감정 조장
■ 공직 인사에서 특정 지역에 대한 차별 혹은 특혜

자료: 유권자 지도─지역 조사(2015. 3)

치에서 그들은 지역 문제로 경쟁하거나 갈등하지 않는다. 오히려 지역정당이라는 낙인이 찍힐까 봐 두려워하며 소위 민생을 가장 우선시한다는 주장을 반복한다. 우리나라 정당들이 사용하는 '민생'이라는 말은 다의적으로 쓰인다. 그 의미들 중 하나는 고용, 소득, 교육, 보육 등 사회경제적이고 전국적인 의제에 집중되는 것이다.

선거 때 이들이 영·호남 유권자들에게 특히 공을 들이는 것은 나름의 이유가 있다. 주된 이유 중 하나는 선거제도다. 앞에서도 말했지만, 1등만 당선되는 제도이기 때문에 어차피 수도권이나 충청권에서는 박빙의 경쟁을 벌여야 한다. 2등이나 3등은 의미가 없다. 그러니 각자 유리하다고 생

각되는 지역에서 가능한 한 많이 1등을 차지해야 경쟁 지역에서 좀 손실이 있더라도 만회할 수 있다고 보는 것이다.

만약 정당들이 득표를 얻은 만큼 의석을 얻을 수 있는 선거제도라면 2등이나 3등도 중요한 의미를 가질 것이다. 전국적으로 한 표라도 더 얻어야 의석이 늘어나기 때문에 정당들은 지역을 나누어 선택과 집중을 하는 대신 전국 유권자들에게 고르게 호소력을 전할 수 있는 의제에 집중하게 될 것이다. 1등이냐 아니냐가 아니라 몇 %의 지지를 얻느냐가 중요해지기 때문에 가능한 한 다수 유권자들이 관심을 가질 의제에서 지지를 더 많이 받을 수 있는 정책에 집중하게 될 것이다.

지역정당이라는 낙인

낙인이론이라는 게 있다. 이 이론에 따르면 사회적 일탈은 사회적으로 세력이 강한 집단이나 사람들이 자신들과 다른 행동양식이나 태도를 보인 집단 또는 사람들을 일탈자로 규정함으로써 발생한다. 어떤 사회적 행동이 처음에는 별로 문제가 되지 않았는데 사회의 지배 집단이나 세력이 일탈이라고, 심각한 문제라고 규정해버리면 그때부터 사회의 질서와 규범을 해치는 중대한 행위로 재인식된다는 것이다.

지역주의라는 것도 하나의 낙인이다. 1987년 대통령 선거와 1988년 국회의원 선거에서 투표 결정을 했던 영·호남지역 유권자들은 자신들의 결정이 후일 '망국적 지역주의'라는 일탈행위로 규정되고 수십 년간 비난의 대상이 될 것이라고는 상상도 하지 못했을 것이다. 투표가 끝나고 결과가 집계되면서 이 사회의 유력한 정당, 정치인, 언론, 학자들이 앞 다투어 '지역주의가 문제다'라는 새로운 규정을 내렸고, 이로 인해 특정 지역 유권자들이 특정 정당을 다른 지역보다 더 좋아하거나 지지하는 것이 '심각한 일탈'이 되어버렸다.

돌이켜 보면 이전에도 표의 지리적 집중 현상은 있었다. 유권자 개개인은 각기 다른 이유로 특정 후보나 정당을 지지했는데 투표함을 열고 보니 그 지지가 지리적으로 집중되어 있었던 것이다. 1963년 대선이나 1971년 대선에서 나타난 표의 집중에 대해서 당시의 해석자들도 표가 남북으로 갈렸다, 동서로 갈렸다는 분석을 내놓았다. 하지만 그것이 사회질서를 해치고 정치를 나쁘게 하는 '일탈'로 규정되지는 않았다. 1978년과 1985년 총선에서 당시 새로 등장한 야당들이 서울, 부산 등 대도시를 중심으로 집중적인 지지를 받았는데 그때 '서울 정당', '대도시 정당' 등이라는 지역적 규정은 없었다.

표가 지리적으로 집중되는 것이 그렇게 심각한 일탈 현상일까? 특정 정당을 다양한 이유로 지지하는 유권자들이 모여 살 수도 있는 것 아닌가? 백 번 양보해서 영·호남 유권자들의 특정 정당 몰표가 문제라고 하더라도 우리나라 유권자들 중 더 많은 사람들은 이 지역이 아닌 다른 지역에 산다. 2012년 19대 총선을 기준으로 영·호남지역에 거주하는 유권자들은 36% 정도 되고 나머지 64% 유권자들은 다른 지역에 살고 있다. 64%의 유권자들도 다양한 이유로 정당(후보자)을 지지하거나 투표하며 그 대상은 영·호남에서 몰표를 받는 그 정당들이다. 그 정당들이 선거 때마다 얻는 표의 50% 이상은 다른 지역 유권자들의 표다. 그러니 우리나라 원내 1, 2당에게 지역정당이라는 낙인은 현실과 맞지 않는다.

표 5-1 2012년 19대 총선 유권자 분포(거주지 기준)

(단위: 명, %)

지역	선거인수	비율
서울	8,387,222	20.9
인천·경기	11,449,662	28.5
대전·세종·충청	4,062,842	10.1
광주·전라	4,111,430	10.2
대구·경북	4,154,424	10.3
부산·울산·경남	6,368,457	15.8
강원·제주	1,671,018	4.2
전국	40,205,055	100.0

자료: 중앙선거관리위원회 홈페이지 제공 정보(2015년 12월 1일 확인)

이런 낙인은 우리나라 정당들이 부족하거나 모자란 모든 문제를 지역 대표성 때문이라고 환원시키는 오류로 귀결된다. 프레임 효과로도 비슷한 설명이 가능하다. 사회 현상을 바라보는 특정한 관점이 지배적으로 자리 잡게 되면 모든 문제가 그 프레임 안에 갇혀버린다. 그런데 한 발만 떨어져서 보면 의문이 든다. 우리나라 정당들의 정책 능력이나 소통 능력이 부족한 것이 지역 대표성과 무슨 관계가 있을까? 물론 억지로 갖다 붙이면 말이 되긴 하겠지만 그런 진단이 현재 정당들을 더 나아지게 하는 데 도움이 될 것 같지는 않다. 지역정당에서 벗어나라고 한다고 해서 없던 정책 능력과 소통 능력이 생겨나지는 않는다.

또 지역정당이면 어떤가? 우리 사회는 더 중요한 문제들이 산적해 있다. 고용, 소득, 주거, 교육, 보육, 저출산, 고령화……. 우리나라 대다수 유권자들이 하루하루를 살아가면서 필요로 하는 정책들은 수도권, 영남, 호남에서 다르지 않다. 주거 문제를 어떻게 해결하려 하는지, 과세 문제를 어떻게 해결하려 하는지 등 전국 유권자들의 공통 관심사를 기준으로 정당들을 평가하고 정체성을 부여해주는 것이 정당들에게도 더 도움이 된다. 부동산 정당, 교육 정당, 어르신 정당, 비정규직 정당 등과 같이 전국적 의제를 중심으로 정체성을 부여해주면 정당들이 그 명칭에 더 충실하거나 거기서 벗어나려는 정책적인 노력을 할 수 있다.

이제 지역정당이라는 낙인이나 프레임에서 유권자들이 먼저 벗어나보자. 실제로 그 정당들은 선거 때에만 지역을 필요로 할 뿐, 평소에는 고용, 과세, 교육, 보육, 복지 등의 많은 문제에서 서로 다른 정책을 표방하고 있지 않은가.

지역주의의 변화와
희망의 조건

서강대 현대정치연구소와 내일신문의 조사에서 국민들은 지역주의의 첫 번째 원인으로 정치인들의 정치적 동원을 꼽았다. 지역 간 경제적 격차, 지역민에 대한 편견, 패쇄적인 공직 인사 등과 같은 사회경제적 요인들은 후순위였다. 한편 조사에서 국민의 50%는 지역주의가 심각하다고 인식한 반면, 나머지 50%는 그리 심각한 것으로 느끼고 있지 않았다. 5년 전 조사와 비교하면 지역주의가 심각하다고 인식하는 국민이 10%p 정도 줄었다. 이러한 조사 결과는 그동안 우리나라 지역주의의 특징과 변화를 일반 국민들의 인식에 기초해 잘 보여주고 있다.

그동안 수많은 연구들이 우리나라의 지역주의 투표 행태를 지역 간 경제적 격차, 지역민에 대한 사회적 편견, 혹은 정부와 기업의 지역 편중 인사 등 사회적 요인으로 설명했지만 그리 성공적이지 못했다. 오히려 민주화 이후 격발된 지역주의 투표 행태의 원인은 유권자의 출신 지역에 대한 정서적 일체감과 이익 추구적인 지역 연고주의에 편승한 정치인과 정당의 지지 동원에서 찾을 수 있다.

1987년 대선을 앞두고 벌어진 '양김'의 분열과 지역 파벌의 형성은 영·호남 간 지역감정의 대립으로 이어졌다. 당시 대선을 앞두고 지역민의 지지를 동원하기 위해 행해진 정치인들의 지역주의적 호소는 영남과 호남 간에 시작된 지역감정을 경북과 경남, 전라와 충청으로까지 확대시켰다. 이렇게 시작된 정당 간 지역 균열은 1991년 3당 합당을 계기로 더욱 굳어졌으며 이후 지속되었다.

국회에서 정치인들이 합의한 선거제도 또한 지역주의를 지속시키는 역할을 했다. 민주화와 함께 이루어진 대통령 직선제는 대통령 간선제나 내각제 하의 국회의원 선거에 비해 후보자 출신 지역에 따른 지지의 지역적 편중을 쉽게 가져왔고, 이것이 지역주의 선거연합으로 발전했다. 국회의원 선거에서 소선거구제를 도입한 것 또한 특정 지역에서 지지가 집중될 경우 중소 정당도 유리해질 수 있었기 때문에 지역주의를 강화시키는 방법이 되었다.

우리나라의 지역주의가 유권자들의 애향심과 연고주의에 기댄 정치인들의 정치적 동원에 의해 발생하고 지속되어왔다는 점은 지역주의에 정책적 내용이 결여되어 있다는 문제와 맞닿아 있다. 영국, 이탈리아, 벨기에 등 서구에서 보이는 지역주의적 투표 행태는 계급적, 종교적, 인종적, 언어적 갈등을 배경으로 하고 있어 이를 바탕으로 한 정당의 지지 동원은 사회 갈등을 해소하기 위한 정책적 노력으로 귀결된다. 예를 들면 지역 간 차이를 인정하고 사회를 통합하기 위한 문화나 언어 정책 등이 그것이다.

한국의 지역주의에는 정책적 내용이 없다. 이 점에서 지역주의는 민주주의의 발전을 가로막고 있는 고질병이라고 지목받아왔다. 그러나 우리나라의 지역주의가 사회적으로 깊이 뿌리내리지 않았다는 점이 오히려 희망적이다. 정치적 환경이 변하거나 정치인의 동원 전략이 바뀌면 지역주의가 완화될 수 있기 때문이다.

2000년대 초 3김의 퇴장 이후 지역주의 투표 행태는 질적으로 달라졌다. 같은 지역 출신의 지도자를 향한 '묻지 마 지지'가 지역 이익을 대표할 수 있는 정당에 대한 지지로 바뀌고 있다. 대선에서 나타난 영남 출신 후보에 대한 호남인들의 지지가 그렇다. 지역주의가 맹목적인 성격에서 실리적인 모습으로 바뀐 것이다.

양적으로도 지역주의는 완화되었다. 사회적 갈등 중 지역 갈등은 계층 갈등이나 세대 갈등보다 뒷전으로 밀려 크게 심각한 갈등으로 여겨지지 않는다. 2002년 이후 영·호남민들의 그 지역 지배정당에 대한 지지가 완만하게 줄어들고 있으며, 호남지역에서 무소속 당선이나 제3당 후보의 당선이 자주 나타났고, 대구와 부산 지역을 중심으로 새정치민주연합 후보의 약진이 두드러졌다.

사회집단별로 보면 지역주의는 영·호남지역의 상층과 보수층을 중심으로 여전히 작동되고 있지만 젊은 세대와 고학력층, 그리고 중산층 유권자들 사이에서 확실히 완화되고 있다. 이제 정치권의 결단이 남았다. 말로만 경제에 집중해야 한다고 외칠 것이 아니라 성장과 복지의 활로를 찾는 데 역량을 집중할 수 있도록 정치권이 제도 개선을 이루어야 한다. 이는 지역주의 완화를 위해 그동안 무수히 논의해온 선거제도의 개선을 실천에 옮기는 일이다.

3

또 다른 변수,
양극화

유권자 계층 지도

지역? 이념? 문제는 양극화다 ┃ 집의 정치, 어떻게 작동할까
고령 빈곤층에 숨은 비밀 ┃ 잘사는 사람들이 투표에 더 참여한다
나는 어떤 계층에 속하는가 ┃ 복지 확대와 복지 증세에 얼마나 동의하는가

01
지역? 이념?
문제는
양극화다

금수저와 흙수저, 그리고 헬조선

2015년 말 한국 사회를 뜨겁게 달군 '수저계급론'은 양극화가 심화되고 있는 현실의 씁쓸한 단면을 보여주었다. '금수저'를 물고 태어난 사람과 '흙수저'를 물고 태어난 사람 사이에 넘을 수 없는 벽이 만들어진 지 오래다. 아니 이 벽은 날로 두터워지고 높아지고 구조화되고 있다.

지금 한국의 양극화 양상은 '부모 자산의 양극화 → 교육의 양극화 → 일자리의 양극화 → 소득의 양극화 → 자산의 양극화'라는 악순환의 고리로 이어져 있다. 경제위기와 중산층 몰락으로 인한 양극화가 그 당대에 머물지 않고, 이제는 부자 아빠에서 부자 아들로, 가난한 아빠에서 가난한 아들로 대물림되는 시대가 된 것이다. 흙수저 계급에 속한 젊은이들은 자신이 아무리 노력해도 헬조선(지옥 같은 한국)에서는 안 된다며 절망한다.

그림 1-1 우리나라 부의 집중도

(단위: %)

2000~2007년	97.7	63.2	48.0	24.2 18.4
2010~2013년	98.3	66.0	50.3	25.9 19.3

■ 상위 50%　■ 상위 10%　■ 상위 5%　■ 상위 1%　　상위 0.5%

자료: 김낙연, 2015

우리나라의 양극화 심화와 대물림 상황은 각종 통계나 연구에서도 확인된다. 동국대 경제학과 김낙연 교수가 국세청의 2000~2013년 상속세를 분석한 자료에 따르면, 20세 이상 성인 기준으로 자산 상위 10%는 2010~2013년에 금융자산과 부동산을 포함한 전체 부의 66%를 보유해 글로벌 금융위기 이전인 2000~2007년 연평균인 63.2%보다 늘어났다. 반면 하위 50%가 가진 자산 비중은 2000년 2.6%, 2006년 2.2%, 2013년 1.9%로 갈수록 줄어드는 것으로 나타났다.

이런 현상은 통계청의 가계금융복지조사에서도 확인할 수 있다. '2012~2014년 가계금융복지조사 10분위 평균소득'에 따르면, 소득 상위 10%와 하위 10%의 소득 격차는 2012년 26.8배에서 2013년 27.7배로 확대되었다. 상위 1%와 하위 1%는 2012년 216.7배에서 2013년 229.2배로 더 벌어졌다. 소비 양극화도 심화돼 자신의 소비 수준이 '상류'라는 국민에 비해 '하류'라는 비율은 2013년 12.9배에서 2015년 23.9배로 크게 늘어났다(소비자보호원, 2015). 이 밖에도 교육 양극화로 '소득이 높을수록 서울의 주요 대학에 진학할 가능성이 높다'는 보고도 있다(양정호, 2015).

그러면 양극화 문제는 선거에 어떤 영향을 줄까? 영향을 미친다면 지역이나 이념보다 그 영향력이 클까? 사실 선거기획자들은 늘 양극화 문제를 고민한다. 보수당 입장에서는 선거판이 '가진 자 대 못 가진 자' 구도가 되지 않도록 안간힘을 쓴다. 2012년 총선과 대선에서 새누리당이 경제민주화를 전면에 내세우고 야당보다 먼저 이슈화한 것도 따지고 보면 빈부 갈등과 양극화 문제가 선거 쟁점으로 부각되는 것을 무마하기 위한 전략이었다. 거꾸로 진보 성향의 정당은 나름 유권자를 계층투표로 끌어들이기 위해 고민한다. 야당이 자신의 실제 색깔과 관계없이 '서민정당'을 내거는 것도 이 때문이다.

하지만 우리나라의 역대 선거에서 순수한 의미의 계층투표는 존재하지 않았다. IMF 외환위기 이후 중산층이 무너지면서 양극화가 심해졌지만 여전히 지역이나 이념 이슈가 선거를 지배했다. 노무현 바람이 불었던 2002년 대선에서는 세대가, 천안함 폭침이 지배했던 2010년 지방선거에서는 이념이 선거판을 좌우했다. 그러나 양극화 심화 자체가 표로 연결된 선거는 없었다. 정당도 계층을 제대로 동원하지 못했다. 야당은 지난 2012년에 있었던 총선과 대선에서 자기들의 전매특허인 경제민주화, 복지 이슈를 새누리당에 선점당하며 제대로 된 이슈파이팅도 못 하고 무너졌다.

이념에서 빈부로 갈등 구조가 바뀌다

양극화 지표와 선거의 관계를 파악하려면 객관적 지표보다 유권자의 주관적 판단을 확인하는 게 중요하다. 투표는 유권자 개인의 주관적 판단에

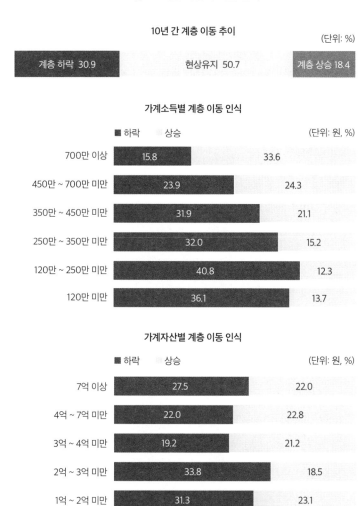

그림 1-2 계층 이동에 대한 인식

10년 간 계층 이동 추이

(단위: %)

계층 하락 30.9	현상유지 50.7	계층 상승 18.4

가계소득별 계층 이동 인식

■ 하락　　상승　　　　　　　　　　　(단위: 원, %)

	하락	상승
700만 이상	15.8	33.6
450만 ~ 700만 미만	23.9	24.3
350만 ~ 450만 미만	31.9	21.1
250만 ~ 350만 미만	32.0	15.2
120만 ~ 250만 미만	40.8	12.3
120만 미만	36.1	13.7

가계자산별 계층 이동 인식

■ 하락　　상승　　　　　　　　　　　(단위: 원, %)

	하락	상승
7억 이상	27.5	22.0
4억 ~ 7억 미만	22.0	22.8
3억 ~ 4억 미만	19.2	21.2
2억 ~ 3억 미만	33.8	18.5
1억 ~ 2억 미만	31.3	23.1
5천만 ~ 1억 미만	37.6	16.2
5천만 미만	34.5	12.8

자료: 유권자 지도―계층 조사(2015. 5)

따른 행위이기 때문이다. 자산이나 소득으로 보면 중산층인데도 스스로 하층이라고 생각하면 그에 맞는 투표 행위를 할 가능성이 크다. 이를 파악하기 위해 '유권자 지도―계층 조사'를 통해 계층을 상층, 중상층, 중간층, 중하층, 하층, 5구간으로 나눠 자신이 현재 어디에 속하는지와 10년 전에 어디에 속했는지를 따로 물어보았다. 글로벌 금융위기와 중산층 몰락, 가계부채 급증 등 지난 10년 사이의 사회경제적 변화가 계층 이동에 어떻게 반영됐는지 파악하기 위해서였다.

결과는 예상대로였다. 유권자의 주관적 계층 하락이 확인된 것이다. 이 조사에서 '10년 전보다 계층이 낮아졌다'고 인식하는 국민이 30.9%로 나타났다. '두 단계 이상 급락했다'는 응답자도 10.9%나 되었다. 그대로 유지하고 있다는 사람은 50.7%, 계층이 상승했다는 사람은 18.4%였다.

이 조사에서 나이 든 세대보다 젊은 세대가 빈부 갈등을 더욱 심각하게 생각하고 있었다. 30대 73.2%, 40대 64.8%가 빈부 갈등을 가장 심각한 갈등으로 꼽았다. 30~40대는 가정의 경제를 책임지는 세대라는 점이 반영된 것으로 보인다. 또한 국민의 69.6%가 '10년 전에 비해 빈부 격차가 심해졌다'고 대답했다. 이 문제에 대해서도 경제활동인구인 30대(79.1%), 40대(80.8%), 50대(78.1%)가 더 민감하게 반응했다.

빈부 갈등의 심화는 부의 분배 공정성 문제에 대한 심각한 문제제기로 이어졌다. 조사에서 '부의 분배가 불공정하다'는 답변은 81.6%나 되었다. 2014년 조사 당시 74.0%에서 7.6%p가 늘어난 것이다. '공정하다'는 답변은 15.0%에 지나지 않았다.

또한 빈부 격차의 원인을 '사회구조적 문제'(36.7%)나 '잘못된 정부정책'(20.9%)에서 찾는 응답자가 과반을 넘었다. 서강대 현대정치연구소의

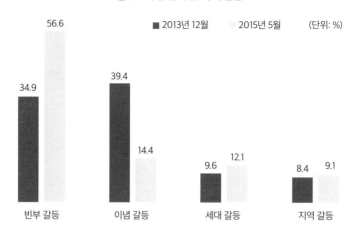

■ 2013년 12월　　□ 2015년 5월　　(단위: %)

56.6

34.9

39.4

14.4

9.6　12.1

8.4　9.1

빈부 갈등　　이념 갈등　　세대 갈등　　지역 갈등

자료: 내일신문 2014년 신년기획조사(2013. 12); 유권자 지도―계층 조사(2015. 5)

'2011년 사회갈등조사'에서는 '사회구조적 문제'라는 응답이 32.4%, '잘못된 정부정책'이라는 대답이 12.7%였다. 3년 사이에 각각 4.3%p, 8.2%p 늘어난 것이다.

　　빈부 격차 심화와 함께 계층의식도 분명해지고 있는 것으로 확인되었다. 특히 저소득·저자산층은 주관적으로도 자신이 하층이나 중하층에 속한다고 생각했다. 실질가계소득이 월 120만 원 이하라고 밝힌 실제 하층 중 주관적으로도 하층이라고 본 국민은 48.1%였다. 월 가계소득 120만~250만 원 미만의 경우 '중하층'이라는 응답자가 42.5%, 250만~350만 원 구간에서 '중하층'이라는 응답자가 44.6%였다. 적어도 월 가계소득 350만 원 미만자의 절반 가까이가 중하층 또는 하층이라고 인식하는 셈이다.

　　10년 전에 비해 자신의 계층이 하락했다고 생각하는 사람이 늘어났고, 빈부 갈등이 심각하다고 보는 사람이 급증했다. 또한 그 원인을 개인의 문제가 아닌 사회구조와 잘못된 정부정책에서 찾는 응답자가 늘고 있고 계층의식이 분명해지고 있다는 점은 많은 것을 시사한다. 빈부 갈등이나 양극화 심화가 특정 계층의 집단적 문제제기로 이어질 가능성, 나아가 계층투표의 가능성을 드러내 보인 것이다.

양극화에 담긴 정치적 함의

다시 처음으로 돌아가보자. 양극화 심화와 빈부 격차에 대한 인식 확대는 선거에 어떤 영향을 미칠까? 계층투표는 과연 가능할까?

양극화 문제는 다가올 2017년 대선에서도 여전히 중요하게 부각될 가능성이 크다. 중앙선데이와 한국사회여론연구소가 2015년 11월 조사한 바에 따르면, '경제적 양극화'(23.7%)는 '낮은 투명성·도덕성'(34.8%)에 이어 2016년 총선에서 중요하게 부각될 의제로 꼽혔다.

특히 선거 영향력이나 투표율 등에서 주목받는 세대인 50대는 '경제적 양극화'(32.2%)를 가장 시급한 과제로 인식하고 있었다. 사실 '낮은 도덕성·투명성'이라는 의제도 양극화와 무관하지 않다. 이 의제가 1위가 된 것은 금수저, 흙수저라는 신조어를 만들 정도로 사회 진입 때부터 불평등을 느끼는 2030세대가 압도적으로 선택했기 때문이다.

하지만 양극화 심화라는 객관적 상황 또는 정치권의 양극화 이슈 제기가 바로 투표로 연결되지는 않는다. 특정 계층에 속한 유권자가 특정 정당에 투표하는 경향을 계층투표라고 한다면 양극화 심화는 계층투표의

그림 1-4 2016년 총선에서 의제로 떠오를 문제는?

(단위: %)

| 34.8 | 23.7 | 16.4 | 12.8 | 6.9 | 5.4 |

■ 낮은 투명성·도덕성   ■ 경제적 양극화   ■ 국가 안보
■ 일자리 부족   안전·재난   기타 및 잘 모름

자료: 중앙선데이—한국사회여론연구소(2015. 11)

전제일 뿐이다. 그동안 선거분석가들은 우리나라에서 계층투표 경향이 나타나지 않는다고 내다봤다. 지역이나 이념, 세대가 중요한 선거 변수일 뿐 계층은 중요하게 고려할 사항이 아니라는 것이다.

이런 분석들은 일견 타당해 보인다. 선거에서 영남은 새누리당 계열에 몰표하고 호남은 민주당 계열에 몰표한다거나, 60대 이상 연령층은 여당을 지지하고 2030세대는 야당을 지지한다거나, 진보는 야당이고 보수는 여당이라는 공식은 언제나 투표 결과를 통해 확인됐지만, 계층에 따른 투표 경향은 확인되지 않고 있기 때문이다.

더구나 계층을 동원하기 위한 정당의 연구나 노력도 거의 없었다. 예를 들어 서민정당을 내세우는 민주당 계열 야당조차도 선거에서는 계층보다는 지역주의나 민주·반민주의 이념을 활용하고 있을 뿐이다. 그만큼 지역이나 이념은 효과가 바로 확인되지만 계층의 선거 효용성은 애매하다는 얘기다. 또한 한편에서는 남북 분단이 상수화되어 있고, 다른 한편에서는 평등의식이 뿌리 깊게 깔린 한국적 상황에서 빈부에 따른 특정 계층을 동원하는 것 자체가 위험을 동반한다. 그런 의미에서 여야가 선점 경쟁을 벌

인 경제민주화 이슈도 사실은 계층 동원용 구호나 정책이라기보다 '계층 갈등 무마용' 아니면 '선거 캠페인용'이라는 소극적 의미로 해석되어야 한다.

계층투표가 나타나기 위해서는 유권자들 사이에 계층에 따른 집단적 이해와 같은 의식이 널리 존재해야 한다. 그동안 이 문제는 연구자들의 오랜 논쟁거리였다. '탈계급 시대'를 주장하는 사람들은 한국 사회가 급속한 산업화와 함께 곧장 탈산업사회로 진입해 서구의 산업화시대에 형성되었던 계급의식이 구축될 수 없다고 주장했다. '계급정당의 부재'를 강조하는 사람들은 한국 사회에 계층의식은 널리 존재하지만 주요 정당들이 자신들의 보수적 이데올로기로 인해 계층적 동원을 하지 않기 때문에 계층투표가 나타나지 않는다고 분석했다.

어쨌건 경제위기가 지속되면서 우리 사회의 양극화 양상은 더욱 심화될 게 분명하다. 그리고 2017년 대선에서도 양극화 해소라는 화두를 선점하기 위한 정당 간 경쟁은 불을 뿜을 것이다. 양대 선거에서 계층투표 가능성이 있다는 의미다. 하지만 구호만으로는 양극화 문제를 투표로 옮기는 일도, 계층투표도 불가능하다. 실제로 그것이 이뤄지기 위해서는 직업, 소득, 자산을 다층적으로 고려하는 정당의 정교한 전략이 전제되어야 한다.

02
집의 정치,
어떻게 작동할까

집, 주택, 부동산, 주거

'집의 정치'가 중요하다는 것은 한국 정치에서 공공연한 상식이다. 특히 우리나라 집권정부에게 집 정책은 정권의 성패를 가늠하는 잣대로 여겨져왔다. 이 정책은 부동산 정책, 주택 정책, 주거복지 정책 등 다양한 이름을 가진다. 그리고 역대 정부가 취한 집 정책은 부동산 경기 활성화와 부동산 가격 안정화 방향으로 크게 대별해볼 수 있다.

시장에서 집은 공급자와 수요자가 있는 상품이다. 이때 집 정책은 부동산의 가치를 다루는 산업 정책의 성격을 지닌다. 부동산시장에서 집값 상승은 주택 공급자에게, 집값 하락은 주택 수요자에게 이득이 될 것 같지만 우리나라 주택시장의 원리는 그렇게 단순하지 않다. 지나친 집값 상승은 주택 수요자에게 부담이 되지만, 적정 수준 이상의 집값 하락 역시 수요자에게 부담이 된다. 주택담보부채 때문이다. 빚을 안고 집을 소유한 사람들에게 집값 하락은 부채 상환 능력의 저하를 의미한다. 이런 이유로 어떤 정부든 지나친 집값의 상승이나 하락이 아닌 적정 수준의 집값을 유지해야 하는 부담을 지게 된다. 그런데 그 적정 수준이 얼마큼인지를 판단하는 것은 부동산시장 정책을 넘어 주거복지와 연관되어 있다.

정부와 시민의 관계에서 집은 주거복지 정책의 영역에 놓인다. 정부는 모든 시민에게 인간다운 삶을 유지할 수 있는 적정 조건을 보장할 의무가 있으며 주거 또한 그렇다. 누구든 집은 필요하다. 집은 소유의 형태일 수 있고 임대의 형태일 수 있다. 주거에 대한 부담이 인간다운 생활을 하는 데 지장을 초래하지 않도록 정부는 정책적으로 보장할 의무가 있는 것이다. 공공임대주택 공급이나 주택 임대료 부담을 제한하는 정책으로 주거 부담을 관리하고, 주택시장에서 적정한 매매가가 설정되도록 함으로써 무주택자의 주택 구입 부담을 덜어주는 정책은 주거복지 정책으로서 정당성을 얻는다.

집을 주거 정책의 관점에서 바라보게 되면 부동산 가격 안정화 정책에 비중을 싣게 된다. 이를 정책 목표로 설정한 정부가 노무현 정부였다. "대통령직을 걸고 집값을 안정시키겠다"고 공언했던 노무현 정부는 임기 중 10차례가 넘는 부동산 대책을 발표했다. 그러나 집값은 폭등했고 부동산 정책은 참여정부의 대표적인 정책 실패로 평가되고 있다. 참여정부 5년 동안 전국의 집값은 35%가 올랐고 서울은 43%, 신도시는 56%가 올랐다 (이갑윤·이지호, 2015).

한편 박근혜 정부도 2015년 9월까지 총 16차례의 부동산 대책을 발표했다(조선비즈, 2015년 12월 11일자, "주택에만 함몰된 부동산 정책"). 박근혜 정부의 부동산 정책 내용은 부동산 경기 활성화를 지향한다. 박근혜 정부가 역점을 두었던 부동산 3법(주택법 개정안, 재건축초과이익환수법 개정안, 도시및주거환경정비법 개정안)은 민간택지의 분양가상한제 탄력 조정, 재건축초과이익환수제 3년간 유예, 재건축 조합원 주택분양 3채까지 허용 등으로 부동산 거래 활성화에 초점이 맞춰져 있다. 누가 구매하든 부동산시장에서 주택 거래를 활성화시키는 데 초점을 둔 것이다. 지금까지의 평가는, 매매와 거래가 활성화되는 효과가 있긴 했지만 집값과 전월세 임대료가 상승함으로써 주거 부담은 늘어났고 주거 부담을 감당하기 위한 가계부채가 급증하고 있다는 것이다.

그런데 여기서 궁금한 것이 있다. 집권정부들이 집의 정치에 민감한 만큼 유권자들도 그럴까? 만약 역대 정부가 공을 들였던 것이 객관적 근거가 있는 것이라면 유권자들도 주택 정책에 민감한 이해관계를 가져야 한다. 예컨대 집이 없는 사람들은 전월세 임대료와 주택 가격이 안정화되는 데 기여하는 정책과 그것을 내건 정당이나 정치인을 지지해야 한다. 또 자기 집을 소유한 사람들은 집값이 떨어지지 않도록 하는 정책과 그것을 표방하는 정당이나 정치인을 지지해야 한다. 실제로 집이 있는 유권자와 그렇지 않은 유권자가 다른 정책적, 정치적 이해관계를 가지는 걸까?

두 집 중 한 집만 자가 거주

국토교통부는 2년마다 전국 2만 가구를 대상으로 주거실태조사를 시행한다. 자가 보유율은 전체 가구 가운데 소유한 주택이 있는 가구 비율이며,

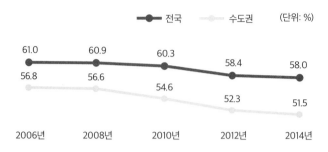

그림 2-1 자가 보유율 변화

● 전국　　○ 수도권　　(단위: %)

61.0　　　60.9　　　60.3
　　　　　　　　　　　　　　58.4　　　58.0

56.8　　　56.6
　　　　　　　　　　54.6
　　　　　　　　　　　　　　52.3　　　51.5

2006년　　2008년　　2010년　　2012년　　2014년

자료: 국토교통부 주거실태조사(2006, 2008, 2010, 2012, 2014)

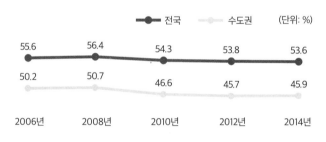

그림 2-2 자가 점유율 변화

● 전국　　○ 수도권　　(단위: %)

55.6　　　56.4　　　54.3　　　53.8　　　53.6

50.2　　　50.7
　　　　　　　　　　46.6　　　45.7　　　45.9

2006년　　2008년　　2010년　　2012년　　2014년

자료: 국토교통부 주거실태조사(2006, 2008, 2010, 2012, 2014)

자가 점유율은 소유한 주택에 살고 있는 가구의 비율을 말한다.

〈그림 2-1〉과 〈그림 2-2〉를 보면 2014년 우리나라 전체 가구 가운데 주택을 소유하고 있는 가구 비율은 58.0%이며, 소유 주택에 사는 가구 비율은 53.6%다. 비율에 차이가 나는 것은 주택은 있지만 전월세 등 타인 소유의 주택에 살고 있는 사람들 때문이다. 다른 사람이 소유한 주택에 살고

있는 가구 가운데 19.6%는 전세로, 21.8%는 보증금 있는 월세로, 2.1%는 보증금 없는 월세로, 2.8%는 무상으로 살고 있었다.

자가 보유율은 2006년 61.0%에서 2014년 58.0%로 줄어들었고, 자가 점유율은 2006년 55.6%에서 2014년 53.6%로 줄었다. 특히 수도권에서는 지난 8년 동안 자가 보유율이 5%p 정도 줄었고, 자가 점유율도 4%p 정도 줄어들었다.

가격 안정화인가, 경기 활성화인가

그런데 주택 소유 여부에 따라 선호하는 주택 정책이 달라질까? 〈그림 2-3〉은 2014년 4월 수도권 유권자들을 대상으로 조사한 결과다.

소유한 주택이 있는 사람들과 그렇지 않은 사람들은 주택 정책의 방향에 대해 인식의 차이를 보였다. 소유한 주택 없이 전세를 사는 사람들의 75.4%와 월세를 사는 사람들의 66.7%가 가격 안정화 정책을 지지했다. 반면 소유 주택에 사는 사람들은 55.1%만이 가격 안정화 정책을 지지했다. 주택이 없는 사람들이 주택이 있는 사람들보다 가격 안정화 정책을 더 지지한 것이다. 그러나 전체 응답자 중 경기 활성화 정책이 더 좋다는 응답자는 31.6%에 불과했고, 59.3%는 가격 안정화 정책을 지지하고 있었다. 수도권 유권자의 경우 가격 안정화 정책을 2배 정도 더 선호했다.

2015년 5월에 이와 유사한 조사를 실시했다. 그런데 1년 만에 가격 안정화 정책을 지지하는 비율이 81.6%로 약 20%p나 급상승했으며 주거 형태별로 큰 차이를 보이지 않았다. 2014년 4월과 2015년 5월 사이에 가격

그림 2-3 거주 형태에 따른 수도권 유권자의 부동산 정책 선호도

(단위: %)

	경기 활성화	가격 안정화	잘 모르겠다
전체	31.6	59.3	9.1
비소유/월세	17.2	66.7	16.2
비소유/전세	13.7	75.4	10.9
소유/차가	36.6	54.2	9.2
소유/자가	37.2	55.1	7.7

자료: 내일신문—서강대 현대정치연구소 수도권 유권자 조사(2014. 4)

안정화 정책을 지지하는 비율이 크게 높아진 것은 아마도 이 기간 동안 전월세 가격과 주택 매매가 상승에 대한 반응으로 보인다. 한국감정원의 전국주택가격동향조사에 따르면, 2015년 11월 기준으로 주택 매매 가격은 2014년 11월에 비해 3.5%가 올랐고 전세 가격은 4.9%가 올랐다고 한다. 이런 급상승세는 주택 소유자들 사이에서도 가격 안정화 정책 지지를 크게 늘린 것으로 추정된다.

집 문제가 정치적 선택에 영향을 미칠까

사실 우리나라 정치권이 집의 정치에 민감한 것이 설명되려면 어떤 정책을 지지하는지도 중요하지만 정치적 지지와 연결이 되어야 한다. 만약 경쟁하는 정당(후보자)들이 똑같은 정책을 표방한다면 지지하는 주택 정책에 차이가 나더라도 득표에는 영향을 미치지 않을 것이다. 그런데 기존 주요 정당들의 주택 정책이 일관성을 지녔다고 보기는 어렵다. 같은 정당이라도 어떤 때에는 경기 활성화를, 어떤 때에는 가격 안정화를 주장했고, 말로는 가격 안정화 정책을 앞세웠지만 정작 정책을 실행할 때에는 경기 활성화를 우선한 경우도 있었다. 그래서 정당은 정책을 내걸고, 유권자는 그 정책을 보고 지지를 결정한다는 단순한 논리를 적용하기에는 무리가 있다.

또한 국회의원 선거나 대통령 선거에서는 여러 다양한 정책들이 공약으로 나오기 때문에 역대 선거 결과가 주택 정책에 대한 유권자들의 선호를 반영했다고 말하기는 어렵다. 그러나 주택을 소유하거나 그렇지 못한 유권자들은 주택 정책만이 아니라 다른 경제 정책이나 복지 정책 등에 대해서도 일정한 방향성을 가질 수 있다. 예컨대 주택이 없다면 상대적으로 자산이 적고 소득도 낮을 수 있다. 그러면 다양한 영역에서 복지 확대를 더 지지할 수 있을 것이다. 반대로 주택이 있는 유권자들은 상대적으로 자산이 많을 수 있고 자산 가치가 높아지는 경제 정책을 선호할 수 있다.

여러 가지 판단의 차이가 있을 수 있지만, 일단 우리나라 정당들의 정책이나 이념에 차이가 있다고 가정해보자. 만약 그렇다면 주택 소유 여부에 따라 특정 정당이나 후보를 지지하거나 지지하지 않는 차이를 가져올 수 있지 않을까? 우리나라에서 이런 주장은 다소 낯설 수 있지만, 영국이나 호주, 프랑스 등 다른 나라에서는 이미 수십 년 전부터 이런 경향이 발견되어왔다.

〈표 2-1〉은 2012년과 2014년 선거에서 자가 거주(소유)자와 아닌 사람들의 투표 선택을 나타낸 것이다. 2012년 총선과 대선 조사 자료는 자가

표 2-1 거주 형태와 투표 선택의 관계

선거명	투표 선택	자가 거주 (소유)	차가 거주 (비소유)	합계
2014년 지선 수도권 광역정당비례	새누리당	53.1	40.9	48.9
	새정치민주연합	46.9	59.1	51.1
	합계	100.0	100.0	100.0
2012년 대선 전국	박근혜	58.3	42.9	53.3
	문재인	41.7	57.1	46.7
	합계	100.0	100.0	100.0
2012년 총선 전국	새누리당	55.9	47.9	54.1
	새정치민주연합	44.1	52.1	45.9
	합계	100.0	100.0	100.0

자료: 서복경·허신열, 2015, 213쪽 〈표 7-6〉 부분인용. 2012년 총선 자료는 한국정치학회 선거 사후 조사(2012. 4), 2012년 대선 자료는 내일신문—서강대 현대정치연구소 조사(2012. 12), 2014년 지선(수도권) 자료는 내일신문—서강대 현대정치연구소 조사(2014. 6)

소유 여부를 물었고, 2014년 지방선거 조사 자료는 자가 거주 여부를 물었기에 다소 차이가 있을 수 있다. 그런 만큼 정확한 비율보다 대략적인 추세를 보도록 하자. 표에 나타난 수치는 두 정당 혹은 두 후보 지지자만을 100으로 해서 계산한 값이다.

부동산 정책 대신 주거 정책이 필요하다

2015년 IMF는 한 보고서를 통해 한국 경제의 4대 뇌관을 꼽았다. 그중 하나가 급등하는 전세금으로 인한 가계부채의 증가였다. 전세금이 뛰니 대출을 받아 이를 충당하고, 단기로 뛰는 전세금을 충당하느니 차라리 '조금 더' 빚을 내서 집을 산다. 그렇게 가계 자산의 대부분이 집으로 묶이고 있는 것이다. 가계의 자산은 금융자산과 비금융자산으로 나뉘는데, 우리나라 가계의 비금융자산은 대개 집에 묶여 있다. 지난해 기준으로, 미국은 가계 자산의 29.3%, 일본은 39.9%가 비금융자산인 반면 우리나라는 가계 자산의 75.1%가 비금융자산이었다.

삶의 질을 높이고 행복해지기 위한 소비, 배우고 싶은 것을 배우고 노동시장에서 원하는 능력을 새롭게 하는 데 투자하는 소비를 생산적 소비라고 해보자. 다른 나라에서는 열심히 벌어서 생산적 소비를 하는데, 우리나라에서는 열심히 노력해서 번 소득을 전세금 대고 집 사느라 얻은 대출금을 갚는 데 쓰는 셈이다. 우리나라 사람들은 노동시장에 들어서면서부터 생산적 소비 대신 뛰는 전세금 혹은 내 집 마련 자금을 대느라 허리가 휜다.

그렇게 얻은 빚을 해결하는 데 10년 혹은 20년이 걸리기도 한다. 중간에 고용이 불안정해지기도 하고 가정을 꾸리면 아이도 키워야 하니 대출금 상환은 계속 늦어진다. 간신히 대출금을 갚고 나면 노동시장에서 나와야 한다. 집을 담보로 대출을 얻어 생계형 자영업을 시작하지만 대출금을 갚고 노후를 보장받을 길은 막막하다. 소득은 없거나 생계유지가 어려운 수준인데 집은 덩그러니 남아 있는 노후. 이것이 지금 우리나라 노인 빈곤층의 모습이다. 국가경제적 차원에서 보더라도 집에 묶여 있기만 한 자산은 해롭다. 경제활동인구들이 열심히 일해서 번 돈이 소비로 돌아야 경제 순환에도 도움이 된다. 그런데 소득이 계속 집에 먹혀버리면 경기가 돌지 않는다.

이제 정부와 정당들은 집 문제를 부동산시장의 이해관계나 경기 활성화의 마중물 수단으로 접근하지 말고 주거 정책의 영역에서 다루어야 한다. 최근의 조사 자료들은 유권자들의 다수도 더 이상 주택을 통한 경기부양을 원하지 않는다는 것을 확인해주고 있다.

03
고령 빈곤층에
숨은 비밀

저소득층에서 박근혜 후보를 더 지지했다

2012년 12월, 18대 대통령 선거에서 새누리당 박근혜 후보는 51.6%의 지지를 받아 48.0%의 새정치민주연합 문재인 후보를 제치고 대통령으로 당선되었다. 대선 직후 조사된 한 자료에 따르면, 가구소득이 150만 원 미만 가구의 유권자는 2배 이상 박근혜 후보를 더 지지한 것으로 나타났다. 2012년 4월, 19대 국회의원 선거에서도 유사한 경향이 발견되었다. 19대 총선 정당투표에서 유권자들은 새누리당을 42.8%, 민주통합당을 36.5%, 통합진보당을 10.3% 비율로 지지했다. 총선 직후 조사에 따르면, 가구소득 150만 원 미만 가구 유권자의 새누리당 지지율은 55.4%로 전체 평균보다 12.6%p 더 지지한 것으로 나타났다(한국정치학회 총선 사후 조사).

이 시점의 가구소득 150만 원 선은 대략 상대적 빈곤선을 의미했다.

한 사회의 빈곤층 비율을 측정하는 방법 중 가장 일반적으로 쓰이는 것이 상대적 빈곤율을 계산하는 것이다. 상대적 빈곤율이란 한 사회의 중위 소득 절반에 미치지 못하는 소득가구의 비율을 의미한다. 중위 소득은 각 가구가 얻은 전체 소득을 1등부터 꼴등까지 줄을 세운 다음 딱 절반에 위치한 소득을 가리킨다. 중위 소득이 100만 원이라면 50만 원 미만의 소득을 얻은 가구(원)의 비율을 상대적 빈곤율이라고 한다.

2013년 기준으로 한국 사회의 중위 소득(월 소득 기준)은 316만 원이었고, 그 절반은 대략 158만 원이었다(통계청 2014년 가계금융복지조사 결과). 그렇다면 2012년 두 번의 전국적 선거에서 저소득가구 유권자들이 이처럼 새누리당과 박근혜 후보를 훨씬 지지했던 이유는 무엇일까?

고령 빈곤층의 효과

여론조사 결과를 토대로 할 때, 전국적 선거에서 저소득가구 유권자들이 새누리당(후보)을 더 지지한 이유 중 하나는 고령 소득빈곤층의 압도적 지지 때문이다. 이제 두 그림을 비교해보자.

〈그림 3-2〉는 〈그림 3-1〉과 같은 조사에서 59세 이하 응답자들만을 대상으로 18대 대선 지지후보를 나타낸 것이다. 이 그림에서 월 소득이 150만 원 미만인 가구에서 두 후보 지지율의 차이는 10.6%p로, 〈그림 3-1〉에서 보이는 지지율 차이(35.4%p)의 3분의 1 미만 수준으로 떨어진다. 그리고 150만~450만 원 구간에서 두 후보 지지율의 분포는 대략 42 대 57이다. 다시 450만 원 이상 소득 구간에서는 두 후보의 지지율이 비슷한 분

그림 3-1 소득 구간별 18대 대선 후보 지지율

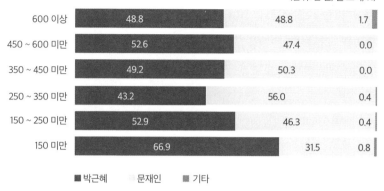

(단위: 만 원, 월 소득, %)

자료: 한국정치학회 18대 대선 사후 조사(2012. 12)

그림 3-2 소득 구간별 18대 대선 후보 지지율(59세 이하 응답자의 경우)

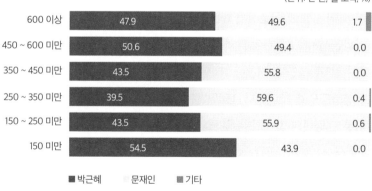

(단위: 만 원, 월 소득, %)

자료: 한국정치학회 18대 대선 사후 조사(2012. 12)

표 3-1 **소득 구간별 연령대 비율**

(단위: 만 원, 월 소득, %)

구분		연령대					전체
		20대	30대	40대	50대	60세 이상	
소득 구간	150 미만	13.2	13.2	11.8	14.6	47.2	100.0
	150~250 미만	19.0	25.4	16.0	14.2	25.4	100.0
	250~350 미만	15.1	17.7	29.3	21.5	16.4	100.0
	350~450 미만	18.7	25.9	24.4	18.1	13.0	100.0
	450~600 미만	20.6	22.4	23.4	24.3	9.3	100.0
	600 이상	29.7	15.2	26.8	23.9	4.3	100.0
	전체	18.6	20.4	22.4	18.9	19.6	100.0

자료: 한국정치학회 18대 대선 사후 조사(2012. 12)

포를 나타낸다. 약하지만 U형으로 새누리당(후보) 지지율의 분포를 발견할 수 있다.

〈그림 3-1〉에 나타난 150만 원 미만 가구 응답자의 새누리당(후보) 편향이 〈그림 3-2〉에서는 심각하게 발견되지 않는 이유는 무엇일까? 그 이유 중 하나는 고령 소득빈곤층에 있다. 표에서 월 가구소득 150만 원 미만 응답자 가운데 47.2%, 150만~250만 원 구간 응답자 가운데 25.4%가 60세 이상 연령층으로 확인된다. 150만 원 미만 집단에서 나타나는 이들의 분포는 다른 연령대의 가구소득 분포와 비교할 때 3배 정도 상회하는 것이다.

한국 사회에서 고령 빈곤층의 문제는 이미 널리 알려져 있다. 2013년 기준 우리나라 가계의 상대적 빈곤층 비율은 13.7%였던 반면, 노인 빈곤층 비율은 48.0%로 3배가 넘었다(임완섭, 2015). 〈표 3-1〉에 나타난 150만 원 미만 가구의 고령층 비율은 이러한 한국 고령 빈곤층의 현실을 반영한다.

이 조사에서 60세 이상 전체 응답자 중 75.6%, 150만 원 미만 소득가구 응답자들의 79.7%가 박근혜 후보에게 투표했다고 응답했다. 60세 이상 빈곤소득가구 유권자들과 60세 이상 전체 유권자들의 박근혜 후보 지지율의 차이는 오차범위 안이었다. 이 결과는 소득에 따른 지지의 차이가 아닌 연령에 따른 지지의 차이라는 것을 의미한다.

소득효과와 연령효과를 구분하자

2012년 두 번의 전국적 선거가 있은 후, 우리나라의 일부 언론과 식자층에서는 '빈곤층이 왜 보수 정당(새누리당, 박근혜 후보)을 더 지지하는가'라는 화두에 매달렸고, '계급배반투표'라는 용어가 회자되기도 했다. 2012년의 선거에서 빈곤층이 박근혜 후보를 더 지지한 결과에 주목한 것이다.

토마스 프랭크의 《왜 가난한 사람들은 부자를 위해 투표하는가》라는 책이 화제가 된 것도 이런 맥락에서다. 프랭크는 미국의 가난한 사람들이 민주당이 아닌 공화당에 더 투표하는 현상을 설명하려 했다. 책에 따르면, 미국의 공화당은 낙태, 총기 소유, 동성애 문제 등 일련의 '문화전쟁'을 의도적으로 추진함으로써 유권자들이 당면한 경제 문제에서 눈을 돌리게 했고, 선거에서 경제정책보다 문화적 가치 논쟁을 더 중요하게 만들어 보수적 가치를 지닌 가난한 사람들의 지지를 더 얻을 수 있었다고 한다.

물론 이런 고민들 또한 한국 정치를 더욱 풍부하게 이해하는 데 도움이 될 것이다. 그러나 적어도 2012년 한국 선거에서 나타난 빈곤층의 투표를 설명하는 데 계급이나 부자, 가난이라는 개념들이 얼마나 효과가 있었는지에 대해서는 좀 더 신중할 필요가 있다. 앞에서 본 그림과 표는 특히 한국에서 정치적 지지의 성격을 해석할 때 소득효과와 연령효과를 신중히 구분해야 할 이유를 보여준다. 한국에서 특정 정당이 왜 지지를 받거나 받지 못하는지를 설명할 때, 소득이나 학력 등 다른 나라의 중요한 변수들이 대개 유의한 설명이 되지 못하는 것으로 드러나곤 한다. 그리고 이런 분석은 대개 현실을 반영한다.

분단과 전쟁, 급속한 산업화와 민주화, 독재체제와 민주체제를 비교적 짧은 시간 내에 경험해온 우리 사회는 세대 간에 단절된 정치사회 경험을 특징으로 한다. 흔히 이러한 세대 간 경험의 차이가 낳는 정치적 지지 분포는 세대 갈등으로 묘사되곤 한다. 그러나 엄밀히 말해서 한국의 젊은 세대와 나이 든 세대가 물질적 이해관계(일자리, 소득, 연금 등)를 둘러싸고 서로 갈등하는 상태에 있는 것은 아니다. 서로 다른 정치 경험의 차이로 인해 정치나 사회를 바라보는 시각이 다르고 정치적 지지 대상이 다른 경우일 때가 많다. 이 문제는 이것대로 해석돼야지 다른 문제로 치환되어 해석되면 현실을 제대로 바라보기 어려워진다.

2012년 대통령 선거에서 박근혜 후보가 문재인 후보에 비해 3.6%p 지지를 더 얻은 것은 연령효과일까, 소득 차에서 생긴 계층효과일까? 앞의 결과를 토대로 할 때, 나이 든 유권자일수록 박근혜 후보를 더 지지했다는 해석이 빈곤층일수록 더 지지했다는 해석보다 더 설득력을 지닌다. 그리고 고령층일수록 빈곤층이 많은 현실이 '빈곤층의 편향된 지지'라는 착시효과를 가져온 것이다. 60세 이상의 압도적 지지를 걷어내면 빈곤층의 편향된 지지 현상이 보이지 않거나 대폭 완화되는 현상이 이를 반증한다.

유권자는 결국 납세자

그럼에도 소득과 정치적 지지의 관계에 주목하는 이유는 정치적 지지를 표명하는 주체인 유권자가 동시에 경제생활자이고 납세자이기 때문이다. 한 사회는 경제활동을 통해 사회적 생산과 소비를 책임지는 경제생활자들과 그들이 부양하는 사람들로 구성된다. 경제생활자들의 다수는 기업과의 고용관계로부터 소득을 얻는 노동자, 그리고 스스로 기업주이면서 노동자 역할을 하는 자영업자로 구성된다.

이들이 하루하루의 노력으로 얻는 소득은 정부의 정책으로부터 지대한 영향을 받는다. 어떤 정책은 기업에 더 이롭고 어떤 정책은 노동자에게 더 이롭다. 또 어떤 정책은 자영업자의 소득을 감소시키고 어떤 정책은 그 소득을 증가시킨다. 따라서 경제생활자들이 얻는 소득은 그 자체가 정부 정책의 함수인 셈이다. 누가 나의 소득을 더 안전하게 보장할 수 있는가, 누가 나의 소득에 해를 끼치는 정책을 추진하는가 하는 문제는 정치적 지지를 결정하는 데 중대한 고려 요인이 된다.

또한 납세자로서 유권자의 지위가 있다. 유권자들이 성실히 노력해서 얻은 소득 중 일부를 국가에 세금으로 내는 중요한 이유 중 하나는 한 사회가 공동으로 부양해야 하는 사람들에 대한 책임을 공유하기 위해서다. 개별 가구에는 경제활동을 하는 사람과 보호와 부양을 받아야 하는 사람이 공존한다. 아이를 어린이집에 보내고 학교에 보내면서 어르신의 건강과 요양을 책임지는 일은 개별 가구가 온전히 감당하기가 어렵다. 납세는 보육과 교육, 건강과 요양, 실업과 취업 등의 개인적 어려움을 사회가 함께 책임지기 위해 드는 보험인 셈이다.

그런데 어디에 우선순위를 두어 세금을 지출할 것인가에 따라 납세자의 이해관계는 달라질 수밖에 없다. 내가 낸 세금으로 무기를 더 구매하게 할 것인가, 구립 어린이집을 더 만들게 할 것인가는 결국 우선순위를 결정하는 문제다. 국가재정이 무한히 샘솟는 것이 아닌 이상, 한정된 자원을 어디에 먼저 써야 할지를 결정해야 하며, 이것은 결국 정책을 선택하는 문제와 다르지 않다.

또한 내 세금이 어디에 쓰이는가에 따라 당장 가구소득의 규모가 달라진다. 무상보육 정책이 추진되면 가구의 보육비가 줄어들고 가처분소득이 늘어난다. 근로장려세제의 혜택으로 현금을 상환받아도 가처분소득은 늘어날 수 있다. 반면 국가 안보를 이유로 더 많은 무기를 구매해야 한다면, 정부의 전체 재정지출 중 다른 부문의 지출이 줄어들게 되고 결국 가구의 가처분소득은 줄어들 수도 있다. 경제생활자이자 납세자인 유권자는 정부가 어떤 정책을 결정하고 집행하는가에 따라 정치적 지지를 결정해야 하는 주체인 것이다.

04
잘사는 사람들이
투표에 더 참여한다

사회계층과 정치

자본주의와 민주주의가 공존하는 체제에서 개인의 사회경제적 조건이 정치 태도에 영향을 미치는 것은 자연스러워 보인다. 민주주의 정치체제에서 시민인 우리는 시장에서 노동자이며 자영업자이고 기업가인 경제행위자들이다. 시장에서 이해관계는 처해진 조건에 따라 다를 수밖에 없다. 예컨대 세수가 모자란데 법인세를 올릴 것이냐, 근로소득세를 올릴 것이냐 하는 문제에 대해 기업과 노동자의 이해관계가 다른 것도 당연하다. 그리고 자신에게 더 이득이 되는 정책을 추진하겠다는 정당이나 정치인이 있다면, 그들을 지지하고 그 정당(정치인)이 집권해서 나에게 유리한 정책을 취하기를 바라는 것은 대의제 민주주의에서 또한 자연스러운 일이다.

그런데 현실은 이보다 훨씬 복잡하다. 유권자 입장에서 볼 때 당장 다음 선거에서 집권 가능성이 있을 것 같은 정당은 기껏해야 2~3개밖에 되지 않는다. 그런데 나의 일상에 영향을 미치는 정책들은 너무나 많다. 주거비 부담도 줄었으면 좋겠고 가처분소득도 좀 늘어나고 지금보다 고용도 더 안정되면 좋겠다. 아이들 보육이나 교육에 대한 경제적 부담도, 연로하신 부모님 병원비 부담도 줄었으면 좋겠고 우리 동네 환경도 개선되기를 바란다. 이 모든 문제에 영향을 미치는 정책은 수백, 수만 가지일 텐데 기껏 2~3개 정당들이 패키지로 묶어서 이야기하는 것들 중에 무엇이 내게 더 이득이 되는지 잘 모르겠다.

그래서 정당(정치인)을 이야기할 때 진보나 보수, 좌나 우 등의 경향성을 기준으로 하는 게 유권자들에게는 편리함을 가져다주기도 한다. 대체로 보수나 우파 경향의 정당들은 기업과 부자들이 좀 더 활발하게 기업 활동과 투자를 할 수 있도록 환경을 만들면 전체적으로 경제공동체가 함께 이득을 볼 수 있다는 관점을 갖고 있다. 정책도 이런 논리에 따라 기업과 상대적으로 돈이 많은 사람들의 활동에 편의를 줄 수 있도록 고안된다. 반면 진보나 좌파 경향으로 분류되는 정당들은 근로소득자나 영세자영업자, 사회경제적 약자들의 가처분소득을 좀 더 늘리면 소비가 활성화되고 기업의 이득도 늘어나고 고용도 늘어나 경제공동체 전체가 함께 이득을 볼 수 있다는 논리에 기초해 정책을 고안한다.

이런 포괄적인 지향성이 우리 사회의 개개인들에게 사안별로 꼭 들어맞는 정책적 해법을 주는 것은 물론 아니다. 그런데 집권 가능성이 있는 정당이 기껏 2~3개밖에 없다는 것은 이들이 대표하려는 유권자들도 그만큼 단순화될 수 있다는 의미도 된다. 현실은 훨씬 복잡하지만 유권자들도 두루뭉술하게 대략 2~3개의 그룹으로 나뉠 수 있다는 것이다. 예컨대 지역정당체제에서 특정 정당은 특정 지역 유권자들만 대표하는 것처럼 상징되지만, 실제로 그 정당을 지지하는 다른 지역의 유권자들도 많이 있다. 그 유권자들은 그 정당의 지역적 정체성 말고 다른 이유로 그 정당을 지지할 수 있다. 혹은 특정 지역의 유권자라 하더라도 그 정당의 지역적 정체성 대신 다른 이유로 지지할 수 있다. 그럼에도 정당들의 지역적 정체성이 가장 강하다는 이유로 지지 유권자들이 지역정당의 정체성으로 억울하게 함께 묶이곤 한다.

복잡한 현대사회에서 정당과 그 정당으로 대표되는 유권자 집단에 대한 아주 포괄적인 묶음 가운데 여러 나라에서 공통적으로 발견되어온 것이 계층과 정당의 묶음이었다. 자본주의 시장체제에서는 어쩔 수 없이 상대적인 상층과 하층이 있게 되는데 이들을 대표하는 정당들이 경쟁하면서 번갈아 집권하는 것이다. 물론 이런 가정들은 "지금까지 여러 국가들을 관찰해보니 그렇더라"라는 경험칙에 기초한 것이다.

하지만 여태껏 한국에서는 그렇지 않다는 주장이 더 설득력이 있었다. 우리나라 정당들은 지역을 대표하거나 세대 혹은 이념을 대표하긴 했지만 계층적 이해를 대변하지는 않는다는 것이다. 혹은 우리나라의 모든 정당들은 '중산층, 서민의 정당'을 표방하기 때문에 유권자들도 이들의 정체성을 구별할 때 계층적 잣대를 이용하지 않는다는 것이다. 그런데 또 다른 한편에서는 그렇지 않다는 주장도 만만치 않다. 그중 하나는 새누리당이 기업이나 부자들에게 더 이익이 되는 정책에 적극적이며 유권자들도 그것을 알고 있다는 것이다. 또 다른 주장은 우리 사회에서 생활이 어려운 유권자일수록 새누리당을 더 지지한다는 것이다. 무엇이 진실일까? 우리나라 정당들은 계층적 정체성 없이 지역이나 세대 기반에만 의존하는 걸까, 아니면 다른 정체성도 있지만 계층적 정체성도 있어서 지지하는 유권자들 사이에 계층적 차이가 존재하는 걸까?

재산과 정당 지지 성향

일반적으로 유권자의 계층을 구분할 때에는 여러 기준을 사용한다. 소득, 학력, 직업, 재산, 혹은 계층에 대한 주관적 인식 등이 기준이 된다. 각각의 기준은 연구 목적에 따라 다르게 적용될 수 있다. 여기서는 재산을 기준으로 해보자. 계층과 정치 태도의 연관성을 알아보는 데에는 다른 기준보다 재산이 유용할 수 있다.

아직까지 한국 사회에서 계층을 나누는 기준으로 무엇이 가장 효과적인지에 대해 학계 내 합의는 부족한 상태다. 여기서 재산을 기준으로 삼는 이유는 다음과 같다. 계층이 정책이나 정치에 대한 태도에 미치는 영향을 보려면 서로 다른 계층에 속한 유권자들의 생활수준 차이가 중요하다. 생활에서 서로 다른 이해관계가 있어야 그것에 부합하는 정책 선호가 생기고 그 정책을 지향하는 정당을 지지할 것이기 때문이다.

생활수준의 차이는 가처분소득의 크기에 영향을 받는다. 한국에서는 학력, 직업, 소득보다 재산의 수준이 가처분소득에 가장 큰 영향을 미칠 것으로 추정된다. 학력의 경우 1990년대 이후 대학 진학률이 크게 높아져서 특히 현재 40대 이하 세대에게 대학 학력과 가처분소득의 상관성은 낮아 보인다. 시장소득의 경우 차이가 나타날 수는 있지만, 한국에서는 가계의 주거비 부담이 너무 크기 때문에 주택 보유 여부, 주택과 관련한 채무의 크기에 따라 시장소득과 가처분소득의 격차가 크게 날 수 있다.

물론 재산도 정확하지는 않다. 예컨대 5억짜리 주택을 보유하고 있어도 당장 유동 가능한 소득이 없거나 낮다면 생활수준은 전세를 살면서 가처분소득이 더 큰 가구보다 낮을 수 있다. 그럼에도 가구자산 중 주거비 부담이 너무 큰 한국의 현실에서 채무를 제외한 순재산액이 생활수준의 차이를 가장 잘 설명할 수 있다고 가정할 수 있다.

〈표 4-1〉을 보면 우리나라 유권자의 81.2%는 자신의 계층적 이익을 대변해주는 정당이 없다고 생각하고 있다. 그런데 흥미롭게도 가구의 재산 수준이 높아질수록 '있다'는 응답이 조금씩 증가했다. 5천만 원 미만 가구 유권자인 경우 14%만이 그렇다고 답했는데, 4억 이상 집단에서는 24.6%가 '있다'고 답해 10%p 정도의 차이를 보였다. 이 조사에서 좋아하는 정당이 있는지도 물었는데 여기에 대한 응답에서도 유사한 패턴이 보였다. 5천만 원 미만 집단에서는 27.1%만 좋아하는 정당이 있다고 답한 반면, 4억 이상 집단에서는 36.7%가 '있다'고 답해 역시 10%p 정도의 차이

표 4-1 재산 정도에 따른 정당 인식

(단위: %)

가구재산 정도	계층을 대변하는 정당		좋아하는 정당	
	있다	없다	있다	없다
5천만 원 미만	14.0	86.0	27.1	72.9
5천만~2억	17.6	82.4	26.4	73.6
2억~4억	21.4	78.6	31.2	68.8
4억 이상	24.6	75.4	36.7	63.3
합계	18.8	81.2	29.5	70.5

자료: 유권자 지도—계층 조사(2015. 5)

를 보였다.

자산이 많을수록 자신의 계층을 대변해주는 정당이나 좋아하는 정당이 있다는 응답은 왜 높아질까? 여기서 연령효과를 생각해볼 수 있다. 아무래도 나이가 들수록 축적된 자산이 많을 것이고, 우리 사회에서는 고연령층일수록 투표도 많이 하고 정당 지지 성향도 강하게 나타나기 때문이다. 그런데 그런 효과는 50대와 60대 이상의 단절적 현상 때문에 많이 상쇄된다는 점도 고려해야 한다. 우리 사회에서는 50대가 가장 자산이 많은 반면, 60대 이상은 그렇지 않다. 익히 알려져 있다시피 고령층의 양극화는 심각하며 고령 빈곤층은 대개 저자산층이다. 그러나 부모로부터 독립한 지 얼마 되지 않은 20~30대 가구들은 대개 저자산층일 가능성이 높고, 젊을수록 무당층이 많기 때문에 연령효과는 여전히 설득력이 있다.

같은 조사에서 5천만 원 미만 집단은 20대가 37%, 30대는 25%, 40대와 50대는 20%, 60대는 30%였다. 20대가 가장 많긴 하지만 그다음은 30대가 아닌 60대였다. 4억 이상 가구는 50대가 31%로 가장 많았고, 40대와 60대가 각각 18%, 19%, 20대는 12%였다. 연령효과를 고려해도 재산이 많을수록 좋아하는 정당이 있는 사람들이 더 많은 것은 흥미로운 결과다. 저자산층일수록 좋아할 만한 정당이 없다는 의미도 되기 때문이다.

집이 있는 사람들이 투표에 더 적극적이다

계층적 차이가 정치에 영향을 미치는 방식은 여러 가지가 있을 수 있다. 그중에서 투표 참여와 투표 선택은 가장 가시적인 영향을 확인할 수 있는 방법이다. 만약 계층적 차이에 따라 더 투표하고 덜 투표한다면 더 투표하는 계층의 이익이 더 잘 대표될 거라고 가정할 수 있다. 지난 몇 차례의 선거에서 소위 강남 3구의 높은 투표율이 주목받은 것은 계층적 상징성 때문이었다. 하지만 이것이 서울의 강남 지역에만 국한된 현상이라면 이 지역의 특수성이지 우리나라 전체의 계층적 투표 패턴으로 일반화하기는 어렵다.

손낙구는《대한민국 정치 사회 지도》에서 수도권 지역을 1,186개 동네로 구분하고 각 동네의 집값과 투표율을 비교해서 집값이 비싼 동네일수록 더 많이 투표한다는 결과를 발견했다. 매우 흥미로운 결과다. 부촌 거주자일수록 더 투표에 적극적이라는 것은 우리 사회에서 상대적으로 더 잘사는 사람들이 정치적 대표에 더 적극적일 수 있다는 가정을 뒷받침하기 때문이다. 그런데 집값이 비싼 동네에도 전월세 거주자가 있기 때문에 집주인이 더 투표했는지 전월세 거주자도 비슷하게 했는지는 알 수 없었다.

〈표 4-2〉는 지난 4차례의 전국적 선거에서 주택을 보유하거나 자가 거주하는 사람들일수록 투표 참여가 더 높았다는 여론조사 결과들이다. 선거에 따라 주택을 가진 사람들이 그렇지 않은 사람들보다 10~15%p 정도 더 투표에 참여했다는 것이다. 이 조사들은 가구의 재산 정도를 묻는 문항을 포함하고 있지 않아 재산 정도에 따른 투표 참여는 분석할 수 없었다. 주택을 소유하고 있더라도 주택의 가치는 매우 상이할 것이므로 주택 보유 여부가 재산 정도나 우리 사회의 계층적 지위를 그대로 보여주지는 않는다. 그럼에도 한국 사회에서 집이 지니는 자산 가치를 고려한다면 주택 보유자가 더 투표한다는 계층적 함의는 생각해볼 수 있겠다.

표 4-2 거주 형태와 투표 참여의 관계

(단위: %)

선거명	투표 참여	자가 거주 (소유)	차가 거주 (비소유)	합계
2014년 지선	투표	77.9	59.6	74.1
	기권	22.1	40.4	25.9
2012년 총선	투표	80.4	70.0	77.9
	기권	19.6	30.0	22.1
2010년 지선	투표	70.7	61.9	68.3
	기권	29.3	38.1	31.7
2008년 총선	투표	79.9	66.8	76.4
	기권	20.1	33.2	23.6

자료: 서복경·허신열, 2015, 213쪽 〈표 7-6〉 부분인용. 2014년 지선 자료는 한국정치학회 선거 사후 조사(2014. 6), 2012년 총선 자료는 한국정치학회 선거 사후 조사(2012. 4), 2010년 지선 자료는 서강대 현대정치연구소 조사(2011. 8), 2008년 총선 자료는 서강대 현대정치연구소 조사(2010. 3)
*자가 보유자와 자가 거주자는 차이가 있다. 소유 주택이 있지만 현재는 다른 사람 소유의 집에서 전월세로 거주하는 사람들이 있기 때문이다. 하지만 그 차이는 크지 않다. 각 조사에서 자가 거주로 조사한 것도 있고 자가 소유로 조사한 것도 있어서 구분하지 않고 표기했다.

왜 집이 있는 사람들이 더 투표할까? 왜 집이 없는 사람들이 덜 투표할까? 그 이유로 생각해볼 수 있는 것은 거주 기간과 자산 가치다. 전월세 거주자는 짧은 주기로 집을 옮겨 다녀야 한다. 우리나라처럼 지역구 투표가 높은 비중을 차지하는 선거에서는 전월세 거주자들이 내 선거구 후보에 관심을 갖기가 어렵다. 반면 주택이 있는 사람들은 한곳에 오래 정착할 가능성이 높고 선거구 정치에 대한 정보도 더 많이 갖고 있을 것이므로 투표 참여가 더 쉬울 것이다.

다른 한편으로는 주택이 주거 목적 외에 자산 가치 증식의 수단이 되고 있는 한국 사회에서 주택 보유자들은 자산 가치를 높이거나 떨어뜨리는 정책에 민감할 수 있다. 정당이나 후보자의 정책이 자산 가치와 관련이 있을 때 투표 참여는 정책의 방향에 영향을 미치는 중요한 수단이 될 수 있을 것이다.

둘 중 어떤 이유에서든 주택을 갖지 못한 사람들의 대표성은 보장되기 어렵다. 주택을 가진 사람들의 표로 당선된 정치인들이 주택을 갖지 않은 사람들의 이익을 더 챙기지는 않을 것이기 때문이다.

재산 수준에 따라 찍는 후보가 다르다

그렇다면 더 많은 재산을 가진 사람들과 덜 가진 사람들은 투표하는 정당(정치인)에서도 차이가 날까? 〈그림 4-1〉은 2012년 대선에서 투표한 후보를 응답자의 가구재산 정도에 따라 표시한 것이다. 후보별 수치는 전체 응답자 기준 각 후보의 총득표율과 재산 구간별 득표율의 차이를 표시한 것이다.

〈그림 4-1〉에서는 계층에 따라 지지정당(후보)에 차이가 있다는 상반된 두 가지 가설이 모두 설명력이 있는 것으로 나타난다. 그 하나는 생활이 어려운 유권자일수록 새누리당을 더 지지한다는 것이다. 가구재산 5천만 원 미만 구간의 유권자들은 전국 평균 지지율보다 5.9%p 정도 박근혜 후보를 더 지지한 것으로 나타났다. 그런데 5천만~1억 원, 1억~2억 원 보유 가구 유권자들은 문재인 후보를 5.5%p, 9.2%p 더 지지했다. 구간별로 연속적이지 않은 것이다. 2억~4억 보유 가구에서는 두 후보가 전국적으로 얻은 득표율과 거의 비슷하게 나타났고, 4억~7억 보유 가구 유권자들은 3.5%p, 7억 이상 가구 유권자들은 11.9%p 박근혜 후보를 더 지지했다.

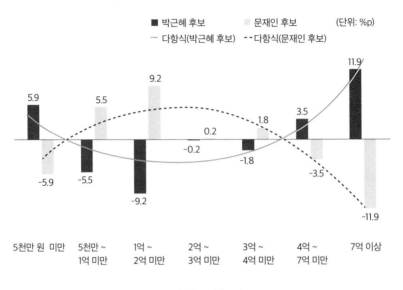

그림 4-1 2012년 대선, 가구재산과 투표 후보의 관계

■ 박근혜 후보 　　■ 문재인 후보 　　　(단위: %p)
― 다항식(박근혜 후보) 　　‥‥ 다항식(문재인 후보)

자료: 유권자 지도―계층 조사(2015. 5)

이 조사의 최대허용 표집오차가 ±2.5%p인 점을 감안하면 허용오차를 한참 벗어나 더 지지한다는 것이다.

　박근혜 후보를 기준으로 U형 지지, 문재인 후보를 기준으로 ∩형 지지 패턴은 18대 대선에서만 특수한 현상일까, 아니면 다른 선거에서도 발견되는 걸까? 〈그림 4-2〉는 2014년 지방선거 때 수도권 유권자들의 투표 선택을 역시 동일한 재산 구간별로 표시한 것이다. 이번에는 후보가 아니라 정당 지지 패턴을 보기 위해 광역의회 정당 비례 투표 결과를 살펴보았다. 이 선거에서도 새누리당 기준 U형, 새정치민주연합 기준 ∩형 지지 패턴이 나타났는데 2012년 대선과는 조금 양상이 달랐다.

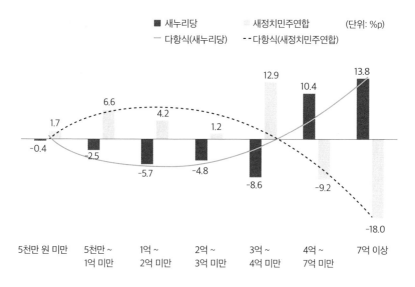

그림 4-2 **2014년 지방선거, 가구재산과 투표 정당의 관계(광역의회 정당투표, 수도권)**

■ 새누리당　　□ 새정치민주연합　　(단위: %p)
― 다항식(새누리당)　‑‑다항식(새정치민주연합)

| 5천만 원 미만 | 5천만~1억 미만 | 1억~2억 미만 | 2억~3억 미만 | 3억~4억 미만 | 4억~7억 미만 | 7억 이상 |

자료: 내일신문―서강대 현대정치연구소 지방선거 패널조사(2014. 6)

　　　5천만 원 미만 구간에서는 양 정당이 얻은 전체 수도권 기준 득표율과 거의 차이가 없었다. 반면 4억 이상 구간에서는 오차범위를 한참 벗어난 차이로 새누리당 지지율이 높았다. 4억~7억 보유 가구 유권자들은 새누리당의 수도권 전체 득표율보다 10.4%p를 더 지지했고, 7억 이상 구간에서는 13.8%p를 더 지지했다. 반면 5천만~4억 원 보유 가구 유권자들은 정도의 차이가 있긴 하지만 새누리당의 수도권 전체 득표율보다 낮은 지지를 보내고 있었다.

　　　두 그림을 보면 2012년 대통령 선거의 전국 유권자들과 2014년 지방선거의 수도권 유권자들은 재산 정도에 따라 서로 다른 투표 선택을 했다는 사실이 확인된다. 대선과 지선, 전국과 수도권이라는 차이 때문에 일반화하기는 어렵지만, 어쨌든 4억 이상 보유 가구 유권자들은 그 이하 재산 보유 유권자들보다 박근혜 후보와 새누리당에 더 투표했다는 공통적인 현상이 발견되었다. 2014년 기준으로 4억 이상 순자산 가구는 자산 10분위 중 20% 이내에 속한다.

이유가 무엇일까? 연령효과일까? 앞서 살펴보았지만 4억 이상의 자산을 보유한 가구에서 50대가 30%로 많긴 하지만, 나머지 연령대는 모두 10~20%로 비슷하게 분포했다. 안타깝게도 현재의 자료만으로는 4억 이상 보유 가구 유권자가 박근혜 후보와 새누리당을 더 지지한 이유, 혹은 5천만~4억 원 보유 가구 유권자가 문재인 후보와 새정치민주연합을 더 지지하거나 최소한 새누리당을 더 지지하지 않은 이유를 밝히긴 어렵다. 하지만 어떤 이유에서든 우리 사회의 고자산층은 저자산층보다 지지 정당을 가진 사람이 더 많았고, 투표에 더 참여했으며, 새누리당을 더 지지했다. 최소한 재산을 기준으로 나뉜 계층은 정치 태도와 관계가 있다고 보아야겠다.

05

나는 어떤 계층에
속하는가

소득에 따른 계층 인식

나는 어떤 계층에 속할까? 객관적인 나의 경제적 상태가 한국 사회에서
어느 정도의 위치에 있는지는 이런저런 정부 발표 자료들을 보면 대충 가
늠할 수 있다. 그러나 주관적으로 인식하는 계층은 이와 다르다. 사람들은
자신이 속한 계층을 어떤 기준으로 판단할까? 2010년 3월 서강대 현대정
치연구소에서 진행한 사회갈등조사에 따르면, 응답자들은 계층을 결정하
는 기준으로 재산(36.4%)과 소득(36.1%)을 가장 많이 꼽았다. 그렇다면 객
관적인 지표들과 개개인들이 느끼는 계층지위는 어느 정도나 일치하고 있
을까?

　　가구소득 10분위란, 전국의 모든 가구들을 낮은 소득에서 높은 소득
까지 10%씩 나누어놓은 것이다. 10%씩 나눌 때마다 경계점에 있는 소득

그림 5-1 소득 10분위와 월평균 가구소득 경계값

(단위: 원)

1분위	2분위	3분위	4분위	5분위	6분위	7분위	8분위	9분위	10분위
144만	220만	277만	330만	378만	434만	494만	578만	704만	

자료: 통계청 가계동향조사(2014년 2/4분기 기준)

을 분위 경계값이라고 한다. 2014년 2/4분기 기준으로 가장 낮은 소득에서 10%가 되는 지점의 소득은 144만 원, 20%가 되는 지점의 소득은 220만 원이 된다. 만약 가구소득이 277만 원이라면 전체 우리나라 가구 중 30%와 31%가 나뉘는 경계지점에 해당한다는 것이다.

2015년 5월 '유권자 지도—계층 조사' 자료에 따르면, 소득 1분위에 해당하는 120만 원 미만 가구 응답자 중 48.9%는 자신이 하층에 속한다고 생각했고, 30.0%는 중하층에 속한다고 보았다. 120만~250만 원 구간은 대략 소득 10~20% 구간이다. 이 가구 응답자들 중 42.9%는 자신을 중하층이라고 생각했고, 중간층과 하층이라고 생각하는 비율이 26.3%, 27.4%로 비슷했다. 250만~350만 원 구간은 대략 소득 20~40% 구간으로, 44.6%가 중하층이라고 응답했고 40.2%는 중간층이라고 답했다.

350만~450만 원 구간은 소득 40~60% 구간에 속하며 중간층이라는 응답자가 47.8%, 중하층이라는 응답자가 37.1%를 차지했다. 450만~700만 원 구간은 소득 10분위 60~90%에 이르는 구간으로, 중간층 응답이 60.9%, 중하층 응답이 20.2%, 중상층 응답이 13.6%였다. 객관적인 소득 구간을 기준으로 보면 중상층이라는 응답이 가장 많거나 최소한 두 번째

표 5-1 소득에 따른 주관적 계층 인식

(단위: %)

소득 구분	상층	중상층	중간층	중하층	하층
120만 원 미만	0.0	2.2	18.9	30.0	48.9
120만~250만 원 미만	0.4	3.1	26.3	42.9	27.4
250만~350만 원 미만	0.4	2.8	40.2	44.6	12.0
350만~450만 원 미만	0.0	6.5	47.8	37.1	8.6
450만~700만 원 미만	1.2	13.6	60.9	20.2	4.1
700만 원 이상	8.3	28.3	46.9	15.2	1.4
전체	1.5	8.0	40.0	32.2	18.2

자료: 유권자 지도─계층 조사(2015. 5)

로 많은 응답이어야 하지만 그렇지 않다. 700만 원 이상 구간도 최고 소득 10%에 해당하지만 중간층이라는 응답이 46.9%로 가장 많았고, 중상층이라고 답한 사람은 28.3%에 그쳤다.

가구재산을 기준으로 보아도 마찬가지다. 객관적 지표와 주관적 인식 사이의 일치 정도가 크게 높지 않음을 알 수 있다. 이런 결과는 한편으로 여론조사의 한계로 설명된다. 가구소득을 묻지만 개인 소득을 답할 수도 있으며, 가처분소득을 기준으로 답할 수도 있고, 자신이 경제생활자가 아닌 경우 정확한 가구소득을 모를 수도 있기 때문이다. 또 각자 생각하는 기준이 다르기 때문에 이런 현상이 나타나기도 한다. 일반적으로는 재산과 소득을 중요하게 고려하지만 어떤 사람에게는 직업이 더 중요할 수도 있고, 다른 형태의 사회적 지위가 더 중요할 수도 있다.

박탈감이 클수록 하층이라고 생각한다

오히려 이런 차이가 있기 때문에 주관적인 계층 인식은 객관적인 계층지위와는 다른 정보를 전해줄 수 있다. 자신이 사회적으로 어떤 대우를 받는다고 생각하는지, 스스로의 기준에 비해 현재 생활 상태가 만족스러운지 등에 대한 포괄적인 정서나 느낌까지 전달해줄 수 있기 때문이다.

〈그림 5-2〉는 자신의 노력과 현재 속한 계층 사이의 괴리가 어느 정도인지를 나타낸 것이다. 조사에서는 자신의 노력이나 능력에 비해 현재 속한 계층이 적당한지, 혹은 높거나 낮은지를 물었다. 자신이 하층에 속한다고 응답한 사람의 69.4%는 노력에 비해 현재 계층이 낮다고 생각했고, 중하층 응답자 중에서는 57.4%가 낮다고 생각한다고 답했다. 노력에 비해 제대로 대우받지 못하고 있다고 생각할수록 자신의 계층이 하층에 가깝다

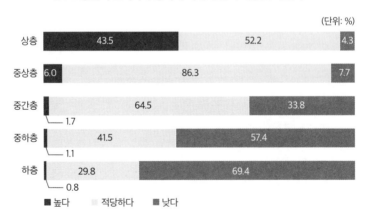

그림 5-2 당신의 노력이나 능력에 비해 당신의 계층은 어떤가요?

(단위: %)

자료: 유권자 지도—계층 조사(2015. 5)

표 5-2 당신은 얼마나 행복하거나 불행한가요?

계층 구분	평균	불행(0~2점)	행복(8~10점)
상층	6.84점	0.0%	50.0%
중상층	6.83점	0.8%	39.2%
중간층	6.36점	1.3%	27.4%
중하층	5.74점	4.4%	20.5%
하층	5.00점	20.4%	20.4%
합계	5.96점	5.7%	25.2%

자료: 유권자 지도—계층 조사(2015. 5)

고 생각하는 것이다.

또 이 조사에서는 응답자들에게 현재 얼마나 행복하거나 불행한지를 물었는데 그 응답 역시 계층에 따라 확연한 차이를 나타냈다. 매우 불행하면 0점, 보통이면 5점, 매우 행복하면 10점을 줄 수 있는 응답이었다. 상층과 중상층 집단의 행복도 차이는 거의 없었던 반면, 중하층과 하층으로 갈수록 행복도는 떨어졌다. 특히 매우 불행하다고 볼 수 있는 0~2점의 응답자는 하층 집단에서만 20.4%로 전체 평균 5.7%에 비해 3배 이상 높게 나타났다.

어떤 사회든 계층은 존재한다. 누군가는 더 많은 자산을 갖고 소득을 얻으며 또 누군가는 상대적으로 적은 자산과 소득을 가진다. 하지만 그런 차이가 개인의 행복이나 불행까지 좌우하는 것이 바람직한 걸까? 또 누군가는 좀 더 높은 사회적 대우를 받을 수 있고 또 누군가는 그렇지 않을 수 있다. 하지만 그것이 자신의 노력과 능력에 비해 절대적으로 부족하다고 느낀다면 그것이 과연 개인적인 문제로만 치부될 수 있을까?

계층 문제는 정치와 정책으로 풀어야 한다

우리 사회의 중하층이나 하층이 느끼는 박탈감이 개인적인 문제에 국한되지 않는다는 것을 이 조사의 다른 응답을 통해 확인할 수 있다. 조사에서 '당신이 국가로부터 어느 정도 혜택을 받고 있다고 생각하는가'를 물었다. 자신이 중하층이나 하층이라고 생각할수록 국가로부터 혜택을 적게 받고 있거나 전혀 받지 못하고 있다는 응답이 압도적으로 높았다. 전체 응답자 중 국가로부터 전혀 혜택을 받지 못하고 있다는 응답은 28.8%를 차지했는데, 하층 집단에서는 훨씬 더 많은 42.0%가 그렇게 생각하고 있는 것으로 나타났다.

또 응답자들에게 사람들이 잘살거나 못사는 이유가 무엇이라고 생각하는지를 물었다. 개인적인 능력 때문이라는 응답은 23.0%에 불과했으며 사회구조적인 문제 때문이라는 응답이 36.7%로 가장 많았다. 그리고 정부의 잘못된 정책 때문이라는 응답도 20.9%에 이르렀다. 사회구조적인 문제도 결국 개인이 아니라 정치공동체 전체가 풀어야 한다면, 57.6%의 응답자들은 현재의 계층 문제가 어느 사회에나 당연히 있는 것이고 개인의 노력으로 해결될 수 있는 수준이 아니라 정치와 정책을 통해 바뀌어야 하는 문제로 인식하고 있는 것이다.

민주국가에서 시민들이 세금을 내고 법을 지키는 이유는 정치공동체 전체의 복리를 위한 계약이라고 믿기 때문이다. 시민들의 세금은 다리를 놓고 도로를 건설하는 등 5천만 모두가 이용할 수 있는 공공재를 만들고 유지하는 데에도 쓰이지만, 특히 공동체의 도움과 배려가 필요한 계층을 위해 쓰이게 된다. 이것은 잘사는 사람이 못사는 사람에게 베푸는 시혜가 아니다. 시민들 중 누구라도 언제든지 공동체의 도움이 필요한 사회경제적 약자가 될 수 있다. 그럴 때 사회적 합의로 만들어진 정부가 일차적으로 안전망을 제공해줄 수 있어야 그 사회는 지속 가능해진다.

06

복지 확대와
복지 증세에
얼마나 동의하는가

우리에게 적정한 복지 수준

한국 사회에 적정한 복지 수준은 어떻게 정할 수 있을까? 여기서 말하는 복지는 정부가 제공하는 복지로 한정하자. 물론 한 사회의 전체적인 복지 수준은 꼭 정부가 제공하는 정책만으로 결정되는 건 아니다. 기업이 노동자에게 제공하는 기업 복지도 있을 수 있고, 다양한 민간단체들이 기부나 봉사를 통해 도움이 필요한 사람들에게 제공하는 지원도 있을 수 있다. 그러나 대한민국 정치공동체 구성원들에게 가장 포괄적이고 폭넓은 영향을 미치는 것은 정부가 제공하는 복지다.

정부가 제공하는 복지의 적정 수준은 우리 사회가 필요로 하는 복지 수요와 감당할 수 있는 부담 능력 혹은 의지에 따라 결정된다. 솔직히 우리보다 먼저 복지체제를 발전시켜온 국가들을 보면 부러울 때가 있다. 정치공동체의 배려가 필요한 모든 사람들에게 필요한 만큼의 지원이 가능할 수 있다면 좋겠지만 대개의 복지 정책들은 재원을 필요로 한다. 그 재원의 핵심은 대한민국 국민이 내는 세금이다. 그러니 납세자인 시민들의 사회적 합의가 중요하다. 어느 정도의 복지 수요가 있는지, 감당할 수 있는 복지 부담 능력은 어느 정도인지를 서로 확인하고, 한정된 재원을 어떤 우선순위로 배정할 것인지에 대한 공론의 과정이 필요한 것이다.

누가 더 복지를 원하는가

모든 시민들이 n분의 1로 복지 수요를 가지는 건 아니다. 누군가는 정부가 제공하는 복지를 더 필요로 하고, 누군가는 덜 필요로 할 것이다. 물론 헌법이 보장하는 의무교육처럼 개개인의 필요에 따라 주어지는 것이 아니라 모든 시민에게 의무적으로 제공되는 것들이 있다. 헌법에 따라 당연히 보장되어야 하지만 현재 정부가 제공하고 있지 못하는 것들도 있다. 그러나 여기서는 이 모든 것들을 세세히 따지기보다 두루뭉술한 전체로 복지 수요를 생각해보자.

오래전부터 학계나 정치권, 다양한 시민사회 내에서 우리나라 복지 수준을 더 높여야 하는가, 현재가 적정한가, 아니면 더 줄여야 하는가를 둘러싼 논의들은 있었다. 특히 송파 세 모녀 자살사건처럼 안타까운 사연들이 등장할 때면 복지 수준을 둘러싼 논의가 확산되곤 했다. 2014년 2월 송파구에 사는 세 모녀가 병과 실직으로 인한 생활고에 시달리다가 "정말 죄송합니다"라는 메모와 함께 마지막 남은 현금을 집세와 공과금으로 남기고 떠난 이 사건은 많은 사람들의 가슴을 아프게 했고 빈곤층에 대한 정책적 배려를 고민하게 했다.

한편 2012년 18대 대통령 선거는 복지 정책에 대한 사회적 논의를 활발하게 한 정치적 계기가 되었다. 당시 경쟁했던 후보들은 다양한 영역에서 복지 정책의 확대가 필요하다고 주장했다. 그리고 복지 확대에 필요한 재원을 위해 증세를 해야 할지, 증세를 하지 않고도 공약한 정책의 실행이 가능할지를 두고 논쟁을 벌였다. 덕분에(?) 많은 유권자들이 복지 수요와 복지 부담의 관계를 고민해볼 수 있는 계기를 가졌다. 박근혜 정부 출범 이후 복지공약의 이행과 철회를 둘러싼 논쟁은 이런 고민을 더욱 심화시켰다.

복지 수요와 관련해 우선 떠오르는 것은 우리 사회에서 좀 더 생활이 어렵고 힘든 사람들일수록 복지에 대한 수요가 더 높을 것이라는 가정이다. 그런데 현실의 모습을 생각해보면 이 가정이 꼭 맞을까 싶기도 하다. 다양한 복지 정책에 반대했던 시민들을 생각해보면 모두 그 복지 정책이 필요하지 않을 만큼 먹고살 만했던 건 아니었기 때문이다. 실제로는 어떨까? 생활이 어려운 사람들일수록 복지 수요가 클까?

2014년 5월 '유권자 지도—계층 조사'에 따르면, 전체 응답자들 중 65%는 지금보다 복지 정책을 더 확대해야 한다고 답했다. 〈그림 6-1〉과 〈그림 6-2〉는 응답자들의 소득과 자산 규모에 따른 복지 수요를 나타낸 것이다. 소득을 기준으로 보면 대체로 700만 원 이하의 가구소득을 가진 사람들은 모두 지금보다 복지를 더 확대해야 한다는 데 60% 이상 동의한 반면, 700만 원 이상 가구 사람들은 56.6%만 그렇다고 답했다. 월 소득 700만 원 이상이면 소득 10분위 지표에서 상위 10%에 해당한다(2014년 2/4분

그림 6-1 가구소득과 복지 수요

(단위: 원, %)

700만 이상	56.6
450만 ~ 700만 미만	64.7
350만 ~ 450만 미만	66.7
250만 ~ 350만 미만	68.3
120만 ~ 250만 미만	62.6
120만 미만	66.3

자료: 유권자 지도―계층 조사(2015. 5)

그림 6-2 가구자산과 복지 수요

(단위: 원, %)

7억 이상	50.0
4억 ~ 7억 미만	50.8
3억 ~ 4억 미만	62.5
2억 ~ 3억 미만	54.0
1억 ~ 2억 미만	69.9
5천만 ~ 1억 미만	71.0
5천만 미만	69.4

자료: 유권자 지도―계층 조사(2015. 5)

기 기준, 통계청). 700만 원 이상 가구소득을 가진 집단에서도 700만 원 이하 집단보다 동의율이 낮긴 하지만 그래도 50%를 넘는 과반수는 복지 확대가 필요하다고 답했다.

한편 자산을 기준으로 볼 때 복지를 확대하자는 데 유의한 차이가 발견된다. 가구자산이 2억 원 미만인 집단에서는 70% 정도 복지 확대가 필요하다고 생각하는 반면, 2억 원 이상 집단에서는 50%를 조금 넘는 정도만이 그렇게 생각하고 있었다. 2014년 가계금융복지조사 결과에 의하면, 2억 원은 대략 순자산 10분위 중 6분위와 7분위 경계값(2억 1,000만 원)에 해당한다. 여기서 자산은 부채를 포함한 총재산이 아니라 부채를 제외한 순자산이다.

2014년 5월 내일신문과 서강대 현대정치연구소가 함께 한 조사에서도 부채를 제외한 순자산액을 기준으로 한 것이다. 순자산액 기준으로 1분위와 2분위 경계값(10%선)은 1,000만 원, 20%선은 3,700만 원, 30%선은 7,200만 원, 40%선은 1억 1,000만 원, 50%선은 1억 5,500만 원, 60%선은 2억 1,000만 원, 70%선은 2억 8,300만 원, 80%선은 3억 9,400만 원, 90%선은 6억 1,300만 원이었다(2014년 가계금융복지조사). 자산이 2억 원 미만이면 대한민국 가구자산 중 60% 이하에 속한다는 것이다. 자산 서열 60% 미만 가구 응답자들은 60% 이상 가구 응답자들보다 복지 확대가 더 필요하다고 생각하는 것이다.

복지 확대에 대한 수요가 소득보다는 자산 측면에서 더 뚜렷하게 차이가 나는 것은 개인의 생활수준에 소득보다 자산이 더 종합적인 영향을 미치기 때문이다. 2014년 기준으로 우리나라 가구자산 중 75%는 비금융자산이며 대개 주택이다. 주택을 소유한 300만 원 소득자와 소유 주택 없이 월세를 내는 300만 원 소득자의 가처분소득의 규모는 차이가 날 수밖에 없다. 혹은 소득 10분위 기준으로 상위 10%에 해당하는 월 700만 원이상 가구라고 하더라도 은행 대출을 끼고 주택을 보유하고 있다면 주택 원금과 이자를 상환하는 데 소득의 일부를 지출해야 할 것이므로 은행 대출 없이 주택을 보유하고 있는 월 700만 원 가구와 가처분소득의 규모는 차이가 나게 된다. 개인의 생활수준은 가처분소득의 크기와 가장 밀접한 연관이 있는데, 우리나라에서 가처분소득의 크기는 소득보다 자산에 더 큰 영향을 받는 것이다. 물론 자산이 많다고 해서 꼭 소득이 높은 것은 아니다. 주택을 보유했지만 노후 준비가 제대로 되어 있지 않은 은퇴자들이 대표적이다. 그러나 현재 경제활동을 하는 사람들의 생활수준은 소득보다 자산에 더 영향을 받을 가능성이 높다고 볼 수 있다.

복지 증세에 대한 납세층의 생각

앞의 그림들을 통해 상대적으로 생활이 어려운 사람들일수록 복지 확대에 대한 수요가 높다는 것을 확인할 수 있었다. 그런데 복지를 확대하려면 복지 부담에 대한 사회적 합의가 필요하다. 특히 면세점免稅點 이하의 빈곤층보다는 실제로 세금을 내서 국가재정에 기여할 수 있는 사람들의 태도가 중요하다.

면세점이란 세제 감면 혜택 등으로 세금을 내지 않도록 배려받을 수 있는 기준선을 말한다. 그런데 이 면세점은 급여생활자, 자영업자, 기업가 등 다양한 직종에 따라 달리 설정되므로 일괄해 소득 총액이나 자산 총

그림 6-3 복지 확대 찬성자의 증세 태도(소득)

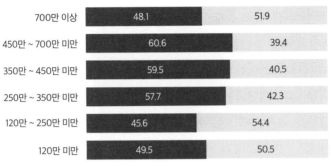

(단위: 원, %)

자료: 유권자 지도—계층 조사(2015. 5)

그림 6-4 복지 확대 찬성자의 증세 태도(자산)

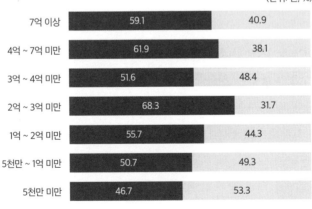

(단위: 원, %)

자료: 유권자 지도—계층 조사(2015. 5)

액으로 설정될 수는 없다. 2015년 기획재정부 자료에 의하면 근로소득자만을 볼 때 2014년 4인 가구 기준으로 2천여만 원이 면세점이었다. 2014년 근로소득자 1,600만 명 중 740만 명, 45.7%가 면세점 이하 대상자였다고 한다.

만약 이들 가운데 복지 확대는 찬성하지만 증세에는 동의하지 않는 사람들이 더 많다면, 정부는 현재 국가재정 한계 내에서 정책의 우선순위를 조정하는 방식을 택할 수밖에 없을 것이다. 복지 확대가 필요하다는 응답자 기준으로 '복지 확대를 하려면 증세가 필요하다'고 생각하는 사람은 52.3%, '그렇지 않다'고 생각하는 사람은 47.7%였다. 〈그림 6-3〉과 〈그림 6-4〉는 복지 확대가 필요하다고 생각하는 응답자 가운데 증세의 필요성에 동의하는 사람과 그렇지 않은 사람들의 비율을 나타낸 것이다. 동의하지 않는 사람들은 복지 확대가 필요하긴 하지만, 재원 마련은 증세가 아닌 방식이어야 한다는 의견으로 볼 수 있겠다.

자산을 기준으로 보면, 대략 1억 원 이상 구간에서는 60% 정도가 증세의 필요성에 동의하는 것으로 나타났다. 자산 10분위 기준으로 1억 원 이상이면 자산 서열 40% 이상 구간에 해당한다. 소득을 기준으로 보면 250만~700만 원 구간, 소득 10분위 기준으로 대략 40~90%에 해당하는 사람들은 58~60% 정도 증세의 필요성에 동의하고 있었다. 세금을 내서 국가재정에 기여할 수 있는 사람들 가운데 60% 정도는 복지를 위한 증세에 동의하고 40% 정도는 동의하지 않는다고 해석할 수 있겠다.

사회적 공론화가 중요하다

지금까지 복지 수요와 복지 부담에 대한 대략적인 추세를 살펴보았다. 전체 유권자의 65% 정도가 지금보다 복지 확대가 필요하다고 생각하고 있고, 상대적으로 생활이 어려운 사람들일수록 그 욕구는 컸으며, 복지 확대에 찬성하는 사람들 가운데 재정 기여층의 60% 정도는 복지를 위한 증세에 동의하고 있었다.

저자산층일수록 복지 수요가 크다는 것은 실질수요라는 의미다. 과거에는 교육수준이 높고 생활이 어렵지 않은 중간층에서 복지 확대가 필요하다는 응답이 많았다. 이것은 실제로 필요해서일 수도 있지만, 다른 나라의 사례에 비추어 볼 때 우리나라 정도의 경제 수준이면 복지 수준이 더 높아져야 한다는 당위론적인 판단으로 해석될 수 있었다. 하지만 지금은 다르다. 주거, 보육, 교육, 건강, 요양 등 다양한 사회정책들이 시행되어왔고, 이런 정책들이 개인의 가처분소득에 미치는 영향을 유권자들이 경험하고 있기 때문이다. 지금보다 복지가 확대된다면 복지 수요층이 더 나은 가처분소득을 가질 수 있다는 것을 알게 되었다. 이러한 실질수요는 어떤 방식으로든 정치적으로, 정책적으로 반영되어야 한다.

방법은 증세를 통한 방식도 있고, 재정의 한계 내에서 정책의 우선순위를 조정하는 방법도 있을 수 있다. 실제로 복지 정책이란 정책의 대상이 되는 집단이나 정책 영역에 따라 세분화되고 구체화되어 있기 때문에 이러한 총괄적인 수요와 부담 의사만으로 각각의 정책 태도를 확인할 수는 없다. 현실에서 복지 정책을 구체화할 방법과 수단은 훨씬 섬세하고 풍부한 논의들을 필요로 하는 문제다. 그래서 사회적 공론화 작업이 중요하다.

어떤 방향이든 정책에 대해 유권자에게 충분한 정보를 제공하고 숙려 기간을 보장하며 사회적 합의가 가능해지도록 공론의 장을 보장하는 것, 이것이 전제되어야 정책 비용 부담자와 정책 수혜자 사이의 불필요한 갈등을 막고 더 효율적으로 정책을 집행할 수 있게 된다.

또한 현실에서 복지 정책에 대한 유권자들의 태도는 개개인의 사회경제적 조건 외에 정치적인 요소에 영향을 크게 받는다. 내가 지지하는 정당(정치인)이 복지 확대와 복지 증세를 주장하면 설득당하기도 하고, 그 반대의 현상이 나타나기도 한다. 복지 확대의 필요성에는 동의하지만 현 정부가 확대된 재정을 제대로 운용할 수 없을 거라는 불신이 증세 반대로 귀결되기도 한다. 정부 공직자들이 부패하거나 무능하다는 인식을 가진 유권자들은 복지 정책뿐만 아니라 다른 모든 정책에 대해서도 반대하거나 주저하는 태도를 보일 가능성이 높다. 물론 정반대로 정부에 대한 신뢰가 높으면 반대하던 정책에 대해서도 찬성해주거나 지켜보자는 태도로 바뀌기도 한다. 복지 정책뿐만 아니라 모든 정책에서 정치와 정부의 역할은 이렇듯 언제나 중요한 것이다.

양극화와
계층의식의 확산

내일신문과 서강대 현대정치연구소가 공동 기획한 계층 조사에 의하면 우리 사회는 아직도 양극화를 심하게 겪고 있다. 국민들의 계층 인식을 살펴보면 10년 전과 비교했을 때 고소득·고자산 집단은 계층 상승을 많이 느끼고 있는 반면, 저소득층과 저자산층은 계층 하락을 많이 인식하고 있었다.

빈부 갈등이 우리 사회의 가장 심각한 갈등이라고 생각하는 사람들이 2년 전에는 34.9%였지만 지금은 56.6%로 증가했다. 또 빈부 격차가 10년 전에 비해 더 심해졌다는 사람들이 69.5%인 데 반해 더 나아졌다고 느끼는 사람들은 7.9%에 불과했다. 두 번의 보수정권을 거치면서 빈부 갈등과 빈부 격차가 나아지기는커녕 더욱 악화되고 있다는 것이 국민들의 일반적인 인식이다.

양극화가 심화되면 계층의식이 확산된다. 계층의식이란 자신이 처한 경제적 처지나 지위대로 다른 계층을 향한 집단 소속감을 갖는 것을 의미한다. 따라서 계층의식은 소득과 자산의 격차가 사회구조적인 문제여서 자신이 처한 경제적 상황이 더 나아질 거라 기대할 수 없는 상태가 지속될 때 더욱 확산된다.

이 조사에 따르면, 계층의식이 국민들 사이에 널리 존재하고 있음을 알 수 있었다. 빈부의 차이를 개인이나 부모의 능력보다 사회구조와 정부정책의 문제로 느끼는 사람들이 이전 조사 때보다 훨씬 많다는 사실이나, 하층으로 갈수록 분배를 불공정하게 느끼고 빈부 격차가 더 심해지고 있다고 인식하는 것 또한 계층의식이 널리 존재하고 있다는 증거다. 주관적 계층 인식이 소득이나 자산과 같은 객관적 지표와 뚜렷한 연관성을 보이는 것도 계층의식이 정착되고 있음을 보여준다.

계층의식의 존재 여부는 유권자의 지형 변화와 밀접한 문제다. 왜냐하면 계층의식이 널리 존재한다면 계층투표의 가능성을 전망할 수 있기 때문이다. 그동안 분석가들은 우리나라 유권자들 사이에 계층투표가 나타나지 않는다고 보았다. 계층투표란 특정 계층에 속한 유권자가 그 계층의 집단적 이해를 갖고 특정 정당에 투표하는 경향을 말하며, 특정 계층의 특정 정당에 대한 지속적인 지지로 나타난다.

따라서 계층투표가 나타나기 위해서는 유권자들 사이에 집단적 이해와 같은 계층의식이 널리 존재해야 한다. 우리나라 유권자들 사이에 계층의식이 있느냐 하는 문제는 계층투표의 부재를 설명하려는 연구자들 사이에서 오래된 논쟁거리다. '탈계급 시대'를 주장하는 사람들은 한국 사회가 급속한 산업화와 함께 곧장 탈산업사회로 진입, 서구의 산업화시대에 형성되었던 계급의식이 구축될 수 없다고 말한다. '계급정당의 부재'를 강조하는 사람들은 한국 사회에 계층의식은 널리 존재하는데 주요 정당들이 그들의 보수적 이데올로기로 인해 계층적 동원을 하지 않기 때문에 계층투표가 나타나지 않는다고 말한다.

그러나 계층의식이 유권자 사이에 널리 존재한다면 권력을 잡기 위해 지지 극대화를 추구하는 정당과 정치인은 계층적 이해를 중심으로 움직였을 것이다. 민주화 이후에 김영삼, 김대중은 그들이 보수적이어서라기보다는 당시 한국인들 사이에 계층의식이 희박하다고 판단했기 때문에 동원이 확실한 '지역'을 선택했다. 우리 사회가 탈산업사회로 진입했기 때문에 계층의식이 나타날 가능성이 희박하다는 주장 또한 지나친 속단이다. 이미 탈산업사회로 진입한 지 오래된 서구 사회에서도 계급의식이 줄어들긴 했지만 여전히 존재해 계급투표로 이어지고 있다. IMF 외환위기와 국제 금융위기를 거치면서 우리 사회는 중산층이 줄어들고 양극화가 구조화되고 있다. '개천에서 용 난다'는 말이 옛일로 되어버린 상황에서 계층의식은 확산되고 계층투표의 가능성 또한 높아지고 있다.

계층의식이 존재한다고 해서 자연적으로 계층투표로 이어지지는 않는다. 정당이 계층의식을 동원하지 않으면 계층투표는 나타나지 않는다. 그동안 우리나라의 주요 정당은 계층의식이 확산되고 있음에도 불구하고 계층 동원을 잘 하지 않았다. 예컨대 새정치민주연합은 서민을 대변한다고 자임해왔지만 서민층의 지지를 받지 못했다. 지역주의적 동원과 민주·반민주의 이념적 동원이 지배적이었기 때문이다. 현 시기의 계층 동원은 산업화시대의 계급 동원과 차원이 다르다. '자본가 대 노동자'의 단순한 이분법적 접근은 오히려 지지를 축소시키는 결과를 초래할 것이다. 직업, 소득, 자산을 다층적으로 고려하는 계층 접근이 필요한 시점이다.

4

진보와 보수의 틀 속에서

유권자 이념 지도

당신은 진보인가, 보수인가 | 한국 보수의 이념과 가치는 무엇인가
북한 이슈, 아직도 진보와 보수를 가르는가 | 성장과 복지, 무엇이 우선인가
정치가 만들어낸 이념의 양극화 | 진보와 보수, 좌우의 개념은 다르다

_OGY

01

당신은
진보인가,
보수인가

이념 성향을 측정하는 법

우리나라 설문조사에서 빠지지 않는 것이 응답자들의 이념 성향이다. 실제로 이념 성향에 따라 대통령의 국정 지지도와 선거 때 지지하는 정당이나 후보에 대한 쏠림 현상이 뚜렷하게 나타난다. 그리고 나이에 따라 진보와 보수의 비율이 달라지는데 항상 젊은 층에서는 진보 이념의 비율이, 고령층에서는 보수 이념의 비율이 높은 것으로 나타난다. 이처럼 응답자들이 어떤 이념을 갖고 있는가에 따라 정치를 보는 시각이 많이 달라지기 때문에 응답자의 특성을 파악하는 데 중요한 요인으로 받아들여진다.

그런데 응답자의 이념을 측정하는 방식에 문제가 없는지 확인해볼 필요가 있다. 거의 모든 설문조사에서 이념 측정은 응답자 자신이 이념 점수를 말하도록 요청한다. 이념 측정에 관한 설문은 대체로 두 가지 유형으로 나누어진다. 첫 번째는 이념을 3단계 혹은 5단계로 구분하는 방식이다. 진보, 중도, 보수로 구분해서 응답자들이 택하게 하거나 매우 진보, 약간 진보, 중도, 약간 보수, 매우 보수 등의 5개의 이념 구분 중 하나를 택하도록 요구하는 방식이다.

두 번째 이념 측정 방법은 연속적인 숫자 가운데 하나를 택하도록 하는 방식이다. 질문 항은 "매우 진보를 0점, 중도를 5점, 그리고 매우 보수를 10점이라고 할 때 본인이 몇 점 정도 된다고 생각하십니까?"라고 구성된다. 이러한 질문 방식을 주관적 이념 측정이라고 한다. 그런데 응답자들이 자신의 이념 위치를 일부러 거짓으로 말할 가능성이 별로 없다고 하더라도 응답자들 각각이 생각하는 진보, 중도, 보수의 척도가 다를 수 있다는 문제가 제기된다. 즉 어떤 사람은 자신은 중도라고 생각하지만 주변 사람들이 그 사람을 진보 혹은 보수라고 평가할 수 있다. 그렇다고 주변 사람들에게 응답자를 어떻게 평가하는지 물어볼 수도 없다. 결국 문제는 비슷한 시각의 정치 성향을 가졌다 하더라도 각 개인이 판단하는 진보와 보수의 잣대가 다를 경우 이념이 주관적 평가에 의해 선택될 가능성이 있다는 것이다.

오랫동안 여론조사 전공학자들은 이 문제를 해결하기 위해 여러 가지 노력과 시도를 해왔다. 그중에 가장 보편적으로 받아들여지는 것이 이념적으로 논쟁적인 이슈들에 대한 응답자들의 태도를 측정해 이념 점수를 계산하고 그 점수가 응답자 자신이 말한 이념 점수와 일관성이 있는지를 비교해보는 것이다. 이러한 검토는 수시로 이루어져야 하지만 한국의 설문조사 실정에서는 쉽지 않다. 왜냐하면 전화 설문조사의 경우 문항 수가 20개 내외가 되어야 하고 다양한 이슈를 묻는 것이 매우 제한적이기 때문이다. 다행히도 내일신문 조사 중 2015년 8월에 실시한 '유권자 지도 조사'는 이념을 주제로 했기 때문에 주관적 이념 점수와 이슈들에 대한 태도를 통해 측정한 객관적 이념 태도 점수와의 관계를 볼 수 있는 자료를 제공하고 있다.

이념 태도를 측정할 수 있는 설문 문항은 경제의 성장과 분배, 자유와 질서에 관한 문항으로 구성했다. 경제성장을 더 선호하거나, 파업에 대해 엄격한 기준을 가지며, 아울러 집단의 가치를 개인의 가치보다 우선하고, 병역 거부에 대한 강한 처벌을 원하는 의견은 보수적 입장이다. 즉 아래 네 가지 문항에 찬성하는 입장은 보수로 판단했다.

- 복지 확대보다 경제성장이 더 중요하다(경제).
- 지하철, 버스, 택시 등 대중교통 노조의 파업은 엄단해야 한다(질서).
- 안보와 사회질서를 위해서는 때로 인권이 무시될 수 있다(인권).
- 종교나 양심 등을 이유로 병역을 거부한 사람은 사법처리해야 한다(질서).

〈그림 1-1〉은 응답자(1,109명)가 밝힌 이념 점수의 분포표다. 점수로 볼 때 5점인 중도라고 답한 응답자들이 403명으로 전체의 33.6%를 차지하고 있어 가장 높은 비율을 보여준다. 흥미롭게도 4점의 중도진보나 6점의 중도보수를 택한 응답자들이 그 주변 수치보다 적다. 대부분의 조사 분포는 평균을 중심으로 종 모양의 분포를 이루는 것이 일반적인데 이념 점수 분포는 그런 분포와는 차이를 보인다. 아마도 중도에서 약간의 이념적 편향성이 있는 응답자들이 중도의 점수인 5점을 택한 경우가 많아서라고 추정된다.

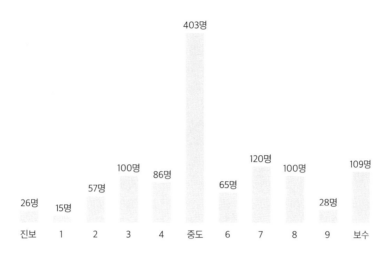

그림 1-1 주관적 이념 점수의 분포

자료: 유권자 지도─이념 조사(2015. 8)

또한 극단적 보수라 할 수 있는 10점을 택한 응답자들이 109명, 전체의 9.1%로 상당히 높은 비율을 보여준다. 반면에 극단적 진보라고 자리매김한 응답자는 26명으로 2.2%에 불과하다. 이러한 현상은 최근 사회 전체가 보수적 경향을 띠면서 보수에 대한 자신감이 커진 것으로 해석해볼 수 있다. 즉 보수 성향의 사람은 자신이 보수라는 것을 자랑스럽게 생각하고, 그러한 자신의 보수 성향을 더 노출하려는 것이 아닐까 싶다.

여기서 자칫 10점의 극단적인 이념값을 택한 사람은 대부분 높은 연령층일 것이라고 추측하기 쉽다. 그러나 10점의 극단적 이념값을 택한 사람들 중 50세 이하가 36.7%나 된다. 즉 극단적 보수 3명 중 1명은 40대 이하다.

그림 1-2 네 가지 이슈에 대한 이념 태도 점수의 분포

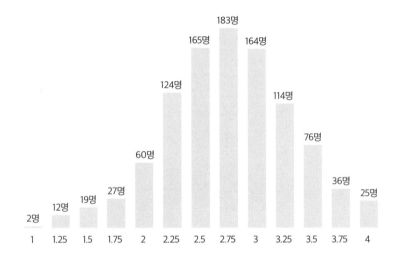

자료: 유권자 지도—이념 조사(2015. 8)

*〈그림 1-1〉과 달리 이 그림의 총 응답자수는 1,007명임. 여기서는 네 가지 정책 이슈에 대한 질문 응답 값을 평균 낸 것으로, 질문들 중 어떤 문항에 대해 답하지 않은 응답자는 제외되어 총 응답자수가 줄어듦.

한편 〈그림 1-2〉는 앞에서 제시한 네 가지 이슈에 대한 찬반 의견을 바탕으로 이념 태도를 측정한 것이다. 네 개의 질문 각각에 대해 강하게 반대할수록 1점에 가깝게, 강하게 찬성할수록 4점에 가깝게 부여하는 방식으로 해서 응답자들의 점수를 합산한 뒤 4로 나누어 평균값을 구한 것이다. 따라서 이념 태도의 최소값은 1이고, 최대값은 4가 된다. 아울러 점수가 낮으면 진보적 성향을, 점수가 높으면 보수적 성향을 띠는 것으로 해석할 수 있다.

이념에 대한 최소값이 1이고 최대값이 4이므로 중간값은 2.5가 된다.

그런데 그림에서 가장 빈도수가 높은 점수는 2.75이며 이를 중심으로 왼쪽으로 약간 꼬리가 긴 형태의 분포를 보이고 있다. 우측으로 약간 기울기는 했지만 대체로 종 모양의 분포를 이루는 셈이다.

이러한 이념 태도 점수는 앞에서 소개한 주관적 이념 점수와 약간 다른 모습을 보인다. 가장 눈에 띄는 것은 주관적 이념 점수의 분포와 달리 극단으로 갈수록 빈도수가 적어지는 정상적 분포 형태를 보인다는 점이다. 이처럼 이념 태도 점수가 주관적 이념 점수보다 상대적으로 고른 분포를 보이고 극단치에서 최소 빈도를 나타내는 것을 볼 때, 이념태도가 응답자의 이념값을 측정하는 데 좀 더 정확한 기준이 된다고 볼 수 있다.

호남은 진보, 영남은 보수?

이상에서 이념을 측정할 수 있는 두 가지 방식을 소개했다. 그렇다면 이러한 방식을 통해 우리는 흥미로운 가설을 살펴볼 수 있다. 한국 정치에 가장 큰 영향을 미치는 지역주의에 관한 것이다. 호남지역 출신이 다른 지역 출신에 비해 진보적이고 민주당 계열 정당을 지지하는 경향이 있는 반면, 영남지역 출신은 이념적으로 보수적이고 새누리당 계열 정당을 지지한다는 것은 널리 알려진 것이다. 사실 그동안의 조사를 보아도 정당 지지 성향뿐만 아니라 주관적 이념 점수를 비교해보면 호남 출신이 영남뿐만 아니라 수도권 출신보다도 진보적인 것으로 나타난다.

그런데 왜 호남 출신이 진보적인지에 대해서는 납득할 만한 설명이 없다. 가능한 설명은 영남과 호남 출신들은 지역주의를 바탕으로 자신들이 지지하는 정당을 결정하며, 지지정당이 진보적인지 혹은 보수적인지에 따라 개인들이 자신의 이념 성향을 결정한다는 논리다.

서구의 이론에 따르면 이념에 따라 지지정당이 결정된다. 자신과 이념적으로 가까운 정당을 선택하기 때문에 정당의 이념 성향이 지지자의 이념 성향과 유사하게 나타난다. 그러나 한국의 경우에는 그 관계가 역으로 나타난다. 유권자의 의사결정에 지역주의가 가장 강력한 요인이 되기 때문에 유권자들은 자신의 이념과 정당의 이념 위치가 가까운지를 따지지 않고 자신의 출신지를 근간으로 하는 정당을 지지한다. 그리고 그 이후에 그 정당의 이념적 위치에 따라 유권자들은 자신의 이념 위치를 그 정당과 멀지 않은 것으로 인식하게 되는 것이다.

그렇다면 응답자들의 주관적 이념 점수는 지역주의로부터 영향을 받았기 때문에 순수한 개인의 가치관에 따른 이념 위치라고 볼 수 없다. 그렇다면 주관적 이념보다 논쟁적 이슈를 통해 측정된 이념 태도 점수가 유권자의 이념 성향을 파악하는 데 더 믿을 수 있는 정보가 된다.

〈표 1-1〉은 지역과 이념의 관계를 보기 위해 응답자들을 출신지와 거주지에 따라 구분한 것이다. 지역주의의 원래 개념은 출신지 중심의 구분이지만, 호남이나 영남 출신이 아니더라도 그곳에 오래 거주하다 보면 지역정서에 영향을 받을 수도 있을 것이다. 물론 지역별 거주자의 출신 지역을 보면 영·호남과 충청의 경우 해당 지역 출신자가 거주민 중에서 월등히 높은 비율을 보인다.

우선 응답자의 출신지별로 구분한 표의 왼쪽을 보자. 주관적 이념 점수는 지역별로 뚜렷한 차이를 보인다. 진보에 가까울수록 0점, 보수에 가까울수록 10점을 매기도록 한 주관적 이념 조사에서 호남 출신 응답자들

표 1-1 지역에 따른 이념 측정

(단위: 점)

구분	출신지 기준		거주지 기준	
	주관적 이념	이념 태도	주관적 이념	이념 태도
수도권	5.21	2.65	5.52	2.74
호남	4.99	2.76	4.84	2.75
대구·경북	6.29	2.81	6.14	2.76
부산·울산·경남	5.83	2.77	5.93	2.80

자료: 유권자 지도―이념 조사(2015. 8)

의 평균은 5점에 못 미친다. 반면에 대구·경북 출신들의 이념 평균은 무려 6.29점이나 되어 상당히 보수적이라는 것을 알 수 있다. 이 점수는 전국 평균 5.5점보다도 훨씬 보수적이라는 것을 보여준다.

한편 부산·울산·경남은 5.83점으로 상당히 보수적이기는 하지만 대구·경북만큼 보수적이지는 않은 것으로 나타난다. 이 결과에서 주관적 이념 점수는 박근혜 대통령에 대한 지지도 수준과 거의 같은 추세를 보인다. 박 대통령의 국정 평가를 지역별로 구분해서 보면 대구·경북이 가장 높고 다음으로 부산·경남이 높게 나타난다. 반면에 호남은 영남의 절반 이하 수준에 머물고 있다. 이처럼 주관적 이념 점수와 대통령 국정 지지도는 일치하며, 정당 지지도 또한 마찬가지로 나타난다.

여기까지 보면 유권자들이 합리적이어서 자신의 이념적 위치와 정치에 대한 평가가 일치하는 것처럼 보인다. 과연 그럴까? 이념을 구분할 수 있는 이슈들을 통해 측정한 이념 태도 점수를 보도록 하자. 상대적으로 덜 보수적으로 나타난 지역, 즉 이념 태도 값이 가장 작은 지역은 수도권이다. 수도권은 상대적으로 젊은 층이 많아서 다른 지역보다 평균연령이 낮기 때문에 덜 보수적인 성향을 보이는 것으로 해석할 수 있다. 여기서 우리가 주의 깊게 보아야 할 것은 호남과 영남 지역의 차이다.

출신지별 기준으로 주관적 이념을 측정한 결과에서는 호남과 대구·경북 사이의 이념 점수 차이가 1.3점이다. 그러나 이념 태도를 기준으로 두 지역 응답자들의 이념 차이를 보면 단지 0.05점에 불과하다. 표본오차를 감안한다면 호남과 대구·경북 사이에 이념 태도의 차이는 없다고 보아야 한다. 이러한 해석은 오른쪽에 제시된 거주지별 분석에서도 똑같이 적용된다. 주관적 이념값을 기준으로 보면 영·호남 사이에 상당한 차이가 있어 보이며 유일하게 호남이 진보적으로 평가된다. 그런데 이념 태도 값을 기준으로 보면 호남과 영남의 이념 차이는 없다.

앞에서 제시한 네 가지 이슈는 우리 사회에서 진보와 보수를 가르는 것들이다. 그럼에도 불구하고 주관적 이념 측정에서 보이는 출신 지역별 이념 차이는 이슈를 바탕으로 한 이념 태도 측정에서는 사라져버린다. 이제 우리는 이처럼 해석이 다른 두 개의 통계치를 두고 어떤 것을 택해야 하느냐의 문제에 직면했다. 앞서 주관적 이념에 대해 응답자들이 지역주의에 기초해 이미 지지정당을 택하고 그 정당의 이념적 위치에서 영향을 받아 자신의 이념 위치를 정한다는 주장을 소개했다. 이러한 주장은 응답자들 가운데 특히 선호하는 정당이 있는 영남과 호남 지역 유권자들의 주관적 이념 점수가 과장되어 있다는 사실을 내포하고 있다. 호남은 진보 쪽으로, 영남은 보수 쪽으로 더 치우친다는 것이다.

따라서 유권자들의 이념적 차이나 정부 평가 등의 정치 태도, 그리고 투표 결정과 같은 정치 행태에서 지역별 차이가 나타나는 것은 정치권의 동원이 반영된 것으로 보아야 한다. 사실 지역주의가 선거 때에는 중요하게 작용하지만 일상의 사회생활에는 중요한 영향을 미치지 않는다. 예를 들어 영남 출신이 사업 파트너를 찾을 때 상대가 호남 출신이라는 점이 특별히 거부 사유가 되지는 않는다. 출신 지역보다 파트너로서 고려해야 할 훨씬 중요한 다른 많은 요인들이 있기 때문이다.

이처럼 정치 영역에서만 영·호남이 첨예하게 양분된다면 이는 권력 경쟁이라는 구도가 영향을 미치기 때문이다. 그리고 정치가 유권자들을 자신들에게 유리하게 동원하려는 시도가 성공한 것으로 보아야 한다. 지역별로 나타난 유권자들의 이념 차이는 지역주의 이상의 의미를 지니지 못한다.

02
한국 보수의
이념과 가치는
무엇인가

한국의 보수는 수구적이다?

정치비평가들은 종종 한국에 수구는 있지만 보수는 없다고 이야기한다. 서구의 보수는 기본적으로 자유주의자들이며 민주주의 정치체제를 지지하는 반면, 우리 사회의 보수층은 그렇지 않다는 것이다. 한국의 보수는 과거 박정희 권위주의 체제에 대한 향수를 갖고 있고, 민주주의에 냉소적이거나 민주주의 의식이 희박하다는 것이다. 그래서 한국의 보수는 민주화 이후 변화된 세상을 수용하지 못하는 수구적 성향을 지닌다는 것이다.

정말 한국의 보수는 수구적이며 반자유주의적일까? 정의에 의하면, 보수는 합리적인 데 반해 수구는 불합리하거나 의사소통이 안 되는 완고한 것으로 지칭된다(이나미, 2011). 보수는 변화를 달가워하지 않지만 그래야 할 상황에 직면하면 오히려 변화의 편에 서서 급진적으로 바뀌는 것을 제어하려 한다. 그러나 수구는 정치적으로 구체제를 완고하게 지키려 하는 반동주의이며 종교적, 문화적으로는 원래의 교리로 돌아가자는 근본주의다.

이러한 정의에 따르면, 현재 한국에 제대로 된 보수가 있다면 민주화 이후 수립된 자유민주주의 정치체제를 수용하고 이 체제가 급진적으로 흘러가지 못하도록 제어하는 생각과 태도를 지녀야 한다. 반면에 수구는 과거 박정희 통치에 대한 향수에 젖어 지금의 정치 현실을 비판하는 부류다. 그러나 일상적으로 우리가 보수를 언급할 때에는 수구와 구별되는 개념으로 사용하지 않는다.

그렇다면 일반적으로 우리 사회에서 자신을 보수에 속한다고 생각하는 사람들은 어떤 성격을 지니고 있을까? 그들은 자유민주주의를 수용하고 있을까, 아니면 민주주의의 가치를 부정하거나 그 의식이 희박한 수구적 존재일까?

우리 사회의 보수층이 민주주의에 어떠한 태도를 지니고 있는지에 대한 의문이 부쩍 커진 것은 최근 박근혜 정부가 보이는 퇴행적 모습 때문이다. 대통령이 직접 나서서 검인정 국사 교과서가 좌파 편향적으로 기술되었다며 국민 다수가 반대하는 교과서 국정화를 밀어붙였다. 시위 과정에서 폭력이 발생했다며 반대 목소리를 내는 집단을 국제 테러집단 IS에 비유하는가 하면, 정부가 추진하려는 법안 처리가 늦어진다고 국회를 립 서비스나 하는 직무유기 집단으로 매도했다. 궁금한 점은 이런 박근혜 식 통치의 기반은 무엇인가, 그 크기는 얼마나 되는가 하는 것이다. 여기서는 이러한 문제의식에서 한국의 보수층이 민주주의에 대해 어떠한 태도를 갖고 있는지를 살펴보고자 한다.

보수는 누구인가

한국 사회에서는 어떤 사람들이 보수일까? '유권자 지도—이념 조사'에 의하면, 이념 성향과 연관성이 있는 인구사회학적 집단 기준은 연령 혹은 세대와 거주 지역 혹은 출신 지역이었다. 그동안 여러 연구의 분석 결과와 마찬가지로 직업, 소득, 자산 등 계급과 계층을 나타내는 변수는 이념과 별 관련성이 없는 것으로 나타났다. 자신이 보수라고 생각하는 사람들이 모여 있는 집단은 세대로는 개발독재세대이며 출신지는 강원, 충청, 영남이었다.

정치세대별로 보면, IT세대(19~30세)와 진보정권세대(31~42세)에서는 각각 약 4분의 1이 자신을 보수적이라고 답했지만, 개발독재세대(56세 이상)에서는 58.6%가 자신을 보수라고 생각했다. 인구가 노령화되면서 노년층의 이러한 보수적 경향은 전체 국민의 보수화를 이끌고 있다. 민주화세대

그림 2-1 정치세대별 이념 성향

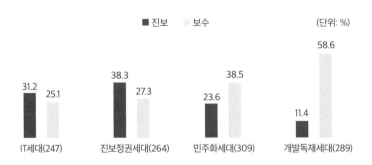

자료: 유권자 지도—계층 조사(2015. 5)
*모름/무응답 제외함.

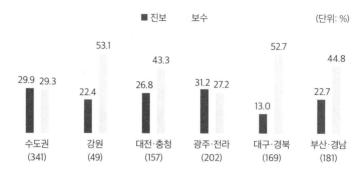

그림 2-2 출신지별 이념 성향

■ 진보　　보수　　　　　　　(단위: %)

	수도권 (341)	강원 (49)	대전·충청 (157)	광주·전라 (202)	대구·경북 (169)	부산·경남 (181)
진보	29.9	22.4	26.8	31.2	13.0	22.7
보수	29.3	53.1	43.3	27.2	52.7	44.8

자료: 유권자 지도─계층 조사(2015. 5)
*모름/무응답 제외함.

(43~55세) 중 보수층은 개발독재세대보다 약 20%p나 더 적다. 민주화세대와 그 이후 세대 사이의 보수 비율 격차는 10%p인 데 비해, 민주화세대와 개발독재세대의 보수 비율이 더 차이가 나는 것은 세대효과 때문으로 추정된다. 10년 전만 해도 가장 진보적이었던 386세대가 나이가 들면서 보수적으로 바뀌었지만, 민주화 경험을 공유한 세대적 영향으로 개발독재세대보다는 진보정권세대에 훨씬 가깝다.

　이념에 영향을 주는 또 다른 변수는 출신지다. 강원은 사례수가 적어서 분석에서 배제하면 보수가 가장 많은 출신지는 대구·경북이었다. 대구·경북이 고향인 유권자의 52.7%가 자신을 보수에 가깝다고 응답한 것이다. 그다음이 부산·경남 출신자로 보수의 비율이 44.8%였다. 보수에 속한다는 유권자의 전국 평균이 38.1%임을 감안하면, 우리나라에 고향이 영남인 사람들이 보수적인 이념 성향을 가질 가능성이 높다고 말할 수 있다.

　그러나 과연 영남에서 태어났거나 살고 있기 때문에 그 사람이 보수성을 갖는다는 인과관계가 타당할까? 영남의 지형에는 특별히 사람을 보수적으로 만드는 무엇이 있을까, 아니면 다른 요인들, 즉 경제적으로 윤택하고 중상층 이상이 많기 때문에 보수적일까?

그렇게 생각하는 사람들은 아무도 없을 것이다. 우리나라의 경우 지역과 이념 성향의 연관성은 정치적인 요인으로 설명되어야 한다. 즉 영남 출신자들은 박정희, 전두환, 김영삼, 이명박, 박근혜로 이어지는 자기 지역 출신의 보수적인 정치지도자와 정당을 지지하다 보니 그들의 이념과 정책을 따라 스스로를 보수적이라고 생각한다는 것이다. 앞에서도 이야기했듯이 이렇게 보면 다른 지역에 비해 훨씬 뚜렷한 영남지역(특히 대구·경북)의 보수 성향은 지역주의에 기인하는 것으로 보아도 무방할 것이다.* 따라서 우리나라 보수의 이념을 논할 때에는 정치적 지역주의로 자리 잡아 유권자들에게 영향을 주는 보수 정치인들의 이념적 행태를 항상 고려해야 한다.

보수가 생각하는 민주주의 가치

우리나라에서 자신을 보수적이라고 생각하는 사람들의 성향은 어떨까? 그들은 서구의 보수들처럼 민주주의의 가치를 수용하고 인권을 존중하는 합리적 보수일까, 아니면 반공과 안보를 인권보다 우선시하고 민주주의를

---

* 호남의 진보성도 지역주의에 영향을 받기는 마찬가지다. 〈그림 2-2〉에서 호남 출신자들이 가장 진보적인 것으로 나타났지만 수도권 출신자와 크게 차이 나지 않는 것은 호남 출신자들의 지지를 모을 수 있는 민주당 계열 정당의 정치인이 마땅히 없기 때문이다.

비효율적이라고 생각하는 권위주의적 성향을 지니고 있을까?

우리 사회의 보수가 민주주의에 어떤 태도를 지녔는지를 알아보기 위해 응답자에게 다수의 결정과 소수의 결정에 대한 선호와 인권보다 안보를 우선하는 것에 대한 찬반 여부를 물었다. '다수의 의견을 모은 결정보다 소수 지도자가 내린 결정이 더 낫다'라는 문항에 우리나라 국민의 71.0%가 반대했다. 이 질문에 대해서는 보수층의 반대도 64.0%나 되었다. 이것을 보면 우리 국민은 보수층도 정부정책이 국민 다수에 의해 결정되어야 한다는 민주주의적 원칙을 전반적으로 지지하고 있음을 알 수 있다.

그러나 전체 국민의 19.9%는 다수보다 소수 엘리트의 결정을 더 선호한다고 밝혔다. 진보 중 소수 엘리트에 의한 결정을 선호한다는 의견은 11.6%인 데 반해, 보수에서는 15.1%p나 많은 26.7%가 소수에 의한 결정을 더 선호했다. '안보와 질서를 위해서는 때로 인권이 무시될 수 있다'라는 문항에 대해서는 의견이 팽팽했다. 국민의 43.8%가 이 의견에 동조했고, 50.9%는 반대했다. 이 이슈에서는 진보와 보수가 대립적인 태도를 보였다. 진보층의 67.2%가 안보와 질서를 핑계로 인권이 무시되어서는 안 된다는 의견을 보였지만, 보수층의 55.4%가 안보와 질서를 위해서라면 인권이 무시되어도 된다고 생각했다.

서구 사회의 보수주의자들은 자유와 인권의 수호자들이다. 그렇기 때문에 그들은 자유와 인권을 안보, 질서와 맞바꾸려 하지 않는다. 물론 최근 십수 년간 미국을 비롯한 서구 사회는 테러로부터 안전을 위협당하면서 공항 내 몸수색이나 개인에 대한 사찰을 강화하고 있다. 이에 대한 반작용으로 서구 각국에서 인종주의적 목소리가 커지고 있고 이를 대표하는 정치인과 정당이 부상하고 있다. 그러나 서구의 보수주의자들은 자유

그림 2-3 민주주의 가치에 대한 이념집단별 성향

다수보다 소수에 의한 결정

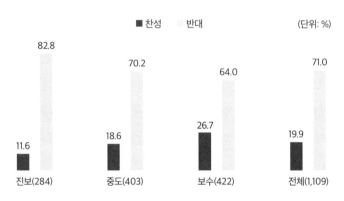

인권보다 안보 우선

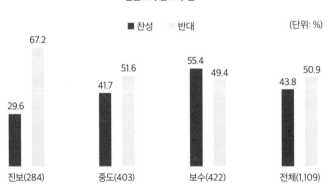

자료: 유권자 지도―이념 조사(2015. 8)

와 인권의 가치를 쉽게 포기하지 않는다. 정당의 선거강령 연구팀에 의하면, 서구에서 자유와 인권은 좌파 정당보다 우파 정당에서 더 강조하는 이슈다(Budge, 2001).

그러나 우리나라에서 인권은 진보층이 제기하는 주요 이슈다. 권위주의 체제에서 인권은 안보의 이름 아래 유린당했다. 북한과 대치하고 있는 상황에서 사회주의나 공산주의 이념과 그 실천은 북한을 이롭게 하는 이적 행위였다. 국가보안법은 사상의 자유를 제한했을 뿐만 아니라 정치적 반대세력까지도 옭아매는 수단으로 이용되었다. 이러한 상황에서 야당은 인권 보장과 민주화를 외쳤고, 권위주의 정부의 여당은 안보와 질서를 강조했다. 이러한 정치 과정을 통해서 우리나라의 보수는 안보를 위해서라면 인권을 무시할 있다는 태도를 갖게 되었다.

〈그림 2-4〉를 보면 우리나라 정치 과정이 유권자들의 민주주의 가치에 어떻게 자리매김하고 있는지를 알 수 있다. 40대 이하인 민주화 이후 세대에서는 인권이 무시될 수 있는 안보 우선주의에 대한 반대 비율이 훨씬 높았다. 특히 30대는 64.1%가 반대했다. 그런 반면 50대 이상에서는 안보 우선주의에 찬성하는 비율이 높았다. 또 60대 이상에서는 인권이 무시되더라도 안보가 우선이라는 의견에 동조하는 유권자는 그렇지 않은 유권자보다 약 26%p나 많았다.

이러한 연령대별 격차는 세대효과로 보인다. 안보 우선주의에 반대하는 사람들의 비중은 20대보다도 30대에서 많았고, 그 찬반 격차도 20대보다 30대에서 훨씬 컸다. 청년기를 진보정권 시기에서 보내며 형성된 가치 정향으로 볼 수 있다. 한편 40대는 30대보다 안보 우선주의에 반대하는 비율이 훨씬 작았지만, 반대가 찬성보다 훨씬 많다는 점에서 30대와 같은 경

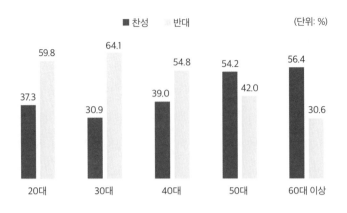

그림 2-4 '인권보다 안보 우선'에 대한 연령대별 성향

■ 찬성　□ 반대　　　　　　　　　　(단위: %)

자료: 유권자 지도—이념 조사(2015. 8)

향을 보였다. 이 이슈에서 연령효과보다 세대효과가 크다는 것을 알 수 있다. 그렇다면 안보를 위해 인권이 무시될 수 있다는 의견에 찬성 비율이 훨씬 많은 50대 이상의 유권자들에게도 세대를 통해 형성된 정치 정향이 작용하고 있음을 알 수 있다.

　　문제는 이렇게 형성된 노장층의 수구적 보수성이 지금도 지속적으로 재생되고 있다는 것이다. 세대를 통한 정치 정향은 매우 오래 간다. 한 번 형성된 노장층의 반공주의적 보수성은 보수 정치 진영에 의해 되새김질되며 지속된다. 보수 세력은 이러한 노장층의 수구적 보수성에 기대어 때로 민주주의에 퇴행적인 행태를 보인다. 이렇듯 노장층의 보수성과 일부 보수 진영의 수구적 행태가 상호 작용하면서 우리 사회의 권위주의적 보수를 지속시키고 있다.

　　2015년 말 박근혜 정부가 민중총궐기 대회 등 진보단체의 집회 및 시위에 대응하는 모습도 우리 사회의 이념 지형과 무관하지 않다. 민주노총이 주관한 민중총궐기 대회에서 폭력 시위가 발생한 것은 질타받아야 할 일이지만, 처음부터 집회를 봉쇄하면서 폭력을 유도하고 물대포를 쏘아댄 것도 국민의 생명과 안전을 보호해야 할 정부가 할 일은 아니었다. 이런 일이 정부에 의해 쉽게 저질러지는 것은 안보와 질서를 중시하고 인권을 경시하는 태도가 노장층을 중심으로 우리 사회의 수구적 보수층을 형성하고 있기 때문이다.

합리적 보수가 보수의 중심에 서야 한다

그렇다고 우리나라 보수의 다수가 수구적 성향을 갖고 있는 것은 아니다. 보수층의 64.0%가 다수의 결정이 소수 지도자가 내리는 결정보다 낫다고 생각하며, 보수층의 49.4%가 인권보다 안보가 우선이라는 의견에 반대한다. 우려와는 달리 우리 사회에 합리적 보수가 수구적 성향의 보수보다 훨씬 많다. 그러나 보수 정당 안에는 권위주의적인 행태를 보이는 수구적 성향의 정치인들이 포진해 있다. 이들은 수구적 성향의 유권자들을 기반으로 민주주의에 역행하는 행동을 한다.

우리나라의 보수적인 유권자가 대부분 민주주의를 지지하고 인권을 존중하는 합리적인 성향을 지녔기 때문에 보수 정부나 정당이 권위주의적인 행태를 보이면 궁극적으로는 지지를 잃을 가능성이 크다. 문제는 수구적 성향의 정치인들이 지역주의 투표 행태에 의거해 재생산된다는 것이다. 지역주의를 약화시키기 위해 선거제도를 개편할 필요성이 여기서도 확인된다. 20대 총선을 앞두고 국회에서 선거구 획정과 관련해 국회 의석수, 지역구와 비례 의석의 비율을 재조정하는 문제들이 논의되었지만, 결과는 지역구 의석을 늘리고 비례 의석을 줄인다는 결정이었다. 이번에도 여야는 지역주의 기득권을 지켰다. 동시에 보수 정당이 세력을 개편할 여건을 마련하는 일도 멀어졌다.

지금의 보수 정당이 합리적 보수를 중심으로 재편성되지 않으면 정당 경쟁도 '민주 대 반민주' 구도를 벗어나지 못할 것이다. 보수 정당의 수구적인 행태에 진보 정당은 민주주의의 회복을 외칠 것이고, 국회에서는 정치적 쟁투가 정책 결정의 책무를 압도할 것이다. 권위주의와 단절하고 민주주의를 발전시키기 위해서는 진보 정당과 함께 힘을 합치는 합리적 보수가 보수 정당의 중심이 되어야 한다. 그렇게 되면 국회에서는 계층의 이해를 대변하는 제대로 된 정책 경쟁이 벌어질 것이며, 국민들의 정치의식이 높아지고 민주주의도 더욱 성숙해질 것이다.

03

북한 이슈, 아직도 진보와 보수를 가르는가

달라지고 있는 진보와 보수의 내용

그동안 한국 유권자들의 이념 성향을 조사하는 연구에서 이념 성향을 측정하는 잣대는 '진보 대 보수'였다. 그러나 연구자들 사이에서는 진보와 보수가 유권자들에게 얼마나 공통적이고 일관된 개념으로 자리 잡고 있는지가 의문이었다. 그래서 보다 정확한 이념 측정을 위해 여러 정책 이슈에 대한 태도를 묻는 설문을 병행해 유권자의 이념적 위치를 파악해왔다. 한편으로는 우리나라 유권자들이 스스로 설정한 진보와 보수의 위치와 어떤 정책 이슈가 연관성이 있는지를 분석했다.

이러한 연구는 진보 대 보수의 이념 구도를 습관적으로 계급 갈등의 차원에서 바라보던 서구 중심주의적 태도와는 달리, 특수한 역사적 경험을 지닌 한국 유권자들 사이에 어떤 이념적 내용이 구성되었는지를 실증적으로 밝히는 작업이기도 했다.

산업혁명의 과정에서 계급 균열이 공통적으로 나타났던 서구 사회에서 이념은 계급적 이해를 둘러싼 경제적 이슈를 중심으로 형성되었다. 예컨대, 노동자의 요구를 반영하는 복지 확대와 기업인의 이해를 반영하는 세금 감면 이슈를 들 수 있다. 1930년대 대공황 이후 미국 루즈벨트 대통령이 뉴딜 정책을 추진하자, 미국 국민들 사이에서 '정부가 시장 개입을 통한 유효 수요를 창출해야 한다'는 의견과 '정부의 시장 개입을 최소화하고 경제를 시장에 맡겨야 한다'는 의견이 대립하면서 '시장 개입 대 시장 자유'라는 이슈가 이념적 내용으로 구성되었다(다운스, 1957). 그리고 이러한 경향은 같은 자본주의적 길을 걸었던 서구 사회에서도 공통적으로 나타났다(Jan W. van Deth and Elinor Scarbrough, 1995).

그러나 그동안 한국에서 진행되어온 이념 연구의 공통된 결론은 서구 사회와 많이 달랐다. 우리나라에서는 진보와 보수가 경제적 이슈를 중심으로 형성되지 않았다. 우리나라 유권자들이 생각하는 진보, 보수와 가장 연관성이 높은 정책 이슈는 북한과 미국에 대한 태도였으며, 조사에 따라서는 국가보안법이나 사형제 폐지와 같은 사회적 이슈에 대한 태도였다(강원택, 2003; 이갑윤, 2011).

한국인들 사이에 북한에 대한 태도가 진보와 보수를 가르는 기준이 되고 있는 이유는 분단과 전쟁, 그리고 오랜 권위주의적 통치를 통해 내면화된 반공·반북 이데올로기 때문이다. 민주화 이후 젊은 세대 사이에서 반공·반북 이데올로기는 더 이상 지배적인 이데올로기로 작동하지 않았다. 민주화 이후 봇물처럼 터져 나온 통일운동, 그리고 노태우 정부에서 시작해 김대중 정부의 남북정상회담으로까지 이어진 남북대화와 교류의 확대는 젊고 학력이 높은 집단을 중심으로 북한에 대한 유연한 정책이 올바른 방향이라는 의식이 자리 잡게 되었다. 그러면서 한편으로는 나이 든 세대와 저학력층을 중심으로 기존의 반공주의적 태도가 유지되고 있었다. 이런 이유로 한국인의 진보와 보수의 이념적 내용은 북한에 민족적 차원의 지원을 하자는 쪽과 상호주의에 입각한 강경 대응을 외치는 쪽 사이에서 형성되어왔다.

그러나 최근의 연구들을 보면 한국 유권자들의 투표 선택에 있어 재산이나 주택 소유 여부가 유의미한 영향을 미친다는 보고가 있다. 투표 선택의 요인이 지역과 세대 중심에서 계층적 처지로 다변화하고 있다는 것이다(이갑윤 외, 2013; 서복경, 2014). 정당 선호가 이념과 밀접한 연관성이 있다는 맥락에서 볼 때, 이는 한국인의 이념 구성이 기존의 대북 태도 중심에서 많이 달라지고 있음을 시사한다. 그래서 여기서는 한국인들 사이에 진보와 보수를 구성하는 내용이 여전히 북한과 미국 등 외교안보 정책에 대한 태도인지, 아니면 다른 차원의 정책 이슈에 대한 태도로 변하고 있는지를 살펴보고자 한다.

대북 문제에서 경제 문제로

〈표 3-1〉은 이념집단별로 정책 태도가 어떻게 다른지를 보여주고 있다. 이념집단 아래의 수치는 각 이념집단이 해당 정책에 찬성하는 비율을 나타낸다. '북한 지원'에 대한 진보층의 찬성 비율은 60.5%이며, 보수층의 찬성 비율은 34.1%로, 진보층과 보수층의 격차는 26.4%p였다. 전체적으로 보

표 3-1 이념집단별 정책 태도(찬성)

표 3-1 이념집단별 정책 태도(찬성)

(단위: %, %p)

구분	진보		중도		보수		진보와 보수의 격차
	찬성	사례수	찬성	사례수	찬성	사례수	
북한 지원	60.5	276	45.1	384	34.1	408	26.4
조속한 통일	63.4	273	61.0	387	62.9	412	0.5
미국 존중	54.1	270	62.2	376	80.9	408	26.8
복지보다 성장 우선	39.6	273	55.5	373	80.6	403	41.0
증세해서라도 복지 확대	51.4	278	36.6	382	38.2	414	13.2
기업 간섭 배제	56.3	272	52.7	372	60.4	396	4.1
재벌에 대한 부정적 인식	82.4	273	77.3	374	64.2	383	18.2
교통기관의 노조 파업 엄단	41.2	272	56.1	374	74.6	409	33.4
성소수자 방송 제한	15.2	277	34.0	379	50.4	401	35.2
인권보다 안보 우선	30.5	275	44.7	376	58.5	234	28.0

자료: 유권자 지도―이념 조사(2015. 8)

*모름/무응답은 제외함. 사례수가 조금씩 다른 것은 정책별로 모름/무응답 수의 차이 때문. 격차는 절대값임.

면 진보층과 보수층의 찬성 비율의 격차는 '복지보다 성장 우선'이 41%p로 가장 컸고, 다음으로 '성소수자 방송 제한'이 35.2%p로 두 번째였으며, '교통기관의 노조 파업 엄단'이 33.4%p로 세 번째를 차지했다. '북한 지원'과 '미국 존중'에 대한 진보층과 보수층의 격차는 각각 26.4%p와 26.8%p로 나타났지만, 사회경제적 이슈들에 비해 크지 않았다.

여기서 우리는 '복지 대 성장', '기업 대 노조'와 같은 경제적이거나 계급적인 이슈를 둘러싼 태도가 진보와 보수를 가르는 중요한 기준이 되고 있음을 알 수 있다. 이것은 이전과 사뭇 다른 모습이다. 이명박 정부 말미에 실시한 유사한 분석에서조차 진보와 보수의 이념 성향은 북한 지원과 한미동맹에 대한 태도와 가장 큰 연관성을 갖는다고 나타났기 때문이다

그림 3-1 북한과 통일에 대한 IT세대의 태도

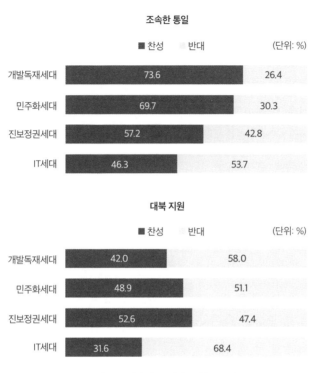

그림 3-1 북한과 통일에 대한 IT세대의 태도

조속한 통일

■ 찬성　　　 반대　　　　　　　　　(단위: %)

개발독재세대	73.6	26.4
민주화세대	69.7	30.3
진보정권세대	57.2	42.8
IT세대	46.3	53.7

대북 지원

■ 찬성　　　 반대　　　　　　　　　(단위: %)

개발독재세대	42.0	58.0
민주화세대	48.9	51.1
진보정권세대	52.6	47.4
IT세대	31.6	68.4

자료: 유권자 지도—이념 조사(2015. 8)

(박경미 외, 2012).

　　진보와 보수의 기준에서 북한 이슈가 약해지고 있음은 젊은 층의 태도에서 여실히 드러났다. 〈그림 3-1〉은 조속한 통일과 북한 지원에 대한 IT세대(19~30세)의 태도를 보여준다. 놀랍게도 IT세대는 '핵무기와 관계없이 북한을 경제적으로 지원해야 한다'는 의견에 56세 이상의 개발독재세대보다도 찬성하는 비율이 낮았다(31.6%). 북한 지원에 대한 찬성 비율은 진보

정권세대가 52.6%로 가장 높았고 다음으로 민주화세대가 높았다. '빠른 시일 내에 통일이 되어야 한다'는 의견에 대해서도 IT세대의 찬성 비율은 46.3%로 가장 낮았다. 반면에 나이 든 세대일수록 조속한 통일을 찬성하는 비율이 높아졌다. 통일에 대해 나이 든 세대들이 이렇듯 긍정적인 것으로 나타난 이유는 그들의 통일 인식에 북한을 흡수하는 통일도 포함되어 있기 때문이다. 반면에 젊은 세대들에게 흡수통일은 혼돈이고 그들의 경제적 몫이 줄어드는 일일 수 있다.

특히 IT세대 중 스스로 진보라고 생각하는 사람들조차 북한 문제에 대해서는 소극적인 입장을 보였다. IT세대 진보층 가운데 대북 지원을 찬성하는 비율은 37.8%에 불과했고, 조속한 통일에 대해서도 45.9%만이 찬성했다. IT세대가 이처럼 대북 문제에 강경한 태도를 보이는 것은 탈민족적 자유주의 성향에다 보수정권(이명박·박근혜 정부)에서 성장기를 보냈기 때문으로 풀이된다. 젊은 세대로서는 이해할 수 없는 북한의 세습 과정과 천안함·연평도 및 목함지뢰 도발을 군복무 기간 중 목격한 세대이기도 하다.

감성적 통일론을 동원하는 시대는 끝났다

우리나라 유권자들 사이에서 이념을 구성하는 내용들은 변화하고 있다. 이전에는 북한과 미국에 대해 우호적인 태도를 취하는가, 비우호적인 태도를 취하는가에 따라 진보와 보수가 나뉘어졌다면 이제는 그 내용이 다면화되고 있다.

국민들 스스로가 가리키는 이념 성향과 가장 큰 연관성을 지니는 이슈는 '복지 대 성장'과 같은 경제적 영역과 소수자 보호 및 인권과 같은 사회적 영역의 차원으로 나타났다. 그렇다고 북한과 미국 관련 이슈가 이념에 미치는 영향이 사라진 것은 아니다. 여전히 그 영향력은 적지 않으나 순위가 바뀔 만큼 이념 구성이 달라지고 있는 것이다. 세대별로 보면 청년기에 진보정권을 거친 30대와 민주화를 경험한 386세대는 북한 지원과 한미동맹에 대한 태도가 아직도 그들의 이념 성향에 가장 큰 영향을 미치고 있다. 이념의 구성이 세대별로 다면화되고 있는 것이다.

이러한 상황에서 정당들이 지지를 모으기 위해 지금까지와 같은 태도를 취한다면 성공하기 어려울 것이다. 세대별, 계층별로 다층적인 전략을 구사할 필요가 있다. 진보정권세대와 개발독재세대에서 다수가 통일을 시급히 이루어야 한다는 태도를 취하고 있지만, 그들이 원하는 통일 방안은 다르다.

특히 IT세대의 인식 변화는 DJ의 유산을 이어온 민주당 계열 정당에 시사하는 바가 크다. 민주당 계열 정당이 지난 20년간 전가의 보도처럼 휘둘러온 햇볕정책이나 감성적 통일론만으로는 젊은 세대로부터 지지를 받기 어렵게 되었다는 말이다. 대북 포용 정책을 포기해야 한다는 말이 아니라, 보다 정교하게 수정해야 하며 설득력 있게 제기해야 한다는 말이다. 20대에게 통일은 혼란이자 어려운 경제 상황에서 '몫'을 빼앗길 수 있다는 인식으로 연결될 수 있다. 그들에게 통일이 설득력을 가지려면 저성장의 늪을 헤쳐 나갈 기회라는 점을 구체적인 비전으로 보여줘야 할 것이다.

04

성장과 복지,
무엇이 우선인가

성장과 복지 담론의 역사

성장은 오래전부터 우리 사회의 지배적인 담론으로 구축되어왔지만, 대항 담론으로 복지가 정당 경쟁의 주요 이슈로 부상한 것은 얼마 되지 않았다.

성장 담론의 연원은 박정희 정권으로 거슬러 올라간다. 5·16 군사쿠데타 이후 박정희를 비롯한 집권 세력은 허약한 정통성을 메우려고 튼튼한 안보와 함께 경제성장을 내세웠고, 수출주도형 경제성장을 추진해 세계가 놀랄 만한 성과를 보았다. 이 시기의 경제정책은 여당과 야당 사이에 차이가 없었다. 당시 야당이 여당과의 차별화를 시도했던 것은 정치 분야였다. 야당은 권위주의 정권이 실천할 수 없었던 민주주의를 강조했다. 그래서 여당이 안보와 성장을 내세우면 야당은 자유와 인권으로 맞섰던 것이 당시의 정당 경쟁의 모습이었다.

복지 담론이 본격화된 것은 IMF 외환위기 이후다. 당시 김대중 정부는 IMF가 요구하는 신자유주의적 경제 시스템을 수용하는 대신, 급속히 늘어난 실업자와 빈곤층을 구제하기 위해 '사회안전망의 구축'이라는 기치 아래 국민기초생활보장제도를 도입하는 등 복지 인프라를 구축하는 노력을 보였다. 이러한 정책 방향은 노무현 정부 이후에도 이어져 기초노령연금제, 노인장기요양보험제, 근로장려세제와 같이 노령층이나 근로빈곤층을 대상으로 하는 복지 정책이 본격적으로 실시되었다.

성장에 대한 반대 담론으로 복지가 본격적으로 부상하기 시작한 것은 노무현 정부를 경유하면서다. 참여정부는 '동반성장'이라는 새로운 담론을 제기했다. 성장이 낙수효과를 가져오지 못하는 현실에서 복지를 통해 내수를 진작하는 방안이 새로운 성장 동력이라는 것이었다. 17대 대선에서 한나라당 이명박 후보는 복지보다 성장이 우선해야 한다고 주장했고, 이에 반해 열린우리당 정동영 후보는 복지가 곧 성장임을 강조했다. 이후 성장과 복지는 정당 간 경쟁 담론이 되었다.

열린우리당 이후 민주당 계열 정당은 오랫동안 지배적이었던 성장 담론에 반해 복지 담론을 꾸준히 제기해왔다. 이들은 이명박·박근혜 정부 내내 경제성장에 대한 비전을 제시하기보다는 복지만이 살 길임을 강조했다. 그러나 민주당이 그토록 복지를 강조했음에도 불구하고 복지 이슈는 민주당 자신의 소유가 되지 못했다. 지금의 민주당이 그토록 강조했음에도 불구하고 그들의 이슈로 자리 잡지 못했다. 이는 2012년 18대 대선에서 박근혜 후보가 복지 이슈를 선점해 야당의 복지 공세를 성공적으로 막아낸 사실에서도 알 수 있다. 그렇다면 정당 간 경쟁에서 '성장 대 복지'의 대립 축을 형성하는 것이 지금의 민주당 계열 야당의 지지 확대에 유리할까? 내일신문과 서강대 현대정치연구소가 실시한 '유권자 지도—이념 조사'를 바탕으로 여기에 대한 답을 구하고자 한다.

성장 쪽으로 기울어진 운동장

조사를 통해 지난 10년 동안 '복지보다 성장이 우선이다'와 '증세해서라도 복지를 확대해야 한다' 중에 무엇을 더 선호하는지 물어보았다. 〈그림 4-1〉을 보면 복지보다 경제성장이 우선이라는 의견은 10년 전인 2005년 전체 국민의 65.5%를 기록했고, 2007년 17대 대통령 선거를 앞둔 조사에서는 78.3%나 차지했다. 당시 노무현 정부가 정치개혁에 치중하면서 경제를 무시하는 태도를 보인 데 대한 국민들의 반감이 반영된 것으로 보인다.

　18대 대선을 앞둔 시점의 2012년 조사에서는 그 수치가 많이 떨어져 60.3%를 기록했고, 2015년에도 3년 전과 비슷한 정도로 성장 우선적인 태도를 취하고 있다. 2007~2012년 이명박 정부 시기 동안 경제성장에 대한 선호도가 많이 떨어진 이유는 성장을 약속했던 이명박 정부에 대한 국민의 기대가 무너졌기 때문이다. 이명박 정부 5년의 경제성적표는 참여정부의 낮은 성장률보다 더 낮은 성장률을 보여주었다.

　'세금을 더 거둬서라도 복지 혜택을 늘려야 한다'는 의견에 동조하는 비율은 지난 10년간 지속적으로 낮아지는 추세였다. 그럼에도 불구하고 노무현 정부 시기였던 2005년에 59.0%, 이명박 정부 마지막 해인 2012년에도 52.0%를 기록했다. 이처럼 '증세해서라도 복지를 확대해야 한다는 의견이 성장주의자인 이명박 대통령 집권 시기 내내 과반을 넘었던 이유

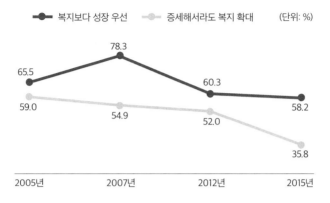

그림 4-1 지난 10년간 성장과 복지에 대한 선호도

━●━ 복지보다 성장 우선　━○━ 증세해서라도 복지 확대　　(단위: %)

78.3

65.5

60.3

58.2

59.0

54.9

52.0

35.8

2005년　　　　2007년　　　　2012년　　　　2015년

자료: 열린우리당 국민의식조사(2005); 한겨레신문 국민의식조사(2007);
서강대 현대정치연구소 한국사회갈등조사(2012); 유권자 지도—이념 조사(2015)

는 MB정부의 성장 정책이 성과를 내지 못한 데다 세계적인 불황으로 양극화가 심화되고 복지의 사각지대가 넓어지면서 복지의 필요성이 새롭게 확산됐기 때문인 것으로 보인다. 이러한 국민 여론을 고려해 2012년 대선 당시 새누리당 박근혜 후보는 경제민주화와 복지 이슈를 과감하게 제시했던 것이다.

그러나 2015년 이러한 선호는 35.8%로 현격히 줄어들었다. 박근혜 정부가 복지공약을 어겼다는 비판에도 불구하고 기초노령연금 증액 등 복지 서비스는 계속 확대되었다. 늘어나는 복지재정으로 인해 박근혜 정부는 증세 압박을 받았고, 담배값 인상, 연말정산 환급금 축소 등 사실상의 증세로 국민들의 반발을 샀다. 이 상황에서 최근 국민들은 세금이 늘어날 수 있는 복지 확대에 반감이 커진 것으로 보인다.

표 4-1 '성장 우선' 대 '복지 확대'의 교차표

구분		증세해서라도 복지 확대			전체
		찬성	반대	무응답	
복지보다 성장 우선	찬성	227명(18.9)	457명(39.8)	14명(1.2)	698명(58.2)
	반대	226명(18.8)	188명(15.7)	16명(1.3)	430명(35.8)
	무응답	25명(2.1)	34명(2.8)	13명(1.1)	72명(6.0)
전체		478명(39.8)	679명(56.6)	43명(3.6)	1,200명(100.0)

자료: 유권자 지도―이념 조사(2015. 8)
*괄호 안의 수치는 전체 1,200명에 대한 비율(%)임.

　〈표 4-1〉은 성장 우선과 복지 확대에 대한 태도를 서로 교차함으로써 국민들의 태도를 좀 더 명료하게 구분해보았다. 성장 우선과 복지 제한에 동의하는 '성장주의자'는 전체 국민 중 39.8%로 가장 많은 비중을 차지한다. 이에 비해 성장 우선에 반대하면서 증세를 해서라도 복지 확대가 필요하다고 생각하는 '복지주의자'는 18.8%에 지나지 않았다. 즉 우리 국민 중 성장과 복지 정책에서 보수적으로 일관된 태도를 취하는 성장주의자는 진보적으로 일관된 태도를 지니는 복지주의자보다 2배 이상 많았다.

　이외에도 성장 우선에도 찬성하면서 복지 확대에도 동조하는 '온건한 성장주의자'는 전체 국민의 18.9%를 차지한다. 한편 복지 우선적인 태도를 갖지만 세금이 늘어난다면 복지 확대에 반대하는 '소극적 복지주의자'는 15.7%였다. 즉 복지 확대로 기운 중간층과 성장 우선으로 기운 중간층의 비율은 비슷했다. 전체적으로 성장 대 복지의 이슈 구도에서는 성장이 압도적 우위를 점하고 있음을 알 수 있다.

복지주의는 민주당 계열 정당에 불리하다

열린우리당 이후 현재 민주당 계열 정당은 새누리당의 성장 우선주의에 대해 복지주의로 맞섰다. 그들은 '복지 없는 성장은 없다'고 주장했고, 복지 확대를 통한 내수 진작을 외쳤으며, 사회적 기업을 통한 일자리 창출을 강조했다. 민주당 계열 정당의 강령이나 공약에서 경제성장에 대한 비전을 찾아보기 힘들었다. 당 대표와 지도부의 레토릭에서도 성장에 대한 언급은 드물었다.

그러면 성장과 복지 이슈가 각 정당의 지지층에 어떻게 분포되고 있는지를 살펴보자. 〈그림 4-2〉에서 알 수 있는 것처럼, 새누리당의 지지층 중에는 54.8%가 성장주의적 태도를 지니며, 26.3%가 온건한 성장주의, 10.8%가 소극적 복지주의, 오직 8.1%만이 복지주의적 태도를 지니는 것으로 나타났다. 온건한 성장주의를 포함한 성장주의적 태도(81.1%)와 소극적 복지주의를 포함한 복지주의적 태도(18.9%)의 차이는 62.2%p로 새누리당 지지층이 뚜렷한 성장 우선적 태도를 보여주고 있음을 알 수 있다.

민주당 계열 정당 지지층에서는 복지주의적 태도가 31.9%로 가장 많았으나 성장주의적 태도도 28.2%에 달했다. 소극적 복지주의적 태도가 온건한 성장주의보다 많았지만, 성장과 복지라는 두 영역으로 나누어 보면 44.4% 대 55.5%로 그 차이는 11.1%p에 불과하다. 민주당 지지층에서도 성장주의적 태도가 상당히 존재한다는 얘기다. 지지정당이 없는 무당층에서도 성장주의적 태도는 37.4%로 복지주의적 태도보다 13.2%p 더 많았다. 소극적 복지주의가 온건한 성장주의보다 조금 더 많아 전체적으로 성장주의적 태도와 복지주의적 태도의 비율 차이는 9.4%p로 줄었다.

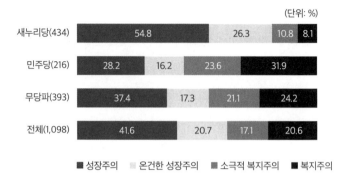

그림 4-2 성장 대 복지 구도와 정당 선호

(단위: %)

	성장주의	온건한 성장주의	소극적 복지주의	복지주의
새누리당(434)	54.8	26.3	10.8	8.1
민주당(216)	28.2	16.2	23.6	31.9
무당파(393)	37.4	17.3	21.1	24.2
전체(1,098)	41.6	20.7	17.1	20.6

■ 성장주의　■ 온건한 성장주의　■ 소극적 복지주의　■ 복지주의

자료: 유권자 지도—이념 조사(2015. 8)
*모름/무응답을 제외했기 때문에 수치가 전체적으로 높아졌음.

이처럼 우리나라 국민들 사이에 나타난 성장주의와 복지주의에 대한 의견 분포는 그동안 민주당 계열 정당들이 성장을 도외시하고 복지를 강조해온 정책 노선과 부합하지 않는다. 무당층의 복지주의적 태도가 성장주의적 태도만큼 존재하는 것을 고려하면 새누리당의 라이벌 정당들이 복지에 대한 관심을 줄여야 할 이유는 없지만 성장에 대한 각별한 강조가 필요하다는 것을 알 수 있다.

성장의 비전으로 경쟁해야 한다

권위주의 시기에 정당 간에 대립한 이슈는 '민주 대 발전'이었다. 민주화 이후 이슈 경쟁은 대북·안보 정책과 사회정책 등에서 다층적으로 나타났다. IMF 외환위기를 거치고 복지 담론이 부상하면서 노무현 정부 시기부터 정당 간 이슈 경쟁의 한 축에는 '성장 대 복지'가 자리 잡았다. 열린우리당은 한나라당을 성장주의를 대변하는 정당으로, 자신들을 복지주의를 대변하는 정당으로 설정하기 시작했다. 참여정부 시기 '동반성장'이라는 담론이 제기되었고 국가 비전으로 '사회투자국가'가 거론되었다.

이에 따른 구체적인 정책으로 '사회적 기업'이 제기되었고 이명박·박근혜 정부에서도 추진되어왔으나 성과는 미미하다. 청년 실업은 사상 최대치에 도달하고 있으며 고용 불안과 주거 불안은 해를 거듭할수록 심해지고 있다. 박근혜 정부와 새누리당에 의한 경제정책은 재벌의 단기적 이익을 보호하는 것에서 나아가지 못했고 약속했던 경제민주화는 온데간데 없이 사라졌다.

민주당 계열 야당이 복지를 그토록 강조했음에도 불구하고 그들은 지지 확대의 효과를 얻지 못했다. 각종 선거에서 복지 확대를 앞세웠지만 민주당 계열 정당들은 그 이슈로 지지를 얻었다는 평가를 받지 못했다. 오히려 2012년 대선에서 박근혜 후보에게 복지 이슈를 선점당하기까지 했다. 왜 그렇게 되었을까? 복지 우선주의는 국민 다수가 원하는 정책 방향이 아니었기 때문이다. 국민은 복지 확대를 원하지만 성장보다 복지를 더 선호하지는 않는다. 성장도 복지도 대다수의 국민이 바라는 합의 쟁점이다. 그러나 그중 어느 것이 더 중요하냐고 물으면 국민의 다수는 성장을 선택한다. 왜냐하면 복지 확대도 더 나누어줄 수 있는 성장의 결실이 있을 때 가능하기 때문이다.

노무현 정부 이후 지금까지 복지 서비스는 확대되었고 복지재정은 늘어났다. 그러나 중앙정부와 지방정부의 이러한 노력들이 경제성장에 효과가 있었을까? 사회적 기업이 일자리를 창출하는 데 얼마나 큰 기여를 했을까? 대답은 부정적이다. '복지 없는 성장 없다'는 구호는 비현실적이다. 성장의 돌파구가 보이지 않는다고 복지만을 강조하는 것은 국민의 삶을 개선할 수 있는 지름길이 아니다.

정당들은 복지를 늘릴 것인가, 억제할 것인가를 두고 설왕설래하기보다는 성장의 비전을 두고 논쟁해야 한다. 어떤 환경을 조성하고 어떤 제도를 준비해야 IMF 외환위기 이후 사라진 기업가의 도전정신을 살릴 수 있을지 머리를 맞대고 고민해야 한다. 대다수 국민의 삶에 가장 중요한 경제 성장의 문제가 특정 정당의 전유물로 되어서는 안 된다. 그렇게 되면 대안에 대한 논의가 발전할 수 없기 때문이다. 새로운 성장 전략을 두고 정당들은 경쟁해야 한다. 그래야 국민은 닫았던 마음의 문을 열기 시작할 것이다.

05
정치가 만들어낸
이념의 양극화

정당과 유권자의 이념

2015년 8월에 실시한 '유권자 지도—이념 조사'는 유권자의 이념 변화를
중요하게 다루었다. 조사에서 우선적으로 살펴본 것은 유권자의 이념 분
포다. 한국의 유권자들은 진보와 보수 이념의 스펙트럼 상에서 어떻게 분
포할까? 가운데(중도)에서 왼쪽(진보)으로 기울었을까, 오른쪽(보수)으로 기
울었을까? 혹은 가운데(중도)로 향하고 있을까, 양극단으로 쏠리는 경향을
띠고 있을까?

　　이러한 정보가 흥미로운 이유는 유권자의 이념 분포에 따라 정당의
경쟁 전략이나 정부의 정책 방향이 영향을 받기 때문이다. 이념을 도구적
으로 정의한 다운스Downs에 의하면, 이념은 유권자에게 자신의 이익에 가
까운 정당을 효율적으로 선택하게 하는 역할을 하며, 권력을 획득하려는

정당에게 다수 유권자가 모인 위치를 알려주는 기능을 한다. 유권자의 이념 성향이 보수 쪽으로 기울면 정당이나 정치인들의 정책 방향도 전체적으로 보수화되는 경향이 생기고, 진보 쪽으로 기울면 그 반대가 된다.

양당제 국가에서 국민의 이념 분포가 종 모양의 정상 분포를 그리면 정당은 좌우 스펙트럼 상의 중간 지점을 향해 움직이려 하기 때문에 정당 간 정책적 차이는 줄어들게 된다. 그러나 국민들의 이념 분포가 좌우의 양쪽에 쏠리게 되면 정당은 중간층의 지지를 얻으려는 동기가 약해지기 때문에 자신의 이념적 정체성을 고수하려고 하고 그만큼 정당 간 정책적 차이도 커지게 된다.

보수의 극단화

그동안 실시된 여러 조사들을 보면 우리나라 유권자의 이념 분포는 좌우로 아주 조금씩 기울긴 했지만 대체로 종 모양의 정상 분포로 인식되었다. 유권자의 이념 분포가 정상곡선을 그리고 있는 조건에서 여야 정당들은 중도층의 지지를 얻기 위해 이념적 혹은 정책적 차이를 좁히고, 정부도 사회통합적인 방향으로 국정을 운영할 것으로 기대된다.

그러나 지난 20년 동안의 정치를 돌이켜 보면, 진보정권의 등장과 보수정권으로의 교체를 통해 정당 간 정책적, 이념적 경쟁이 오히려 심해지고, 정부 또한 자신들의 이념 성향을 강하게 드러냈다. 대북 정책과 정치개혁을 둘러싼 갈등뿐만 아니라 성장 대 복지 혹은 선별적 복지 대 보편적 복지와 같은 사회경제적 이슈에서도 정당 간 입장 차이가 뚜렷해진 것이 사실이다.

그렇다면 우리나라의 정당과 정치인들은 유권자의 이념 분포를 무시하는 걸까? 아니면 한국 유권자들이 그리는 이념 분포가 종 모양의 정상 곡선과 다른 걸까? 그동안 여론조사에서는 0에서 10까지의 11점 척도에서 응답자가 자신의 진보 혹은 보수 이념의 위치를 설정하도록 했다. 응답자들은 진보와 보수 이념의 기준이 모호해 무난한 중간 점수인 5점을 택하는 경향이 있었다(이갑윤·이현우, 2008). 그러나 조사에서 일관되게 나타나는 이념 분포의 패턴을 보면, 유권자가 중도 5점의 위치에 가장 많이 포진해 있지만 종 모양과는 달리 5점에서 1점씩 적거나 많은 4점과 6점보다 3점과 7점의 위치에 훨씬 더 몰려 있었다. 이는 우리나라 유권자들이 단순히 중도화의 모습을 띠는 것이 아니라 방향에 있어서 진보나 보수 쪽을 지향하고 있음을 말해주는지도 모른다. 이러한 점들을 고려하면서, 시점이 다른 조사와의 비교를 통해 유권자 이념 성향의 변화, 그리고 이념의 중도화 혹은 양극화의 추세를 파악해보자.

〈그림 5-1〉은 2012년 서강대 현대정치연구소가 실시한 사회갈등조사와 2015년 내일신문과 서강대 현대정치연구소가 수행한 '유권자 지도—이념 조사'의 결과를 비교하고 있다. 두 그래프 모두 정상곡선이라고 할 만한 종 모양이 아니다. 유권자들이 중도로 볼 수 있는 5점 위치에 가장 많이 몰려 있지만, 두 그래프 모두 5점 바로 옆의 4점과 6점보다 3점과 7점에 더 많이 자신의 이념 위치를 설정하는 모습을 보여주고 있다.

진보와 보수라는 추상적 개념의 조사에서 응답자들은 무난해 보이는 5점을 선택하는 경향이 있다. 그러나 응답자들이 4점과 6점보다 중도에서 더 먼 3점과 7점에 자신의 위치를 놓는 것은 스스로를 진보와 보수 어

그림 5-1 2012년과 2015년의 유권자 이념 분포

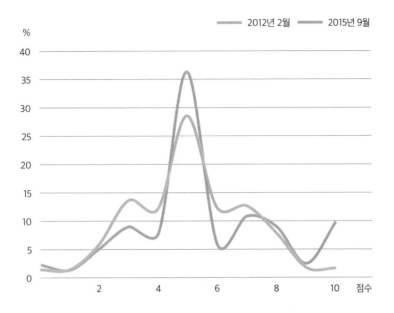

자료: 서강대 현대정치연구소 사회갈등조사(2012. 2); 유권자 지도―이념 조사(2015. 8)

느 한편에 있음을 분명히 나타내는 태도라고 볼 수 있다. 이념 성향이 강하지 않은 유권자가 주어진 진보와 보수의 스펙트럼에서 자신의 이념 성향을 드러내는 최대한의 위치가 3점과 7점이라고 추정할 수 있는 것이다. 이는 우리나라 유권자들이 실제로는 보수와 진보로 나누어져 있을 가능성을 시사한다.

여기서 또 하나 주목해야 할 점은 유권자들이 2012년과 2015년 사이에 더 보수화되었다는 사실이다. 유권자의 평균 이념 점수는 2012년 5.06에서 2015년 5.55로 약간 더 보수 쪽으로 기울었다. 두 곡선을 비교해보면

4점과 3점에 모여 있는 비율이 2012년보다 2015년에 약 5%p씩 줄어든 대신, 중도인 5점의 비율은 더 늘어났다. 2012년에 자신을 진보라고 설정했던 유권자들이 중도로 많이 옮겨간 것이다.

한편 2015년에 나타난 보수 영역의 곡선은 더욱 흥미롭다. 6점과 7점의 비율이 2012년보다 많이 줄어든 반면, 8점 이상의 지점에서 유권자 비율이 늘어났다. 특히 보수의 극단값인 10점은 2012년의 1.7%에서 9.8%로 늘었다. 우리나라 유권자들이 박근혜 정부 3년간 중도진보에서 중도로, 중도보수에서 극단적 보수로 이동했음을 보여준다. 달리 보면 이 그래프 상으로는 이념의 양극화 현상보다는 국민들의 전반적인 보수화 가운데 보수의 극단화가 일어났다고 볼 수 있다.

그러면 우리나라 국민들이 실제로 보수화되어서 이런 이념 분포를 보이는 걸까? 국민의 이념 성향이 보수화되었다는 것은 정책적 지향이 진보에서 보수로 이동한 것을 말한다. 그러나 앞에서 살펴본 이념 태도(종합된 정책 태도)의 분포를 보면 우리 국민들의 이념 분포는 종 모양을 그리고 있다. 주관적 이념 성향의 분포가 〈그림 5-1〉과 같이 종 모양과 다르게 나타나는 것은 국민들이 주관적 이념을 설정하는 과정에서 정책적 내용보다는 선호하는 정치인이나 정당에 강하게 영향을 받고 있기 때문이다.

유권자의 이념 분포가 보수 쪽으로 기운 것은 보수진영에 비해 진보진영이 허약해졌기 때문이다. 새누리당은 영남의 든든한 지지를 받으면서 적어도 최근까지는 40% 이상의 지지를 받는 대통령을 가진 반면, 민주당 계열 야당은 리더십을 구축하지 못하고 분열 양상을 지속해왔다. '집권 프리미엄'이기는 하지만 정책 담론과 의제 설정은 박근혜 정부와 새누리당이 주도했으며, 야당은 박근혜 정부의 정책적 실패를 자신들의 기회로 돌려세우지 못했다. 경제적인 성과가 없는 것이 이 정부의 취약점인데 야당은 이를 정면에서 비판하고 대안을 제시하는 능력을 보이지 못했다.

국민의 보수화와 더불어 보수의 극단화가 이루어진 데에는 이명박 정부 시기에 설립되어 이어져온 종편 방송의 뉴스 프로그램과 정치 좌담의 영향도 한몫했다. 낮은 시청률 속에서 방송되는 종편 프로그램이 중도적인 사람들을 보수화시키는 데 크게 작용하지는 않았겠지만, 낮 시간에 그 방송에 노출되는 노장층의 보수성을 더욱 강경해지게 했을 것이다.

박근혜 정부 3년, 커지는 이념의 양극화

이번에는 국민의 이념 양극화를 다른 방법으로 확인해보자. 〈그림 5-2〉는 이념집단 간의 이념 평균점수를 계산해서 진보와 보수 간의 거리를 측정하고 2012년과 2015년을 비교했다. 그림에서 진보층은 11점 척도에서 자신

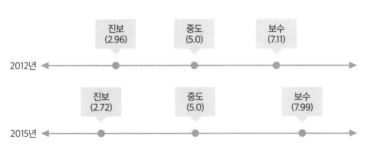

그림 5-2 박근혜 정부 3년간 이념 양극화 추이

자료: 서강대 현대정치연구소 사회갈등조사(2012. 2); 유권자 지도—이념 조사(2015. 8)

의 이념 위치를 0~4점이라고 대답한 응답자이며, 보수층은 6~10점이라고 대답한 응답자다. 2012년 조사 당시 진보층의 평균점수는 2.96, 보수층의 평균점수는 7.11로 두 진영의 거리는 4.15였다. 하지만 3년 뒤 진보층은 2.72, 보수층은 7.99로 두 진영의 격차가 5.27로 크게 벌어졌다. 이로써 국민들 사이에서 이념의 양극화가 어느 정도 현상으로 존재한다는 것을 확인할 수 있다.

한편 〈표 5-1〉과 같이 두 시기를 놓고 세대별 진보층과 보수층의 이념 평균점수 격차를 비교해보았다. IT세대는 2012년에 4.24를 기록했지만 2015년에는 4.68로 늘어났다. 진보정권세대는 2012년에 4.01이었으나 2015년에는 4.93으로 커졌다. 민주화세대 역시 2012년에 이념 차이가 3.90이었으나 2015년에는 5.13으로 늘었다. 개발독재세대도 2012년에 4.22였으나 2015년에는 무려 6.06으로 커졌다.

세대별로 진보층과 보수층의 이념 점수 차이가 2012년보다 2015년에 전반적으로 커진 것은 그만큼 지난 3년간 이념 갈등이 심해졌음을 의미한다. 대통령도 정당도 기회만 있으면 국민통합을 외쳤지만 그것은 립 서비

표 5-1 박근혜 정부 3년간 세대별 이념의 격차

(단위: 점)

세대 구분	2012년			2015년		
	진보	보수	격차	진보	보수	격차
IT세대	2.79	7.03	4.24	2.84	7.52	4.68
진보정권세대	2.92	6.93	4.01	2.78	7.71	4.93
민주화세대	3.13	7.03	3.90	2.67	7.80	5.13
개발독재세대	3.00	7.22	4.22	2.36	8.42	6.06

자료: 서강대 현대정치연구소 사회갈등조사(2012. 2); 유권자 지도—이념 조사(2015. 8)

스였고, 실제로는 국민들을 갈라놓는 갈등 사안을 제기하고 이념 갈등을 조장했다. 최근 박근혜 정부가 추진한 국사 교과서 국정화나 한일 간 위안부 문제 타협 등이 대표적인 예다. 대북 문제나 일본과의 문제 등 민족적이고 외교안보적인 사안이 여야 정당들 사이에 쟁점으로 부각되면 통상 나이 많은 세대와 젊은 세대 사이의 갈등이 격화된다.

〈표 5-2〉는 지난 3년간 각 이념집단이 느낀 상대 집단에 대한 거리감을 비교한 것이다. 진보층의 보수층에 대한 거리감은 2012년 6.61에서 2015년 6.74로 0.13점밖에 증가하지 않은 반면, 보수층의 진보층에 대한 거리감은 2012년 5.93에서 2015년 6.86으로 0.93점 더 멀어졌다. 두 진영 모두 2012년에 비해 상대 이념을 더 멀게 느끼고 있었지만, 보수층이 진보층에 대해 느끼는 거리감이 훨씬 커졌음을 말해준다. 두 보수정권을 거치면서 진보층의 보수층에 대한 거리감이 유지된 한편, 보수층의 진보층에 대한 자기 정체성이 강해졌음을 알 수 있다.

주목해야 할 것은 중도층의 변화다. 이들이 느끼는 진보층에 대한 거리감은 2012년 4.97에서 2015년 5.30으로 0.33점 멀어졌다. 반면 보수층에

표 5-2 **상대 이념집단에 대한 거리감**

(단위: 점)

구분		2012년	2015년	격차
이념집단의 상대 집단에 대한 거리감	진보층의 보수 이념에 대한 거리감	6.61	6.74	0.13
	보수층의 진보 이념에 대한 거리감	5.93	6.86	0.93
중도층의 각 이념집단에 대한 거리감	진보 이념에 대한 거리감	4.97	5.30	0.33
	보수 이념에 대한 거리감	5.37	5.25	-0.12

자료: 유권자 지도—이념 조사(2015. 8)
*0은 '매우 가깝다', 5는 '보통이다', 10은 '매우 멀다'고 측정. 5 이상이면 멀게 느끼는 것임.

대한 거리감은 2012년 5.37에서 2015년 5.25로 오히려 0.12점 가까워졌다. 2012년 조사 당시 중도층은 진보층에 어느 정도 친밀감을 느끼고 있었으나(5 이하는 친밀함), 지금은 오히려 보수층보다 더 멀게 느끼고 있는 것이다.

중도층의 진보층에 대한 거리감이 커지고 있다는 사실은 민주당 계열 야당에게 많은 것을 시사한다. 김형식 전 서울시의원 살인교사 사건, 한명숙 전 국무총리 재판, 운동권 출신 의원들의 추태, 끊이지 않는 야당 내부의 계파 싸움이 진보에 대한 거리감을 증가시키고 있다.

박근혜 정부 3년 사이에 나타난 이러한 이념의 양극화 현상을 어떻게 설명할 수 있을까? 앞에서 언급했듯이, 이념의 양극화는 사회경제적인 조건 탓일 수 있다. 지속적인 저성장과 구조화된 경제 양극화가 국민들의 이념 분포를 양쪽으로 끌어당겼을 수 있다. 경기침체 상황에서 복지 확대를 요구하는 사람과 경제성장을 요구하는 사람들이 확연히 나눠질 것이기 때문이다. 그러나 저성장과 경제 양극화는 노무현 정부 때부터 시작되었다. 사회경제적 접근은 이명박 정부 후반에 두드러지지 않았던 이념의 양극화가 왜 박근혜 정부 3년 동안에 유독 나타나고 있는지를 설명하지 못한다.

최근 이념의 양극화가 두드러지는 이유는 정권 차원의 이념 동원이 심각했기 때문이다. 국가정보원의 대선 개입 및 민간인 사찰 의혹, 통합진보당 해산, 대북 전단지 살포, 노동개혁 논쟁부터 국사 교과서 국정화에 이르기까지 이념적으로 찬반을 극명하게 가르는 사건들이 이념 쏠림 현상을 더 부추겼다. 정부여당은 국정운영의 동력을 확보하기 위해 일관되게 진보를 공격하면서 보수진영을 동원하는 전략을 폈고, 그 반작용으로 진보진영도 더욱 극단적인 방향으로 응집해왔다.

하지만 심화되는 이념의 양극화로 사회통합은 더욱 어려워졌다. 진보와 보수의 두 진영이 극단화되면서 사회적 합의를 이끌어내야 할 사안조차 비타협적 충돌로 진행되는 경우가 허다했다. 세월호 참사나 메르스 사태 당시에도 재난 대응 시 보여야 할 실용적 접근보다는 진보와 보수의 진영 논리로 사태를 해석하고 갈등을 조장했던 것이 대표적인 사례다. 재난과 같은 국민의 안전 문제도 이러할진대 이념적 대립이 불가피한 재벌개혁과 노동개혁의 앞날은 더욱 불투명하다.

06

진보와 보수, 좌우의 개념은 다르다

진보와 보수라는 이념 측정, 타당한가

우리나라에서는 국민이나 사회집단 혹은 정당의 이념 성향을 구분할 때 '진보'와 '보수'라는 용어를 사용한다. 1997년경부터 정치의식조사에서 이념 성향을 조사하기 시작했고, 이때 진보와 보수라는 개념을 적용했다. 그러나 서구 사회에서는 개인과 집단의 이념을 나타낼 때 '좌', '우'라는 용어를 사용한다.

프랑스 혁명 직후 제헌의회에서 연유한 좌우 개념은 근대 정치를 통해 서구 사회에 일반화되었다. 대체로 좌는 공산주의, 사회주의, 사회민주주의, 좌파 자유주의 등을 포함하고, 우는 자본주의, 보수주의, 신자유주의, 사회적 권위주의, 종교적 근본주의 등을 포함한다. 루즈벨트 대통령이 1930년대 미국의 대공황을 극복하고자 실행한 뉴딜 정책 이후 좌는 시장에 대한 정부 개입이고, 우는 자유시장이라는 정책적 내용을 갖는 것으로 서구 사회에서 통용되었다.

그렇다면 우리나라에서는 왜 국민의 이념 성향을 분별할 때 좌우가 아닌 진보와 보수라는 개념을 사용할까? 그 배경에는 오랫동안 지속되어 온 분단체제와 국민의 반공의식이 깔려 있다. 공산주의 국가인 북한과 군사적으로 대치하고 있는 상황에서 좌는 곧 북한을 이롭게 하는 사상이며 그러한 집단이었다. 그리고 좌파 이념을 선동하고 실천하는 행위는 국가보안법의 처벌 대상이 되었다. 이러한 상황에서 국민, 정당, 그리고 정치인의 이념 성향을 조사할 때 좌우라는 용어를 사용하면 측정이 왜곡될 수 있다는 것이다. 좌라는 용어를 쓰면 실제로 우리 사회에서 좌에 속하는 성향의 응답자가 자신을 좌로 설정하기를 꺼렸기 때문에 진보, 보수라는 용어가 좌우의 대체물로 사용되었다.

그러나 진보, 보수라는 용어를 사용하는 것이 국민의 이념 성향을 정확히 측정하는 데 타당한 것인지도 의문이다. 그 이유 중의 하나는 진보와 보수라는 개념이 지니는 포괄성에 있고 다른 하나는 편향성이다. 진보와 보수는 개념이 포괄적이어서 사람마다 다른 차원으로 판단할 수 있다. 실제로 보수와 진보의 개념이나 떠오르는 이미지가 무엇인지를 직접 쓰게 하는 개방형 질문에서 답은 사람마다 다양했다. 한편 진보와 보수라는 용어의 사용에는 편향성이 있다. 개방형 설문에 따르면, 진보는 진취적이고 긍정적인 것으로, 보수는 구태의연하고 부정적인 것으로 받아들이는 경향이 강했다. 그만큼 실제와 다르게 진보가 많아지고 보수가 적어질 수 있다는 것이다.

이념 성향의 용어를 사용하는 문제가 중요한 이유는 어떤 것을 쓰느냐에 따라 국민의 이념 분포, 정당이나 정치인의 이념 위치가 실제와 가까울 수도 있고 멀 수도 있기 때문이다. '기울어진 운동장'이라는 비유처럼 우리 사회를 보수 우위의 사회라고 한다. 그러나 여론조사 결과를 보면 우리나라 국민들 사이에서는 중도가 가장 많고, 보수와 진보는 일정한 범주 안에서 약간 왼쪽으로 기울거나 오른쪽으로 기울거나 한다. 확 쏠려 있지 않다는 말이다. 그간의 경험에 의하면, 보수적인 정당이 집권하면 보수가 진보보다 좀 더 많아지고, 진보적인 정당이 집권하면 그 반대가 되었다. 진보와 보수라는 용어를 사용하는 것이 국민의 이념 분포의 실제를 보여주는지 의문스러운 대목이다.

오른쪽으로 더 기우는 '좌우' 곡선

이러한 문제의식으로부터 '유권자 지도—이념 조사'에서는 이념 성향을 진보와 보수뿐만 아니라 좌, 우의 용어로도 물어보았다. '정치 성향을 진보와 보수로 표현할 때, 자신은 어디에 가깝다고 생각하는가'라는 질문과 함께 '정치 성향을 좌, 우로 표현할 때, 자신은 어디에 가깝다고 생각하는가'라는 질문을 11점 척도로 만들었다. 사람들이 이 두 차원에서 어떻게 스스로를 설정하는지 비교하기 위해서다.

〈그림 6-1〉은 진보와 보수, 좌와 우 차원에서 나타난 유권자 이념 분포를 보여준다. 두 곡선을 비교해보면, 중도 이하 왼쪽 영역에서 진보와 보수의 곡선이 좌우의 곡선보다 높았고, 중도에서는 좌우 그래프의 꼭짓점이 진보와 보수의 그래프보다 높았다. 중도에서 오른쪽 영역은 두 차원에

그림 6-1 **진보와 보수, 좌우의 이념 분포**

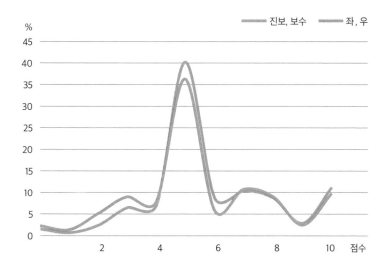

자료: 유권자 지도—이념 조사(2015. 8)
*수치는 무응답을 제외하고 계산한 값임.

서 비슷했으나 7점에서 진보와 보수 그래프가 좀 더 높았다. 다른 말로 하면, 진보와 보수를 묻는 질문에서 스스로를 진보라고 생각하던 사람들이 좌우 질문에서는 스스로를 좌로 설정하지 않는 경우가 많았다는 얘기다. 진보와 보수로 구분할 때, 진보는 좌우 차원의 중도로 옮아가고 중도는 좌우 차원의 우로 이동하는 경향이 나타난다. 전체적으로 그림은 좌우의 곡선이 진보와 보수의 곡선보다 더 오른쪽으로 기울어져 있음을 보여주고 있다.

'좌'로 호명되기를 꺼리는 진보

이 조사에서 자신을 진보라고 답한 사람은 전체 응답자 중 23.7%였고, 중도라고 답한 사람은 33.6%, 보수라고 답한 사람은 35.2%였다. 그러나 자신을 '좌' 성향이라고 답한 사람은 전체 응답자의 15.9%밖에 되지 않아 진보라고 답한 사람보다 7.8%p나 줄어들었다. 그러나 자신을 '우'라고 생각하는 사람들은 37.1%로 보수라고 생각하는 사람과 비슷했다.

그러나 〈표 6-1〉에서처럼 자신의 이념 성향을 진보라고 답한 응답자 가운데 자신을 좌 성향이라고 답한 국민은 47.2%에 불과했다. 52.8%는 진보이긴 하지만 좌는 아니라고 답했다. 진보층 가운데 32.4%는 좌우 분류상 중도 성향이라고 응답했고, 12.7%는 오히려 우라고 답했다. 반면 보수층의 74.2%는 자신의 이념 성향을 우라고 규정했다. 보수층 중 중도라는 응답은 15.9%에 불과했다.

이 결과가 시사하는 바는 한국 국민 중 진보층은 자신들이 좌라고 불리는 것을 꺼린다는 것이다. 반면 보수층은 우라고 불리는 데 거리낌이 없

표 6-1 **진보와 보수, 좌우에 대한 의식**

(단위: %)

구분	좌	중도	우	무응답
진보	47.2	32.4	12.7	7.7
중도	7.4	62.3	20.6	9.7
보수	5.2	15.9	74.2	4.7
무응답	5.5	18.7	14.3	61.5
전체	15.9	35.6	37.1	11.4

자료: 유권자 지도—이념 조사(2015. 8)

그림 6-2 **진보와 보수, 좌우의 이념 점수 비교**

진보
(2.72)

중도
(5.0)

보수
(7.99)

진보·보수

진보
(4.27)

중도
(5.41)

보수
(7.30)

좌·우

자료: 유권자 지도―이념 조사(2015. 8)
*5를 기준으로, 0에 가까울수록 '진보·좌', 10에 가까울수록 '보수·우'임.

다는 얘기가 된다. 진보와 보수 분류 상의 중도층도 좌우 분류에서는 우쪽으로 기울었다. 이 중도층의 62.3%가 좌우 분류에서 중도라고 답했고, 좌라는 응답은 7.4%인 데 반해 우라는 응답은 20.6%였다.

물론 보수층도 우라고 분류되는 것에 흔쾌하지는 않았다. 〈그림 6-2〉가 알려주는 것처럼 '정치 성향을 좌, 우로 표현할 때, 자신은 어디에 가깝다고 생각하는가'라는 질문에 대해 진보층도 보수층도 모두 진보와 보수의 분류에서 이념 평균보다 중도 쪽으로 이동했다. 진보와 보수의 분류에서 보수층의 이념 평균값은 7.99였지만, 좌우 분류에서는 7.30으로 0.69점 중도 쪽으로 움직였다.

하지만 진보층의 이동 폭이 훨씬 컸다. 진보와 보수의 분류에서 진보층의 이념 평균값은 2.72였지만, 좌우 분류에서는 4.27로 1.55점 중도 쪽으로 움직였다. 진보와 보수 모두 좌우 분류에서는 중도로 옮겨가는 경향이 있지만 그 정도는 진보층이 훨씬 강했다. 그만큼 진보층이 자신을 좌로 규정하는 것을 꺼린다는 의미다.

분단과 전쟁, 반공 이념에 기초한 권위주의 통치를 통해 우리나라 국민들 사이에서는 좌익 콤플렉스가 내면화되어 있다. 공산주의 하면 북한과 그들이 일으킨 전쟁과 테러가 떠오른다. 권위주의 정권들은 반공을 국시로 삼았으며 사회주의 이념을 내세우는 단체나 정당, 노동운동을 반공법 혹은 국가보안법으로 혹독하게 처벌했다. 민주화 이후 세대에서도 이러한 성향이 나타나는 것은 지금까지도 보수 정치권이 국민의 반공 의식에 기대어 진보를 '좌익'이라는 용어로 공격해왔기 때문이다. 김대중·노무현 정부 시기에도 보수층은 진보진영을 향해 '급진·용공좌파'라고 공격했고, 이명박·박근혜 정부에서는 사실상 '좌=종북=반체제'라는 담론이 공식화되었다. 특히 박근혜 정부에서 일어난 전교조 불법화, 통합진보당 해산 등의 사건은 IT세대에게도 '좌는 공존 불가능한 이념'이라는 메시지로 전달되었다.

정책 태도는 비슷하다

그렇다면 진보와 보수의 이념집단과 좌우의 이념집단이 갖는 정책 태도는 다를까? 〈표 6-2〉는 두 차원의 이념집단이 보이는 정책 태도가 다르지 않다는 것을 보여주고 있다.

여섯 개의 정책 이슈에 대해 자신을 진보라고 생각하는 사람이나 자신이 좌에 속한다고 생각하는 사람의 찬성 비율 차이는 2%p 정도에 불과했다. 예컨대, '핵과 관계없이 북한을 경제적으로 지원해야 한다'는 의견에

표 6-2 진보와 보수, 좌우의 정책 태도(찬성)

구분	진보와 보수		좌우	
	진보	보수	좌	우
핵과 관계없이 북한 지원	61.0	34.0	57.0	37.3
한반도 문제에 대한 미국 의사 존중	55.6	80.8	56.4	80.0
복지보다 성장 우선	39.5	80.8	38.0	78.8
증세해서라도 복지 확대	51.8	36.9	49.2	36.6
재벌에 대한 부정적 인식	82.5	63.7	80.2	65.8
대중교통 파업 엄단	41.3	74.9	40.9	73.3

자료: 유권자 지도—이념 조사(2015. 8)
*모름/무응답을 제외임.

대해 진보층의 61.0%가 찬성했고, 자신이 좌에 속한다고 생각하는 사람들도 찬성이 57.0%였다. '복지보다 성장이 우선'이라는 의견에 대해서도 보수층은 80.8% 찬성했고, 자신을 우라고 규정하는 사람들도 비슷하게 78.8% 찬성했다. 이로써 정책적 차원에서 우리나라 국민들의 인식에 자리 잡고 있는 진보와 보수, 좌우의 개념은 유사하다고 볼 수 있다.

이념 성향과 정당 지지

진보와 보수, 좌우의 이념집단은 비슷한 정책 태도를 보이지만 두 차원에서의 이념 분포는 다르다. 특히 진보층이 자신들을 좌로 설정하는 것을 꺼리기 때문이다. 진보와 보수, 좌우의 이념적 내용은 정책 외에도 다른 요소들로 구성되어 있고, 그 요소들이 두 차원에서 다르게 받아들여진다.

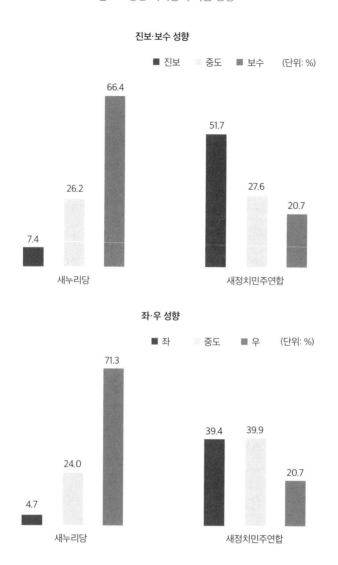

그림 6-3 정당 지지층의 이념 성향

진보·보수 성향

■ 진보　　중도　■ 보수　　(단위: %)

새누리당: 7.4 / 26.2 / 66.4

새정치민주연합: 51.7 / 27.6 / 20.7

좌·우 성향

■ 좌　　중도　■ 우　　(단위: %)

새누리당: 4.7 / 24.0 / 71.3

새정치민주연합: 39.4 / 39.9 / 20.7

자료: 유권자 지도―이념 조사(2015. 8)

앞서 언급했지만, 우리나라의 진보와 보수의 이념 성향은 사회경제적 처지로부터 형성되기보다는 정치적 요인, 즉 정당이나 정치인에 대한 선호와 선택에 영향을 받는다. 〈그림 6-3〉은 주요 정당 지지층의 진보와 보수, 좌우 구분에서의 이념 성향을 보여준다. 진보와 보수 차원에서 새누리당과 새정치민주연합의 지지층은 이념적으로 대립하는 모습이 뚜렷하다. 새누리당 지지층은 보수, 중도, 진보 순으로 그 비율이 현격하게 줄어들었고, 반대로 새정치민주연합 지지층은 진보, 중도, 보수 순으로 줄어들었다. 그러나 좌우 차원에서 그림은 달라졌다.

좌우 차원에서 새누리당 지지층은 진보와 보수의 구분과 비슷한 분포를 보였지만, 좌와 중도는 조금 줄었고 우가 조금 늘었다. 그러나 새정치민주연합 지지층 중에서 좌는 39.4%로 진보 51.7%보다 현저하게 줄어들었고, 대신에 좌우 분류에서 중도가 39.9%로 늘어났다. 그만큼 새정치민주연합 지지층은 자신들이 좌로 호명되는 것을 싫어한다는 것을 알 수 있다. 뿐만 아니라 이 자료는 지지정당이 좌우 성향보다 진보와 보수 성향에 더 큰 영향을 미친다는 것을 알려준다.

이 자료로는 어떤 차원의 분류가 국민의 이념 성향을 잘 드러낸다고 단언할 수 없다. 그러나 그동안 우리나라 국민들의 이념 성향을 표시했던 진보와 보수라는 용어 사용을 의심해볼 필요는 있다. 이 문제가 단순히 기술적技術的인 문제로 치부될 수 없는 이유는 연구자든 정당의 전략가든 우리나라 국민들의 이념 분포에 대해 잘못된 지도를 그리고 있을 수 있기 때문이다.

우리 사회는 현대 정치사가 말해주는 것처럼 대단히 보수화된 것으로 알려져왔다. 진보는 수적으로 열세이기 때문에 호남이라는 지역적 요소와 결합하지 않으면 권력을 잡기 힘들었으며 국정운영도 힘들었다. DJP 연합에 의한 김대중의 집권과 노무현으로 대표되는 진보 정부의 국정 실패가 이를 증명한다. 그러나 대부분의 여론조사에 따르면, 국민의 이념 분포는 중도를 중심으로 정치 상황에 따라 어느 한쪽으로 약간 기울기는 했지만 그 정도는 매우 작았다. 국민의 이념 분포에 '중도적'이라는 이러한 인식이 그동안 정당의 선거 전략과 정책 방향에 오류를 가져온 것은 아닌지 면밀한 재검토가 필요하다.

이념의 다변화,
규격형에서 맞춤형 정치로

국민의식조사 결과를 통해 고전적 사고로 이념을 재단하거나 단일한 갈등 축을 상정하는 것은 시대착오적이라는 사실이 확인되었다. 중시하는 가치가 세대별로 다를 뿐만 아니라 같은 세대 내에서도 이질적이라는 발견은 매우 중요한 메시지를 전한다. 각 세대를 모든 면에서 동질적인 집단으로 보아서는 안 된다는 것이다. 이처럼 까다롭고 다층화된 국민들의 입맛을 제대로 파악하고 반응하는 것이 어려워지고 있는데도 정치인들의 행태는 수십 년 전이나 달라진 것이 없다. 정치에 관심이 없고 냉소적인 국민들을 탓하기 전에 정치인들의 구시대적 사고와 행태에 혀를 차게 된다.

이념이란 쉽게 말해서 세상을 보는 시각이며 어떠한 사회가 좋은 사회인지 방향을 제시하는 가치관의 집합이다. 어떤 색 선글라스를 쓰느냐에 따라 세상이 다르게 보이는 것처럼 이념이라는 필터를 통해 현실을 바라보고 판단하게 된다. 같은 사회에 살면서도 사람마다 중요하게 생각하는 사안이 다르고 국가가 어떻게 반응해야 하는지에 대한 판단이 다른 이유도 이념의 차이에 따른 것이다.

이념은 어떻게 형성되고 어떠한 집단화가 이루어지며 투표 등 정치적 태도를 결정하는 데 얼마나 중요한가 하는 질문은 지금까지도 학문적으로 매우 중요한 연구 주제다. 초기에 학계에서는 이념이란 단일 차원이기 때문에 모든 이슈에 일관된 태도를 보일 것으로 기대했다. 보수는 성장과 작은 정부를 지향하고 안보를 우선하는 외교 태도를 보일 거라고 기대했으며, 진보는 분배와 평등을 중시하기 때문에 정부가 불평등 문제를 해결하기 위해 적극적으로 관여해야 한다는 태도를 취할 것으로 예상했다.

이론적으로 기대하는 것처럼 사람들이 이념에 따라 일관된 태도를 취하게 되면 같은 이념을 공유하는 집단이 명백하게 드러나고 정치 지지도 안정적으로 나타나게 된다. 정치인들이 정치 동원을 위해 어떻게 해야 할지도 쉽게 판단할 수 있을 것이다. 탈냉전 이전까지는 단일 차원의 이념 지형을 이용한 정치집단의 구분이 설득력 있고 유용했다. 그러나 탈물질주의로 대표되는 이념의 다층화가 새로운 시대적 조류로 등장하면서 그동안 보여준 이념의 일관성이라는 특성은 의미가 퇴색되었다.

사회적 이슈에 진보적이면서 경제적 이슈에는 보수적인 시민, 개인적 이해관계에 얽매이지 않고 사회정의의 가치를 중시하는 시민, 여전히 경제 균열 축에 함몰되어 있는 시민, 정부 자체를 불신하는 몰정치적 시민 등 이루 헤아릴 수 없는 많은 개별적 특성을 가진 집단의 균열화가 나타나고 있다. 비유하자면 규격형 정치에서 이제는 맞춤형 정치를 요구하는 시대가 되었다. 예전에는 정당이 깃발을 들고 앞서가면 수동적인 유권자들이 그 뒤를 따르면서 배웠지만, 이제는 유권자들이 자신들이 원하는 곳곳에 위치하고 정당과 정치인들이 이들을 찾아내 깃발 아래로 모이게 하는 세상이 된 것이다.

소득이 아닌 자산 규모에 따른 새로운 경제 균열 축의 등장, 세대별로 들쑥날쑥한 대북 지원에 대한 태도 등 이번 조사에서 확인된 내용은 이제 사회변화에 대한 심도 있는 연구가 필요한 시점이라는 것을 알려준다. 사회변화의 추세와 특성을 올바르게 파악하지 못한다면 정치가 제대로 대응하지 못할 것이고, 또다시 국민이 정치를 외면하는 악순환이 계속될 수밖에 없다.

조사를 통해 이념의 양극화가 3년 전보다 더 심해졌다는 것이 여러모로 확인되었다. 그리고 당연히 보수와 진보라는 이념집단 사이의 거리감은 더 멀어졌다. 이념 내부의 다층적 성격과 이념 간 거리감의 확산이라는 복합적인 변화는 더 이상 일차방정식으로는 문제를 풀 수 없고 고차방정식이 필요하다는 사실을 보여준다. 과연 우리 정치인들이 고차방정식의 해법을 찾을 수 있는 능력이 있는지, 아니면 새로 공부할 의지는 있는지 궁금하다. 이제 세상이 변해서 규격화된 정치의 시대는 과거 이야기가 되었다. 정치에도 포스트모더니즘이 적용된다는 사실을 깨달아야 한다.

표심은 정치를 어떻게 보고 있는가

TICS

01

이 시대가
바라는 정치

뿌리 깊은 정치 불신

"국회가 이념과 명분의 프레임에 갇힌 채 기득권 집단의 대리인이 되어……."

2015년 12월 8일 국무회의 석상에서 박근혜 대통령이 한 발언이다. 이즈음 박 대통령은 연일 국회심판론을 제기했다. 극단적인 표현도 마다하지 않았다. 자신의 잘못은 외면하고 국회에 책임만 떠넘긴다는 비판에도 아랑곳하지 않았다. 박 대통령이 이처럼 국회심판론을 들고 나온 데 대해 정치권에서는 '총선 판짜기'라는 해석이 나왔다. 임기 4년차 총선에서 정부여당이 감당해야 할 정권심판 구도를 국회심판 구도로 대체하려고 한다는 것이다.

이유가 어쨌건 박 대통령이 이렇게까지 국회를 밀어붙일 수 있었던 배경에는 국민의 뿌리 깊은 정치 불신이 깔려 있었다. 대구·경북과 60대 이상 연령층의 확고한 지지를 받고 있는 박 대통령으로서는 밑질 게 없는 전략이다. 실제로 '대통령의 발언에 일리가 있다'는 공감도 적지 않았다.

사실 한국 정치가 유권자들로부터 신뢰를 잃은 것은 오래된 일이다. 군사정권 때 여당은 쿠데타 세력의 한 축 또는 정권의 거수기로 정통성을 인정받지 못했다. 독재에 협력한 야당 역시 마찬가지다. 전두환 정권 당시 민한당은 '2중대'라는 비난을 받았다.

물론 DJ와 YS를 중심으로 한 야권은 권위주의 정권에 대항하는 민주화 세력의 중요한 축을 형성했다. 당시 그들은 군사정부에 맞선 저항만으로도 존재 가치가 있었다. 금권정치, 제왕적 총재, 지역주의 등의 구태도 민주화라는 절대적 목표 아래 어느 정도 용인되었다. 그러다 1987년 민주화 운동과 1992년 문민정부 출범으로 한국 정치는 새로운 전기를 마련했다. 이제 유권자들은 한국 정치에 저항과 비판을 넘어서 대안과 모범의 정치를 요구한다.

하지만 정치권은 여전히 구태를 벗어나지 못하고 있다. '차떼기'로 대표되는 돈 정치와 '날치기'의 일방통행, '명박산성'으로 상징되는 불통, '거수기' 여당과 '반대만 하는' 야당이 민주화 이후 정치권이 보여준 모습이다. 개별 정치인도 각종 청문회를 통해 드러난 것처럼 위장 취업, 불법 청탁을 밥 먹듯 해온 사람들이었다. 대통령들도 비리에서 자유롭지 못했다. 정부 출범 초반에 금융실명제와 하나회 척결로 민주화의 제도적 기반을 마련했던 YS도 정권 후반기에 터진 차남 김현철의 권력 남용 논란으로 식물 대통령으로 퇴임해야 했다. 사상 첫 남북정상회담과 생산적 복지의 터전을 마련했던 DJ 역시 두 아들이 구속되는 불명예 속에 임기를 끝냈다. 노무현, 이명박 전 대통령 역시 임기 중 불거진 측근 비리에 머리를 숙였다. 노전 대통령은 자살이라는 비극적 종말을 맞았고, 이 전 대통령은 친형 이상 득 전 국회부의장의 구속을 직접 지켜봐야 했다.

3김정치보다 나빠졌다

그렇다면 유권자들은 한국 정치의 현주소를 어느 정도로 보고 있을까? 놀랍게도 대다수 국민들은 1980~1990년대의 3김정치보다 못하다고 판단했다. 유권자 입장에서는 20여 년 동안 한국의 정치가 역주행했다는 뜻이다.

2015년 10월 '유권자 지도─세대 2차 조사' 결과 '3김시대 정치보다 나아졌다'는 응답은 24.0%에 불과했다. '나빠졌다'는 응답은 32.0%나 되었다. '비슷하다'는 응답은 35.7%였다. 유권자 3명 가운데 2명이 3김시대보다 정치가 나빠졌거나 비슷하다(67.7%)고 본 셈이다. 특히 2030세대에서는 '나빠졌다'는 응답이 '나아졌다'는 응답의 2배를 넘었다. 60세 이상을 제외한 모든 세대의 다수가 3김 때보다 나빠졌다고 보고 있었다.

문제는 정치에 대한 비판적 평가가 시간이 갈수록 커지고 있다는 점이다. 4년 전(2011년) 내일신문 창간기획조사와의 비교에서도 여실히 드러난다. 그때도 총선을 6개월 앞둔 시점으로 정치에 대한 관심이 비교적 높은 시기였다. 당시 '3김정치보다 나아졌다'는 응답은 30.8%였다. 그러나 2015년에는 오히려 약 6%p가 줄었다. 국회의원도 바뀌고 대통령도 바뀌었지만, 국민은 정치가 나아지지 않았다고 보고 있는 것이다.

국민의 이런 인식은 YS 서거 직후 실시한 내일신문 2015년 12월 정례

그림 1-1 유권자의 정치적 평가와 기대

3김정치와 비교한 현재 정치

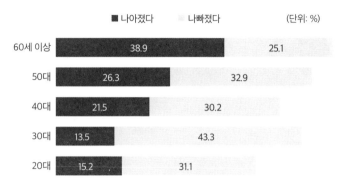

■ 나아졌다　　　 나빠졌다　　　　　　(단위: %)

	나아졌다	나빠졌다
60세 이상	38.9	25.1
50대	26.3	32.9
40대	21.5	30.2
30대	13.5	43.3
20대	15.2	31.1

새 인물, 새 정치의 필요성

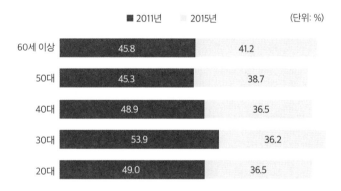

■ 2011년　　　 2015년　　　　　　(단위: %)

	2011년	2015년
60세 이상	45.8	41.2
50대	45.3	38.7
40대	48.9	36.5
30대	53.9	36.2
20대	49.0	36.5

자료: 내일신문—서강대 현대정치연구소 2011년 창간기획조사(2011. 9);
유권자 지도—세대 2차 조사(2015. 10)

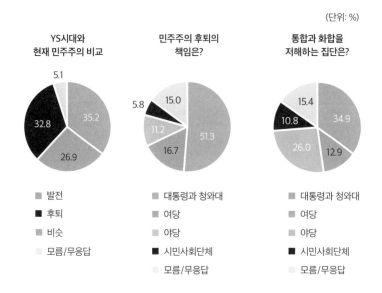

그림 1-2 2015년 민주주의에 대한 인식

(단위: %)

YS시대와 현재 민주주의 비교
- 5.1
- 35.2
- 26.9
- 32.8

■ 발전
■ 후퇴
■ 비슷
■ 모름/무응답

민주주의 후퇴의 책임은?
- 15.0
- 51.3
- 16.7
- 11.2
- 5.8

■ 대통령과 청와대
■ 여당
■ 야당
■ 시민사회단체
■ 모름/무응답

통합과 화합을 저해하는 집단은?
- 15.4
- 34.9
- 12.9
- 26.0
- 10.8

■ 대통령과 청와대
■ 여당
■ 야당
■ 시민사회단체
■ 모름/무응답

자료: 내일신문 정례조사(2015. 12)
*'민주주의 후퇴 책임'은 YS시대와 비교해 민주주의가 후퇴했거나 비슷하다고 한 응답자를 대상으로 한 것임.

조사 결과에서도 거듭 확인된다. 국민 3명 가운데 1명은 YS시대보다 민주주의가 후퇴했다고 평가한 것이다. 조사를 보면 응답자의 32.8%가 '그때보다 민주주의가 후퇴했다'고 보고 있었다. '그때보다 발전했다'(35.2%)는 응답률이 약간 높았지만, '그때와 비슷하다'는 응답률도 26.9%나 되었다. YS가 1992년 대통령에 취임했으니 한국의 민주주의가 23년 전으로 퇴보했다는 해석이 가능하다. 더구나 '그때보다 발전했다'는 응답층은 60세 이상(56.6%)에 집중돼 있다.

60대 이상 연령층의 절대긍정이 박근혜 대통령에 대한 '묻지 마 지지'

에 기인한다는 점을 고려하면, 박 대통령에 대한 맹목적 지지층을 제외한 다수 국민은 지금 정치가 3김시대보다 나빠졌고 민주주의도 후퇴했다고 생각하는 것이다.

새 정당도, 새 인물도 이젠 안 믿는다

일반적으로 정치 불신이 커지면 새로운 정당이나 인물에 대한 기대감이 높아진다. 그러나 지난 대선 당시와 비교하면 이런 기대감도 낮아졌다. 지난 대통령 선거에서 '안철수 바람'이 불었던 것과는 확연히 다르다. 이른바 '안철수 신당'의 학습효과로 풀이된다.

조사에서 2015년 10월 '지지정당이 있다'는 응답은 28.3%에 머물렀다. 무당층은 70%가 넘었다. 60~70%대의 무당층 추세는 큰 선거를 목전에 둔 특정 시기를 제외하면 이미 대세로 굳었다. 2014년 2월부터 2015년 10월까지 시행한 내일신문과 서강대 현대정치연구소의 여론조사 결과를 보면, 2014년 6월을 제외하고는 무당층이 60% 후반대를 웃돌았다.

결국 최근 2년의 여론조사 지표를 종합하면 무당층이 특정 정당을 지지하는 유권자의 평균 2배 이상에 이르렀다. 이 같은 현상은 앞으로 있을 선거에서도 무당층의 표심이 선거 결과를 좌우할 것이라는 추론을 낳는다 (내일신문과 서강대 현대정치연구소는 유권자들의 정확한 정당 지지도를 확인하기 위해 '좋아하는 정당이 있는가'를 먼저 물은 후, '있다'는 응답자를 대상으로 다시 지지정당을 묻는 방식을 택해왔다. 그래서 일반적으로 지지정당을 묻고, '없다'고 대답한 사람만을 무당층으로 분류하는 일반 여론조사와 지표의 차이가 생길 수 있다).

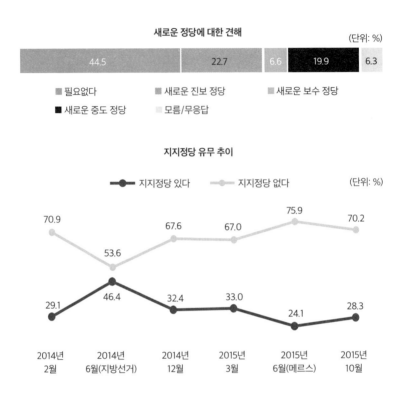

그림 1-3 **정당에 대한 인식**

새로운 정당에 대한 견해

(단위: %)

| 44.5 | 22.7 | 6.6 | 19.9 | 6.3 |

■ 필요없다 ■ 새로운 진보 정당 ■ 새로운 보수 정당
■ 새로운 중도 정당 ■ 모름/무응답

지지정당 유무 추이

━●━ 지지정당 있다 ━●━ 지지정당 없다 (단위: %)

| | 70.9 | 53.6 | 67.6 | 67.0 | 75.9 | 70.2 |
| | 29.1 | 46.4 | 32.4 | 33.0 | 24.1 | 28.3 |

| 2014년 2월 | 2014년 6월(지방선거) | 2014년 12월 | 2015년 3월 | 2015년 6월(메르스) | 2015년 10월 |

자료: 내일신문―서강대 현대정치연구소 박근혜 정부 1년 기획조사(2014. 2);
지방선거 패널조사(2014. 6); 2015 신년조사(2014. 12); 유권자 지도―지역 조사(2015. 3);
메르스 기획조사(2015. 6); 유권자 지도―세대 2차 조사(2015. 10)

정치에 대한 불만족은 새 인물에 대한 기대감도 떨어뜨렸다. 2011년 새 인물에 대한 기대감은 전 세대에서 50%에 육박했다(내일신문 창간 여론조사). 그러나 2015년 조사에서는 60세 이상 세대만 41.2%를 기록했을 뿐 나머지 세대에서는 30%대에 머물렀다.

새 인물에 대한 기대를 떨어뜨리는 데 가장 영향을 미친 것은 안철수 바람인 것으로 분석된다. 2011년 안철수 바람은 정치 변화에 대한 요구의 또 다른 표현이었다. 하지만 '후보 안철수'는 실패했고 안철수 바람은 사그라졌다. 검증되지 않은 정치인에 대한 기대는 결국 다시 실망할 가능성이 높다는 점을 한국 유권자들이 경험으로 인식하게 된 계기였다는 얘기다. 이후 새정치민주연합에 들어간 안 의원은 기존 정치의 틈새에서 자기 색깔을 드러내지 못하다가 결국 당을 뛰쳐나왔다.

새로운 정당 출현에 대해서도 국민은 심드렁했다. 신당이 생겨도 별로 기대할 게 없다고 예단하고 있다. '유권자 지도—세대 2차 조사'에 따르면, '새로운 정당이 필요 없다'는 응답이 44.5%였다. 과반에 가까운 국민들이 새 정당에 대한 기대를 아예 접고 있는 셈이다. '새로운 정당이 필요하다'는 응답자들은 주로 진보 정당(22.7%)과 중도 정당(19.9%)을 요구했다. 보수 정당을 요구하는 목소리는 6.6%에 그쳤다. 새로운 정당이 생기더라도 정치권을 판 갈이 하는 정도가 아니라 분열을 거듭하고 있는 야당의 대체재 정도로 받아들이고 있는 것이다.

새 정당이 필요 없다고 응답한 이유를 분석해보니 현재 정당에 만족하기 때문이라는 응답자는 14.9%에 그쳤다. 반면 지지정당이 없음에도 불구하고 새 정당을 원하지 않는다는 응답은 그 2배에 가까운 28.7%나 되었다. 새 정당 출현에 기대를 갖는 49.2%와 정당을 불신하는 28.7%의 공통점은 현 정당체제에 비판적인 집단이라는 점이다. 무려 전체 응답자의 77.9%에 달한다. 우리 국민 10명 중 8명꼴로 현 정당체제 자체에 비판적이란 얘기다.

대통령은 소통하기, 정당은 제 할 일 하기

그렇다면 2015년 조사를 기준으로 한국의 유권자들은 어떤 정치를 요구하고 있을까? 2016년 총선과 2017년 대선을 관통하는 시대정신과도 일맥상통하는 정치적 숙제는 무엇일까? 유권자들의 요구는 복합적이다. 정치인 개인과 정당, 대통령에 대한 요구가 조금씩 엇갈린다. 요구되는 대통령의 상은 사실 명확한 편이다.

2015년 7월 23일 내일신문이 실시한 대선 인물에 대한 여론조사 결과는 상당한 시사점을 준다. 이 조사에서 '차기 대통령이 가장 먼저 해결해야 할 과제'를 물어보았다. 조사 결과 〈그림 1-4〉처럼 응답자의 34.0%가 소통과 국민통합을 제1의 해결과제로 꼽았다. 경제성장(31.1%), 일자리 창출(19.8%) 등이 뒤를 이었다. 경제위기가 계속 진행 중인 상황에서도 '소통'이 우선과제로 꼽혔다는 점은 그만큼 우리 국민이 불통의 리더십 때문에 고통을 받았다는 것을 의미한다.

물론 경제에 대한 요구도 적지 않았다. '가장 먼저 해결해야 할 과제' 1, 2위를 합산했을 때에는 경제성장이 60.9%나 되었다. 일자리 창출도 49.8%나 되었다. 이 조사 결과를 종합해보면 국민은 경제 문제를 핵심으로 한 국가의 주요 정책을 잘 소통하며 해결해나갈 것을 기대하고 있는 셈이다.

또 다른 조사를 보자. 한국 갤럽의 2015년 12월 1주차 정례조사를 보면 박 대통령의 국정운영에 44%는 긍정적으로 평가했고, 45%는 부정적으로 평가했다. 부정적으로 평가한 응답자를 대상으로 그 이유를 물었더니 1위가 소통 미흡(18%)이었다. 일방통행적인 역사교과서 국정화 추진(9%)

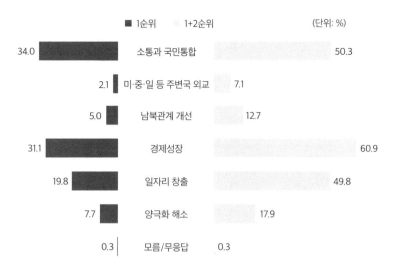

그림 1-4 차기 대통령이 가장 먼저 해결해야 할 과제는?

■ 1순위   1+2순위   (단위: %)

34.0	소통과 국민통합	50.3
2.1	미·중·일 등 주변국 외교	7.1
5.0	남북관계 개선	12.7
31.1	경제성장	60.9
19.8	일자리 창출	49.8
7.7	양극화 해소	17.9
0.3	모름/무응답	0.3

자료: 내일신문 대선 인물 선호도 조사(2015. 7)

도 상위권에 속했다.

소통, 통합, 설득은 사실 대통령에게만 요구되는 덕목이 아니다. 정치권에 대해서도 마찬가지다. 그동안의 각종 여론조사를 보면 여야가 협조했을 때 여야의 지지도는 동반상승했다. 반대로 여야의 대립이 격화될 때에는 무당층이 늘어났다. 역시 소통에 대한 기대가 반영된 것이다.

하지만 국민은 정치권, 특히 여야 정당에 거는 또 다른 기대가 있다. 2015년 6월 새누리당 유승민 원내대표는 박 대통령으로부터 배신의 정치인으로 낙인찍히며 원내대표직에서 물러났다. 그 직후 그는 여론조사에서 '여권의 대선 후보 1위'로 떠올랐다(리얼미터 2015년 7월 8~9일 조사). 유 전 원내대표는 불과 한 달 전까지 지지율 1~2%대의 군소후보에 불과했다. 박 대통령에게 30% 안팎의 강고한 지지층이 있다는 점을 고려하면 유승민을 대선 후보로 선호하게 된 데에는 되새겨볼 대목이 많다. 국민은 여당에게 대통령과 협력할 것은 협력하되 국민의 대표로서 당당한 모습, 적어도 청와대 거수기를 벗어나 국민의 편에 설 것을 요구하고 있다는 해석이 가능하다.

반면 야당에 대한 기대는 또 다르다. 새정치민주연합의 지지도는 2014년 지방선거 이후 새누리당의 절반에 머물렀다. 지난 대선 당시 50대 50의 팽팽한 대결을 펼쳤다고 하기 어려울 정도다. 그 이유에 대해 정치권에서는 제대로 투쟁하지도 못하고 대안도 내세우지 못하면서 자기 밥그릇이나 챙기는 모습 때문이라고 본다. 국민, 특히 야당 지지층은 지금 국민의 가려운 곳을 긁어주지도 못하고 다음 총선과 대선을 위한 희망도 주지 못하는 야당의 모습에 실망하며 외면하고 있는 것이다.

개별 정치인에 대한 기대와 요구는 더 엄격해졌다. 이제 국민의 눈에 정치인은 '특별한 사람'이 하는 '특별한 직업'이 아니다. 나와 비슷한 사람으로 좀 더 공공성과 책임성과 모범을 보여야 할 대상이다.

유권자가 요구하는 새로운 정치, 정치인의 상은 시대의 요구에 따라 변화할 것이다. 불통의 시대에 소통이 시대정신으로 받아들여지고 있는 것처럼, 그리고 불공정의 시대에 공정이 중요하게 부각되는 것처럼 정치권 스스로가 모범을 일궈내지 않으면 언제든지 유권자로부터 외면당할 수 있다.

02

국민은
정치와 정치인을
어떻게 생각하는가

날마다 정치 이야기, 하지만…

우리는 날마다 정치 이야기를 한다. 아침에 신문을 받아들면 어김없이 머리기사는 대부분 정치가 주제다. 또한 그중 대부분은 아침부터 미간을 찡그리게 하는 내용들이다. 택시를 타고 가면서 운전기사와 함께 정치인들과 정당을 모두 싸잡아 욕하다 보면 차가 밀리는 것조차 잊어버릴 때가 있다. 목적지에 도착할 때쯤이면 한국 정치인들은 모두 시정잡배의 수준을 넘지 못한다는 데 운전기사와 뜻을 같이하게 된다. 술자리에서도 정치 이야기는 단골메뉴다. 선거철에는 유망한 대선 후보나 총선의 역전극 드라마를 침 튀기며 이야기하고, 평상시에도 국회의 볼썽사나운 의원들의 행태를 꾸짖는 재미가 있다. 하다못해 일부 방송이나 SNS 등에 떠도는 뜬금없는 음모설에도 귀를 쫑긋하게 된다.

국민이 정치에 관심이 많은 것은 분명히 긍정적인 것이다. 국회의원 등 선출직 공무원을 통해 국가를 운영하는 대의민주주의의 한계를 지적하는 학자들은 참여민주주의가 그 대안이라고 주장한다. 여기서 참여민주주의란 국민이 정치에 관심을 갖고 투표뿐만 아니라 다른 방식으로도 정치에 적극 참여하는 것을 의미한다. 따라서 국민이 정치에 높은 관심을 보인다면 정치인들은 자신들이 국민으로부터 감시당하고 선거 때에는 평가받을 것이라고 생각하게 된다. 그러면 정치인들은 국민을 위한 정치와 의정 활동을 하게 된다는 이론적 선순환이 성립한다.

　　그런데 우리 국민이 정치를 많이 언급하고 정치에 관심이 많은 듯 보이지만 정작 그것이 정치인들에게 더 나은 정치를 위해 노력하라는 압력으로는 작용하지 못하고 있다. 정치에 관심이 많다는 것은 정치에 대한 정보가 많다는 것인데 유감스럽게도 대부분이 부정적인 내용이다. 때문에 정치 관심이 정치 불신으로 이어지고 있는 것이 현실이다.

　　문제는 정치에 대한 관심 유무와 관계없이 정치를 외면할 가능성이 높다는 사실이다. 정치에 관심이 있는 사람들은 정치를 불신하기 때문에 정치에 방관자가 되기 쉽고, 반면에 정치에 관심을 두지 않고 외면하는 사람들은 정치는 자신과 관계가 없다고 생각할 가능성이 높기 때문에 또 다른 형태의 방관자가 되기 쉽다.

정치, 스트레스일 뿐인가

정치에 대한 긍정적인 인식이 부족한 상태에서 다수의 유권자들은 정치를 제대로 판단할 수 있는 정보나 견해를 잘 갖추지 못하게 된다. 그 결과 선거 때가 되면 표를 얻기 위한 정당이나 후보자의 지역주의나 이념적 색깔론 호소에 또다시 설득당하게 된다. 평상시 자신이 정치의 주체라는 생각 대신에 정치에 대한 양비론이나 방관자적 태도에 익숙해지면 막상 유권자로서 어떻게 올바른 권한을 행사할 것인가에 대한 준비를 갖추지 못하는 것이다. 이것이 그동안 한국의 정치 외면 현상을 설명하는 논리였다. 과연 이 설명이 맞는 것일까?

다른 어느 나라보다도 정치에 대한 관심과 대화가 많은 우리나라 국민이 정치를 어떻게 인식하는지를 경험적으로 보는 것은 한국 정치 지형을 분석하기 전에 필요한 작업이다. 따라서 설문조사 결과를 바탕으로 국민이 인식하는 정치를 몇 가지 문항으로 구성해 살펴보았다. 내일신문에서는 2014년 2월과 2015년 6월에 이루어진 두 번의 '정치 스트레스 조사'를 통해 이전과는 다른 내용의 설문 문항을 준비했다. 이를 기초로 몇 가지 문항에 답을 해보도록 했다.

첫째, 국민이 얼마나 정치에 관해 생각하는 것을 싫어하는가? 만일 대다수의 국민이 정치를 싫어한다면 화제로 삼는 것조차도 기피할 것이다. 그런데 〈표 2-1〉에 나오는 세 문항은 정치에 대한 국민의 생각이 무조건 정치를 혐오하는 일방적 정서가 아님을 보여준다.

우선 1년 이상의 시차를 둔 두 번의 조사에서 같은 문항들에 대한 응답자들의 태도가 일관된다는 것을 알 수 있다. 응답자들은 언론을 통해 정치권 소식을 들으면 불쾌감을 느낀다는 데 60% 이상이 동의하고 있다. 그렇지만 정치 관련 대화를 나누는 것을 싫어하는 비율은 그 절반 정도에 그치고 있다. 두 설문을 비교하며 알 수 있는 국민의 정서는 정치를 무조건

표 2-1 정치 스트레스 인식

(단위: %)

문항	2014년 2월	2015년 6월
TV나 신문에서 정치권 뉴스를 보면 짜증이 난다	63.5	62.0
다른 사람들이 정치 이야기를 하는 것이 듣기 싫다	37.2	35.0
이 세상에 정치가 없었으면 하고 바랄 때가 있다	13.2	12.4
응답자수	1,200명	1,000명

자료: 내일신문―서강대 현대정치연구소 박근혜 정부 1년 기획조사(2014. 2); 메르스 기획조사(2015. 6)

배타시하지 않는다는 점이다. 국민은 정치 뉴스가 부정적인 내용을 담고 있기 때문에 정치 뉴스를 싫어하는 것이다.

여기서 핵심은 정치 뉴스가 정치인이나 국회 등 정치권과 관련된 범죄와 비리를 주로 보도하기 때문에 국민이 정치에 부정적 태도를 갖는다는 것이다. 그렇지만 두 번째 문항에서 보는 바와 같이 정치 자체를 백안시하는 것은 아니다. 이러한 관점은 정치에 관심이 많을수록 정치에 대한 불신이 높다는 논리와 일치한다. 뉴스의 속성 자체가 사건과 사고를 다루다 보니 자연스레 사회의 부정적인 면을 부각하게 된다. 그리고 그 뉴스를 접한 국민은 사회에 대한 걱정과 우려를 표하게 되는 것이다. 정치 뉴스도 예외가 아니다.

부정적인 정치 뉴스에 관한 것이든 혹은 평상시 정치에 무관심한 것이든 정말로 정치를 혐오한다면 정치의 역할과 존재를 부인하는 결과를 낳게 될 것이다. 그러나 세 번째 문항의 응답을 보면 그렇지 않다는 것을 알 수 있다. 이기적인 정치인들과 무능한 정치권만을 생각한다면 국민들 중 상당수는 사회에서 정치가 없어지기를 기대할 것이다. 그러나 세 번째 문항처럼 정치가 사라져야 한다고 생각하는 국민의 비율은 10%대 초반에 머물고 있다. 결국 정치에 대한 부정적 인식에도 불구하고 정치가 사회운영에 필요하다는 인식을 가진 국민이 절대다수를 이루고 있다. 따라서 언론을 통해 정치 정보를 얻는 국민의 입장에서는 현실정치가 기대에 부응하는 수준이 되지 못한다고 생각하지만, 그럼에도 불구하고 정치가 사회발전에 기여할 것이라는 기대는 여전히 하고 있다고 볼 수 있다.

정치에 전문성이 필요한가

둘째, 국민은 정치에 전문성이 필요하다고 생각하는가? 흔히 우리는 정치인들은 탐욕스럽고 자신의 이해관계에 빠져 있는 공정하지 못한 인물이라고 비난하는 경우가 많다. 정치인들은 일반 국민보다 훨씬 도덕적이지 못한 것처럼 폄하하기도 한다. 정치권에 대한 이러한 태도가 정치는 누구나 할 수 있는 비전문적인 것이라는 인식으로 나타나는지 확인해보고자 한다. 흔히 우리는 "내가 정치를 해도 저것보다는 낫겠다"고 말한다. 그만큼 정치판이 돌아가는 모습이 맘에 들지 않는다는 것을 에둘러 표현하는 것이다. 그런데 정말 액면 그대로 국민 개개인은 정치가 아무나 할 수 있는 거라고 생각할까? 〈표 2-2〉를 통해 살펴보자.

비록 정치인들의 불법적이거나 비도덕적인 행위가 마음에 들지는 않지만 그렇다고 '내가 정치를 한다고 해서 그보다 나을 것'이라고 생각하는 국민은 많지 않았다. 첫 번째 문항에 대한 응답 분포를 보면 찬성이 22.5%로 반대 51.2%의 절반에도 미치지 못했다. 즉 현재 정치에 불만이 많기는

표 2-2 정치 전문성에 관한 의견

(단위: %)

문항	찬성	반대	모름
내가 정치를 해도 지금 정치인보다 나을 것이다	22.5	51.2	26.3
정치인은 일반인보다 더 도덕적이어야 한다	91.7	5.0	3.4
정치인은 보통 사람보다 더 많은 능력이 있어야 한다	81.3	14.8	3.8

자료: 내일신문—서강대 현대정치연구소 박근혜 정부 1년 기획조사(2014. 2)

하지만 정치인들의 자질이 일반 국민보다 낮다고 생각하지는 않는 것으로 해석할 수 있다. 어쩌면 정치인에게 기대가 컸던 것이 실망의 폭도 키운 것으로 볼 수 있다.

두 번째와 세 번째 문항에 대한 응답 분포를 보면 정치권에 대한 국민의 기대가 상당히 높다는 것을 확인할 수 있다. 정치인들의 도덕성과 능력에 대한 기대가 크다는 것이 일관되게 나타난다. 정치의 중요성을 인식하기 때문에 정치인은 높은 도덕적 자질을 갖추어야 한다고 보았다. 그래서 절대다수인 91.7%가 '정치인들이 더 도덕적이어야 한다'고 생각했다. 또한 정치가 중요하기 때문에 능력 면에서도 자질이 우수한 사람들이 정치를 해야 한다고 보았다. 정치인의 능력을 기대하는 비율이 81.3%로 별로 능력이 뛰어날 필요가 없다고 생각하는 응답자의 비율 14.8%의 5배가 훨씬 넘는다. 특히 정치인의 도덕성과 능력과 관련된 문항에 모르겠다고 답변한 비율이 3%대에 그치고 있다.

이는 정치에 대한 국민의 기대가 명확하다는 것을 보여준다. 표에는 제시되어 있지 않지만 정치인은 높은 도덕성과 능력 모두를 갖추어야 한다고 답변한 응답자는 760명으로 전체 응답자의 76%에 달했다. 이는 4명 중 3명꼴의 대답으로 거의 모든 국민이 정치인에게 도덕적 자질과 수준 높은 업무 능력을 기대하고 있음을 알 수 있다. 반대로 이 두 가지 측면이 모두 중요하지 않다고 답변한 응답자는 겨우 13명으로 1.3%였다. 즉 정치에 완전히 냉소적이고 별 기대를 하지 않고 있는 응답자는 극히 적다는 것을 보여준다.

이상의 결과를 통해 국민이 정치권에 대해 많은 비난을 쏟아내고 있지만 이는 정치를 혐오하는 정서의 결과물이 아니라는 것을 알 수 있다. 여전히 국민은 정치에 대한 기대가 있기 때문에 자질이 우수한 사람이 정치를 해야 한다고 생각하고 있으며, 이러한 기대를 충족시키지 못하고 있는 정치를 채찍질하는 것이다.

미래 정치에 어떤 기대를 하는가

셋째, 현재 정치를 개탄하고 있는 국민이 향후 정치에 대해서는 어떠한 기대를 갖고 있는가? 현재의 정치가 기대 이하이기 때문에 정치 영역의 중요성이 낮아지고 정치가 더 나빠질 것으로 보는가, 아니면 아직도 정치의 미래에 대해 기대하고 있는가?

〈표 2-3〉을 보면 국민이 정치를 얼마나 중요하게 생각하는지 알 수 있다. 일단 국민은 일반적으로 알려진 것처럼 정치를 무시하고 있지 않다. 정치는 여전히 중요한 것으로 인식하고 있으며, 정치가 발전할 수 있는 가능성에 대해서도 긍정적 입장이 우세하다.

정치인들 모두를 싸잡아서 비판하는 경우가 많지만 국민에게 물어보

표 2-3 정치 중요성 인식

(단위: %)

문항	찬성	반대	모름
내가 좋아하는 정치인이 한 명이라도 있다	55.9	30.9	13.3
정치가 내 삶에 중요한 영향을 미친다	59.4	31.1	9.5
정치가 국가 발전에 중요한 역할을 한다	89.1	6.3	4.6
정치인을 잘 뽑으면 나라가 달라질 수 있다	91.3	4.5	4.2
올해에는 정치가 작년보다 나아질 것이다	46.2	29.5	24.2

자료: 내일신문―서강대 현대정치연구소 박근혜 정부 1년 기획조사(2014. 2)

면 '좋아하는 정치인이 있다'는 답변(55.9%)이 '그렇지 않다'는 응답(30.9%)보다 훨씬 많다. 또한 '앞으로 정치가 나아질 것'이라는 긍정적 전망(46.2%)이 비록 절반에도 이르지 못하고 있지만 '나빠질 것'이라는 응답(29.5%)보다는 훨씬 많다. 따라서 국민은 정치에 대한 기대를 갖고 있는 것이다.

뿐만 아니라 정치에 불만이 많음에도 불구하고 정치가 개인과 국가에 중요하다는 점을 인식하고 있다. 사회를 운영함에 있어 정치의 역할이 중요하다고 생각하는 것이다. 얼핏 정치에 대한 혐오 정서로 인해 정치가 중요하지 않다고 생각하는 국민이 많을 것이라 예상할 수 있다. 그러나 '정치가 내 삶에 미치는 영향이 크다'는 입장(59.4%)이 '정치는 나와 상관이 없다'는 태도(31.1%)보다 거의 2배 가까이 많다. 또한 거의 모든 국민은 '정치가 국가 발전에 중요하다'는 인식(89.1%)을 갖고 있다. '국가 발전에 정치의 역할이 없다'는 견해는 단지 6.3%에 그쳤고, '잘 모르겠다'는 답변도 4.6%밖에 되지 않아 국민이 국가 발전을 위한 정치의 역할을 뚜렷하게 인식하고 있는 것으로 보인다.

아직 기대를 버리지 않았다

국민이 정치를 어떻게 생각하고 있는지를 표현할 때 가장 적절한 개념으로 정치 냉소주의를 꼽게 된다. 선거에서도 유권자들은 어떤 정당이나 후보자가 맘에 들어서 투표하기보다는 경쟁 정당이나 후보가 당선되는 것이 싫어서 투표 선택을 하는 경우도 많다. 정당들은 선거를 앞두고 국민의 의사와 관계없이 자신들의 이해관계에 따라 이합집산을 거듭하고 있다. 그리고 국회에서는 정당 경쟁이 정책 경쟁이 아닌 당리당략과 당내 파벌에 따른 갈등이 많이 일어나 국회정상화가 방해받고 있다. 이런 상황이 오랫동안 지속되면서 국민의 실망이 비난과 정치무용론으로 발전하는 것은 당연할 수 있다.

　　그러나 설문조사 결과는 이러한 부정적 측면 외에도 국민이 정치를 인식하는 새로운 면을 보여주고 있다. 아직도 국민 다수는 정치가 제대로 작동하는 것이 국가 발전과 개인의 삶에 중요하다고 생각하고 있다. 정치에 대한 기대를 버리지 않고 있는 것이다. 또한 정치가 중요한 만큼 정치인들은 보통 사람들보다 도덕성이 높아야 하며 능력 또한 출중해야 한다고 생각한다. 정치는 아무나 하는 것이 아니라고 생각하는 것은 그만큼 정치에 대한 존중이 있다는 얘기다. 대놓고 말하지는 않지만 그래도 '좋아하는 정치인이 한 명 이상은 있다'는 국민들이 55.9%나 되고 '좋아하는 정치인이 없다'는 답변은 30.9%에 그치고 있다는 것은 정치에 관심을 두고 있는 국민이 여전히 절반 이상을 차지하고 있다는 의미일 것이다.

　　정치에 대한 비판은 정치 발전에 도움이 될 수 있는 건전한 비판이 주류를 이루어야 한다. 정치를 비난하는 일은 쉽다. 언론의 부정적인 정치 기사를 보면서 정치를 혐오하는 것은 어렵지 않다. 그러나 국가운영에서 정치 영역을 없앨 수 없다면 정치가 정상화할 수 있도록 건설적인 비판을 해야 할 것이다.

국회가 정상적으로 작동할 때에는 언론이 정치 문제를 크게 다루지 않는다. 국회 내 폭력 사태나 국회가 공전할 때 언론은 주목한다. 따라서 우리가 정치에 대해 얻는 정보는 상당 부분 부정적인 방향으로 편향되어 있다. 우리나라뿐만 아니라 모든 민주주의 국가에서 정치는 부정적인 이미지를 지니고 있다. 정치인들은 믿을 수 없는 존재이며 사리사욕에 빠져 있는 인물들로 비쳐진다. 그렇다고 해서 정치를 외면하는 것이 답이 되지 못한다는 것을 국민은 알고 있다. 그럴수록 정치에 관심을 갖고 정치인들을 감시하는 일이 필요하다는 공감대가 형성되어야 할 것이다.

03
대통령의
국정 지지도
이해하기

대통령 지지도가 중요한 이유

이제는 한국에서도 정기적으로 조사하는 여론조사기관이 여러 곳 있다. 여론의 변화 추이를 볼 수 있는 정보가 공개적으로 제공되는 것은 민주주의가 국민에 의한 정치라는 운영 원칙을 수행하는 데 도움이 된다. 4년 주기의 총선과 5년 주기의 대선을 통해 국민들이 간헐적으로 주권을 행사하는 제도적 정치 참여를 넘어 일상적으로 민심이 정치에 반영될 수 있는 환경이 조성되기 때문이다. 물론 이러한 시각은 정치권이 여론을 정책에 반영한다고 가정했을 때 가능한 것이기는 하지만, 어쨌든 정기적인 여론조사와 그것에 대한 언론 보도는 없는 것보다 있는 것이 훨씬 낫다.

여론이 정치와 정책에 반영되어야 한다는 주장의 이면에는 여론을 정확히 측정하는 조사가 이루어진다는 전제가 있다. 주기적인 여론조사의 문항들 중 빠지지 않는 것이 대통령 지지도다. 미국의 정치학자 뉴스타트 Neustadt는 대통령의 권력이란 궁극적으로 국민의 지지로부터 나온다고 주장했다. 헌법에 기초해 대통령의 권한은 부여되지만 실제로 얼마나 영향력이 크고 리더십이 있는 대통령인지는 대통령에 대한 국민의 지지도에 달렸다는 것이다. 법이 보장하는 대통령의 권한은 같지만 역사가나 국민이 평가하는 훌륭한 대통령과 형편없는 대통령이 차별적으로 존재하는 것은 대통령의 법적 권한을 넘어 국민의 지지에 기반해 발휘되는 정치권력이 중요하다는 것을 보여준다.

대통령 지지도의 중요성을 보여주는 사례가 있다. 미국에서 대통령 선거를 예측하는 방법이 몇 가지 있는데 가장 흔한 것은 선거 직전 여론조사를 통해 유권자들에게 투표 의사를 묻는 것이다. 그런데 이와 못지않게 선거 결과를 정확하게 예측하는 것이 고통지수misery index와 대통령 지지도를 공식에 대입하는 것이다. 물가상승률과 실업률을 더해 고통지수를 만들고 10월에 조사한 대통령 지지도를 공식에 대입하면 승리 후보를 훌륭하게 예측할 수 있다. 고통지수가 높고 대통령의 인기가 낮을수록 현직 대통령의 정당이 패할 확률이 높아진다. 이처럼 대통령 지지도는 현재의 정국에 대한 평가뿐만 아니라 차기 대선에도 큰 영향을 미치는 요인이다.

한국의 경우도 마찬가지로 대통령 지지도가 차기 대선에 큰 영향을 미쳐왔다. 잘 알려진 것처럼 1997년 12월 대선 직전 IMF 외환위기가 닥쳐와 신한국당 소속 김영삼 대통령의 지지도가 6%까지 떨어졌다. 당시 상당수의 유권자들은 여당인 신한국당에게 외환위기의 책임이 있다고 생각했으며, 외환위기 이전까지 승리가 낙관되던 신한국당의 이회창 후보는 선거에서 패배했다.

'모르겠다'는 의견

대통령 지지도는 대통령의 국정업무 평가에 근거한다. 한국 갤럽을 비롯한 대부분의 여론조사기관에서 사용하는 설문은 유사하다. 설문은 "귀하는 ○○○(현직 대통령의 이름) 대통령이 대통령으로서 직무를 잘 수행하고 있다고 보십니까, 혹은 잘못 수행하고 있다고 보십니까?", (긍정·부정을 답하지 않은 경우) "굳이 말씀하신다면, '잘하고 있다'와 '잘못하고 있다' 중 어느 쪽입니까?"로 이루어진다. 그리고 답변은 '잘하고 있다/잘못하고 있다/어느 쪽도 아니다/모름 혹은 응답 거절'로 구분해 분석한다. 미국 갤럽의 조사에서 모름의 응답 비율은 대부분 5% 미만이다. 한국 갤럽의 경우에는 약 10% 정도의 응답자들이 평가를 유보하는 것으로 나타난다.

여기서 주목해야 할 것은 대통령 업무에 대해 평가를 유보한 응답자들에게 재차 같은 질문을 해서 평가를 강요하고 있다는 점이다. 또한 '어느 쪽도 아니다'와 '모름'의 응답 항목을 읽어주지 않는다는 점도 평가를 종용하는 것으로 볼 수 있다. 이처럼 두 번에 걸쳐 평가를 요구함에 따라 대통령 업무에 대한 긍정이나 부정의 평가가 그다지 뚜렷하지 않은 응답자들도 찬반 어느 쪽을 택하는 경우가 많다.

여기서 아쉬운 점은 긍정과 부정 평가만을 측정할 따름이지 그 강도에 대해서는 묻지 않고 있다는 점이다. 사실 응답자에게 두 번씩 물은 결과로 얻은 지지율이 안정적이라 보기도 힘들다. 따라서 내일신문과 서강대 현대정치연구소와 한국리서치의 기획조사에서는 긍정, 부정, 모름이라는 세 가지 응답 항목을 제시하는 방식으로 조사하고 있다. 응답자들이 '모르겠다'는 답변을 고를 선택지를 주는 것이 필요하다고 판단했기 때문이다.

모른다고 답변한 이유는 크게 두 가지로 생각해볼 수 있다. 첫 번째 이유는 정보 부족 때문이다. 질문에 답변할 수 있을 정도로 정보를 갖지 못한 응답자들은 평가나 의견 제시를 유보할 수밖에 없다. 충분한 정보가 없다면 모르겠다고 답변하는 것이 솔직한 것이다. 두 번째 이유는 긍정적 측면과 부정적 측면이 모두 있기 때문에 어느 한쪽을 선택할 수 없는 균형적 상태일 때다. 이 경우는 대통령 업무에 대한 충분한 정보를 갖고 있지만 모두 잘하거나 모두 잘못했다고 볼 수 없어서 어느 한쪽을 택하기가 곤란한 상태를 의미한다.

실제로 대통령 업무에 대한 평가에서 모르겠다는 답변의 이유를 경험적으로 추적해보아도 두 가지가 모두 존재한다. 서로 다른 이유로 평가를 유보한 것은 정보의 차이에 근거하므로 다음과 같은 논리적 추측이 가능하다. 집권 초기에는 첫 번째 이유인 정보 부족으로 인한 모르겠다는 답변이 많고, 시간이 지날수록 점차 긍정평가와 부정평가가 혼재되기 때문에 중립적 응답으로 모르겠다는 답변이 많아지게 된다.

다른 평가 방식의 결과 비교

그렇다면 모르겠다는 응답을 제시한 경우와 그렇지 않은 경우의 결과는 어떤 차이를 보이는지가 궁금해진다. 〈표 3-1〉은 박근혜 대통령 임기 중 3년간 매 10월 내일신문과 갤럽이 실시한 여론조사 결과다. 갤럽 조사에서는 평균적으로 약 5% 정도의 응답 유보자와 약 5% 정도의 응답 거부자가 있는 것으로 나타났다. 이에 비해 '모르겠다'라는 평가 유보 항목을 응

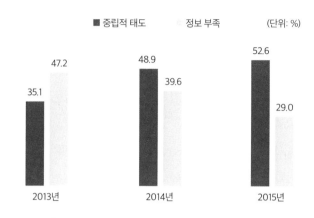

그림 3-1 **평가를 유보하는 이유**

■ 중립적 태도　　□ 정보 부족　　(단위: %)

	중립적 태도	정보 부족
2013년	35.1	47.2
2014년	48.9	39.6
2015년	52.6	29.0

자료: 내일신문―서강대 현대정치연구소 2013년 창간기념조사(2013. 10);
2014년 창간기념조사(2014. 10); 2015년 창간기념조사(2015. 10)
*모르겠다고 답변한 응답자들의 이유 중 '무슨 일을 했는지 잘 몰라서'와 '아직 평가하기가 일러서'를 합친 비율임.

표 3-1 **대통령 업무평가 비교(긍정평가)**

(단위: %)

연도	갤럽	내일신문	유보층 (내일신문)	유보층 재계산
2013년 10월	55.0	48.2	28.8	57.6
2014년 10월	47.0	35.3	25.8	43.2
2015년 10월	47.0	35.1	27.1	43.65

자료: 〈그림 3-1〉과 동일

답자에게 제시한 내일신문 조사에서는 갤럽 조사보다 훨씬 많은 응답 유보층이 나타났다.

갤럽 조사는 '모르겠다'라는 선택지를 읽어주지 않을 뿐만 아니라 자발적으로 평가를 유보한 응답자들에게 재차 평가를 요구해 평가 유보 응답자 비율이 낮을 수밖에 없다. 두 가지 다른 방식 중 어떤 조사가 더 여론을 정확히 파악하는 것인지는 보는 관점에 따라 다를 수 있다. 다만 두 가지 다른 방식에 의한 조사 결과를 유사하게 볼 수 있는지에 대해 분석해 볼 필요가 있다.

〈표 3-1〉을 보면 내일신문 조사에서 평가 유보를 택한 응답자가 매번 25% 이상이다. 갤럽 조사와 비교하기 위해 간단한 계산을 해보자. 우선 갤럽 조사에서도 모름이나 유보 등 비결정 태도의 비율이 약 10% 정도이기 때문에 내일신문의 유보 응답 비율에서 10%를 빼고 난 후 약 절반 정도가 긍정적 평가를 한다고 가정해보았다. 그 결과가 가장 우측 열에 제시된 '유보층 재계산' 항목의 내용이다.

지지도와 시간

대통령은 국가에서 가장 강한 권력을 가진 공직자이지만 임기가 지날수록 권력이 약해진다. 특히 후반기에 접어들어 임기 마지막 해가 되면 레임덕 현상으로 급격히 권력이 축소된다. 〈그림 3-2〉는 갤럽이 매주 대통령 지지도를 조사한 결과의 추이를 보여주는 그래프다. 그림에서 보는 바와 같이 민주화 이후 한국 대통령들 중 임기 마지막 해에 30% 이상의 지지도를 유

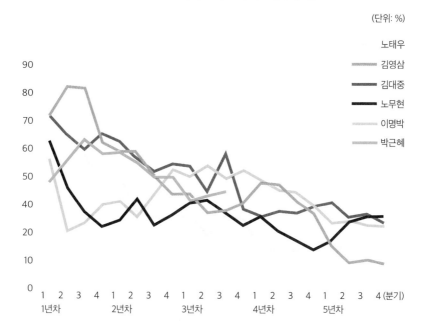

그림 3-2 역대 대통령 업무평가 비교(긍정평가)

(단위: %)

노태우
김영삼
김대중
노무현
이명박
박근혜

자료: 갤럽 데일리 오피니언 제186호(2015. 11. 첫째 주)

지한 대통령은 없다.

대통령 지지도는 취임 첫해에 가장 높게 나타난다. 대통령들은 선거에서 득표한 비율보다 높은 지지도를 누리면서 대통령의 임기를 시작한다. 김영삼과 김대중은 득표율에 비해 취임 초에 특히 높은 지지도를 누렸다. 미국의 정치도 마찬가지다. 오바마는 2008년 52.9%를 득표했지만, 취임 첫 달의 지지도는 67%에 달했다.

이처럼 대통령이 취임하면서 초기에 누리는 비정상적으로 높은 지지

5장 표심은 정치를 어떻게 보고 있는가

표 3-2 대통령 임기 시기와 지지도

(단위: %)

대통령	1년차 1분기	5년차 4분기	대선 득표율
김영삼	71	6.0	41.96
김대중	71	24	40.27
노무현	60	27	48.91
이명박	52	23	48.67
박근혜	41	-	51.55

자료: 갤럽 해당년도 해당분기 대통령 지지도

도 현상은 밀월 기간honeymoon period의 분위기 때문이라 해석한다. 대통령 선거에서 당선자를 지지한 유권자들은 당연히 새로 취임한 대통령에게 지지를 보낸다. 그런데 기권을 했거나 심지어 다른 대선 후보를 선택했던 유권자들 중 일부도 선거 결과에 승복하면서 앞으로 신임 대통령이 국정을 잘 이끌어가기를 바라는 마음으로 현직 대통령을 지지하는 경향을 보이기도 한다.

밀월 기간은 일정한 것이 아니라 상황에 따라 3~6개월 정도 지속되는 것으로 보고 있다. 이 기간 중에는 언론도 신임 대통령에 대한 부정적인 기사 보도를 자제하고, 의회도 대통령에 대한 비난을 자제한다. 사실 취임 첫 분기에는 대통령의 업적이라고 평가할 만한 것도 없다. 다만 국민 모두를 위한 청사진만이 있을 따름이다.

지지정당과 대통령 업무평가

대통령의 업무를 평가하는 것은 응답자의 주관성에 따른 것이다. 따라서 긍정적으로 평가하는 응답자들과 부정적으로 보는 응답자들이 공존한다. 물론 앞에서 다룬 바와 같이 평가를 유보하는 응답자들도 있다. 그렇다면 왜 대통령의 업적에 대한 평가는 서로 다른 걸까?

가장 큰 이유는 정치 성향에 따른 것이다. 지난 대통령 선거에서 어떤 후보를 지지했는가에 따라서 현직 대통령에 대한 평가에 큰 차이를 보인다. 미국의 예를 보자. 미국의 50년 이상 축적된 자료를 보면 자신이 지지하는 정당의 후보가 현직 대통령인 경우와 그 반대의 경우에 지지율의 차이가 확연하다는 것을 알 수 있다. 평균적으로 여당 지지자들의 대통령 직무에 대한 긍정평가가 88%라면 야당 지지자들의 긍정평가는 49%로 나타난다. 이처럼 유권자들은 고유의 정치 정향을 갖기 때문에 대통령은 상대 정당을 지지하는 유권자들로부터 긍정적인 평가를 받기가 쉽지 않다.

여야당 지지 여부에 따라 대통령 업무에 대한 긍정평가의 비율은 현격하게 다르지만, 그럼에도 불구하고 지지 변화의 패턴은 비슷하다는 점에 주목할 필요가 있다. 즉 여당 지지자들의 대통령에 대한 긍정평가가 낮아지면 야당 지지자들 가운데서도 긍정평가 비율이 낮아진다. 결국 지지 변화의 패턴은 여당 지지자들과 야당 지지자들 사이에 매우 유사한 패턴으로 나타난다.

이러한 현상은 한국에서도 마찬가지로 나타난다. 〈그림 3-3〉에서 보는 바와 같이 여당과 야당 지지자들의 긍정평가 비율의 차이는 50%p가 넘을 정도로 확연하게 나타나며 그 폭은 줄어들지 않고 있다. 그런데도 여

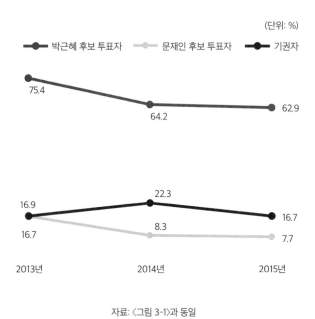

그림 3-3 **지지자별 대통령 업무평가(긍정평가)**

(단위: %)

● 박근혜 후보 투표자 ● 문재인 후보 투표자 ● 기권자

75.4

64.2

62.9

22.3

16.9

16.7

8.3

16.7

7.7

2013년 2014년 2015년

자료: 〈그림 3-1〉과 동일

당 지지자들의 긍정평가 비율이 낮아지는 것과 유사한 패턴으로 야당 지지자들의 긍정평가 비율도 낮아지고 있다.

대통령 업무평가를 통해 알 수 있는 것은 유권자들의 정치 정향이 좀처럼 변하지 않는다는 점이다. 예전에 '여당 성향'과 '야당 성향'이라는 말이 있었다. 정권의 이념 성향과 관계없이 권력을 가진 정부여당을 무조건 지지하는 성향과 무조건 반대하는 성향을 지칭한다. 그러나 이제는 그런 성향의 유권자들은 존재하지 않는다. 정권에 관계없이 유권자들은 자신의 정치 성향에 따라 대통령을 평가하며, 때로는 야당 지지자라는 응답자들도 일부는 대통령의 업무를 긍정적으로 평가한다. 그리고 여당 지지자들 중에서 대통령의 업무를 부정적으로 평가하는 사람들도 있다. 물론 이러한 대통령 업무에 대한 평가가 반드시 선거로 연결되는 것은 아니다.

변화를 읽어라

대통령 지지도를 읽는 중요한 포인트는 바로 변화의 추세다. 하나의 정치적 사안이 발생했을 때 그 파장을 측정하고 여론의 변화를 읽을 수 있는 잣대로 대통령 직무평가 지표를 이용하게 된다. 직무평가가 샘플을 통한 여론조사의 결과이므로 표본오차가 존재하는 것을 반드시 염두에 두어야 한다. 샘플 수에 따라 달라지지만 대체로 95% 신뢰 구간에서 표본오차는 ±3%p 내외의 결과들이 발표된다.

　전 국민을 모집단으로 하는 표본조사이며, 표본을 통해 모집단의 의견을 추정하는 과정에서 오차는 당연히 발생한다. 여기서 중요한 것은 여론조사 결과가 이전의 결과와 비교해서 3%p 이내의 차이라면 지난번과 다르지 않다고 해석해야 한다는 사실이다. 그리고 변화의 전반적 추세를 보아야 한다는 점도 잊어서는 안 된다. 세 번의 조사가 이루어졌는데 첫 번째와 두 번째 조사 간에 차이가 없고 두 번째와 세 번째 조사 간에도 차이가 없다 해도 첫 번째와 세 번째 조사를 비교하면 차이가 나타날 수 있다. 그렇다면 세 번의 조사에서 일정한 방향성이 존재한다면 변화가 있다고 해석해야 한다.

　대통령 직무평가의 변화를 해석할 때에는 세 가지 경향성을 알고 있어야 한다. 첫째, 긍정평가와 부정평가의 민감성이 다르다는 점이다. 대통령이 전체 국민의 이익을 대변하여 대다수의 국민들에게 이득이 되는 경우의 민감성과 그 반대의 경우, 즉 대통령이 국익에 손해가 되는 일을 했을 때 그 파장이 업무평가에 미치는 민감성은 뚜렷이 차이가 난다. 전자에 비해 후자의 경우가 훨씬 대통령 직무평가에 영향을 미치게 되어 부정적인 평가가 더욱 늘어나게 된다.

둘째, 사건의 영향력은 시간이 지날수록 약해진다는 점이다. 즉 사건이 발생한 직후 그 파장이 대통령 직무평가에 미치는 영향이 크다 해도 시간이 지나면서 사람들은 그 사건에 대한 기억을 자연스럽게 잊게 되며, 또한 새로운 사안이 그 영향력을 감소시키기도 한다. 따라서 시계열적 자료를 분석할 때 오랫동안 동일한 정도의 영향력이 있을 것이라 상정하는 오류를 범해서는 안 된다.

셋째, 대통령 업무에 대한 부정적인 평가는 반드시 대통령의 책임이 있는 사안에 대해서만 나타나는 것은 아니라는 점이다. 국민들은 대통령을 국정 전반에 대한 최고책임자로 여기기 때문에 때로는 대통령의 업무를 넘어서거나 국제관계 차원의 문제로 대통령이 어쩔 수 없는 경우에도 대통령에게 책임을 묻는 경향을 보인다. 일반적으로 국민들은 좌절하거나 분노했을 때 속죄의 양이 필요하며 이때 대통령이 가장 즉각적으로 책임을 물을 수 있는 대상이 되기도 한다.

04

지지정당이
없다는 말에
숨은 비밀

여론조사의 문항

요즘처럼 정치에 대한 냉소가 심한 때가 없다. 여론조사에서 '지지하는 정당이 있다'고 답한 응답자가 그렇게 많다는 사실이 놀라울 정도다. 어떤 모임에서든 좋아하는 정당이 있는 사람들은 손을 들어보라고 하면 항상 그 숫자는 절반에 훨씬 미치지 못한다. 그럼에도 불구하고 여론조사에서 지지정당이 있는 사람의 비율이 무당파보다 훨씬 높게 나오는 것은 무슨 까닭일까? 여기에는 설문조사의 문항과 방법이 지닌 마법이 숨어 있다.

　　2015년 말 한국 갤럽의 지지정당에 관한 문항을 보면, "현재 우리나라에는 새누리당, 새정치민주연합, 정의당 등의 정당이 있습니다(정당 의석 순). 이 중 어느 정당을 지지하십니까? (모름/없음인 경우) 그럼 어느 정당에 조금이라도 더 호감이 가십니까?"라는 내용으로 진행된다. 한편 리얼미터는 "다음 중 어느 정당을 지지하고 계십니까? 정당 의석 순입니다"라는 내용으로 설문을 진행한다. 리얼미터의 경우 '지지정당이 없음'이란 항목을 응답자에게 말해주는지는 명확히 밝히고 있지 않다. 다만 지지정당이 있다고 답한 비율이 75% 수준에 이르는 것을 보아 아마도 응답자들에게 말해주지 않은 것으로 추측된다.

과연 이처럼 응답자에게 현재 국회 내 의석을 가진 정당들을 불러주고 그중 하나를 택하는 방식이 국민의 정당 선호를 제대로 파악하는 방식인지 의문이 든다. 예를 들어보자. 선거에서 어떤 후보에게 투표했는지를 조사하기 위해서 응답자들에게 먼저 물어야 할 것은 투표 여부다. 투표를 했는지 혹은 기권을 했는지를 먼저 묻고, 투표한 유권자들에게만 지지한 후보를 묻는 것이 논리적으로 맞다. 물론 선거에 참여한 후보자 이름을 불러주고 마지막에 '기권'이라는 응답 항목을 넣는 것도 한 방법이 될 수 있다. 그러나 논리적으로 그러한 방식은 타당하지 않다. 투표 여부와 후보 선택은 단계적으로 동일하지 않기 때문이다.

같은 논리로 정당 지지도를 알아보기 위해서는 먼저 응답자들에게 지지하는 정당이 있는지를 묻고, 지지하는 정당이 '있다'고 답한 응답자들만을 대상으로 '그렇다면 어떤 정당을 지지하는가'를 묻는 것이 순차성과 논리성에 맞는 질문이다.

미국 퓨리서치센터가 사용하는 질문은 "자신을 공화당 지지자, 민주당 지지자 혹은 무당파 중 어디에 해당한다고 생각하십니까?"이다. 미국 갤럽은 정당 소속감에 대해 1차로 "자신을 공화당 지지, 민주당 지지 혹은 무당파 중 무엇이라고 생각하십니까?"라고 묻고, 무당파라고 답한 사람들만을 상대로 "공화당과 민주당 중 어디에 조금 더 가깝다고 생각하십니까?"라고 다시 묻는 방식을 택하고 있다. 한국 갤럽과의 차이점은 첫 질문에서 '무당파'가 선택지에 포함되어 있다는 사실이다. 미국 갤럽은 이렇게 질문한 결과를 통계적으로 구분해 제시한다.

조사 방법에 따라 무당파가 줄어든다

이러한 문제의식에 근거해 내일신문과 서강대 현대정치연구소와 한국리서치는 문항을 새로 구성했다. 응답자들에게 먼저 선호정당의 유무에 대해 질문해서 지지정당이 있는 경우와 무당파를 구분하고, 각각의 집단에게 선호정당을 다시 묻는 방식을 택했다. 이를 통해 정당을 선호하는 강도와 선호정당이 없는 응답자들을 제대로 파악할 수 있다.

〈그림 4-1〉은 내일신문과 한국 갤럽이 각각 조사한 정당 지지도를 나타낸 것이다. 조사시점이 2015년 10월인 결과를 비교해보자. 내일신문 조사에서는 첫 번째 질문인 선호정당 유무에 대해 응답자의 70.2%가 없다고 답변했다. 이들에게 재차 조금이라도 선호하는 정당을 묻자 61.7%가 여전히 지지정당이 없다고 답변했다. 이와 달리 한국 갤럽은 설문에서 지지정당 유무를 묻지 않았을 때에는 32%만이 지지정당이 없다고 답변해 큰 차이를 보였다. 이러한 무당파 비율의 차이는 설문조사에서 지지정당 유무를 먼저 묻는지 여부와 갤럽 조사에서처럼 재차 지지정당을 묻는 방식을 택하는지 여부에 따른 것이다.

조사 시 응답자들이 처한 환경에 대해 생각해보자. 전화 조사에서 응답자들은 조사원의 요구에 따라 매우 짧은 시간 내에 답변하게 된다. 그리

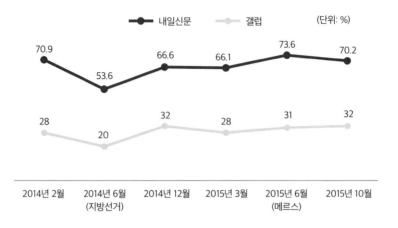

그림 4-1 **무당파 비율 추이**

내일신문 ━●━ 갤럽 ━○━ (단위: %)

	2014년 2월	2014년 6월 (지방선거)	2014년 12월	2015년 3월	2015년 6월 (메르스)	2015년 10월
내일신문	70.9	53.6	66.6	66.1	73.6	70.2
갤럽	28	20	32	28	31	32

자료: 내일신문―서강대 현대정치연구소 박근혜 정부 1년 기획조사(2014. 2);
지방선거 패널조사(2014. 6); 2015 신년조사(2014. 12); 유권자 지도―지역 조사(2015. 3);
메르스 기획조사(2015. 6); 유권자 지도―세대 2차 조사(2015. 10)

고 주어진 응답 선택지 중에서 하나를 택하는 경향이 강하다. 따라서 '지지정당이 없다'는 선택지를 주지 않는다면 응답자들은 제시된 정당 중 하나를 택하려 한다. 바로 이러한 이유로 한국 갤럽 조사와 내일신문 조사에서 무당파의 비율이 2배 가까이 차이가 났다.

〈그림 4-2〉를 살펴보자. 내일신문 조사를 통해 정당 선호를 분석해 보면 1차 선호정당에 관한 질문에서 정당을 선택한 비율은 새누리당이 20.3%이다. 이 집단이 소위 새누리당의 '콘크리트 지지층'이라 불리는 매우 충성도가 높은 집단이 된다. 반면에 새정치민주연합에 대한 1차 선호 응답자의 비율은 단지 4.8%에 그치고 있다. 그렇지만 다시 한 질문에서 새

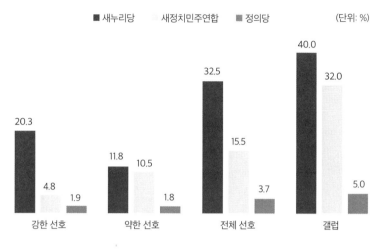

그림 4-2 **선호하는 정도에 따른 정당 지지도(내일신문과 갤럽 조사 비교)**

■ 새누리당　□ 새정치민주연합　■ 정의당　　　(단위: %)

자료: 유권자 지도─세대 2차 조사(2015. 10)

정치민주연합을 택한 응답자의 비율은 10.5%로 새누리당을 택한 11.8%와 비슷한 수준이다.

전체 선호도를 보면 새누리당과 새정치민주연합은 각각 32.5%와 15.5%로 나타난다. 이러한 지지율은 갤럽이 같은 기간에 조사한 새누리당 40.0%와 새정치민주연합 32.0%와 상당한 차이를 보이는 것 같다. 그러나 두 정당에 대한 지지도의 상대적 비율은 별로 차이가 나지 않는다.

이 분석 결과를 통해 확인할 수 있는 것은 정당을 선호하는 정도가 새누리당이 훨씬 강하다는 점이다. 총선과 지방선거 등에서 많은 유권자들이 후보자의 소속 정당을 근거로 투표 결정을 한다는 점에서 본다면, 절대적 지지뿐만 아니라 지지 강도에 있어서도 새누리당이 유리하다는 것을 알 수 있다. 그러나 더 중요한 것은 투표 선택 시 후보자의 소속 정당이 중요한 요소인데도 선호하는 정당을 가진 유권자들이 많지 않다는 사실이다. 그 결과 유권자들은 어떤 정당을 좋아해서 선택하는 것이 아니라 특정 정당이 싫기 때문에 상대 정당을 택하는 이른바 '반정치적 선택' 분위기가 조성되기도 한다.

새로운 정당이 생기면

정당 지지도 외에 국민들의 정당에 대한 태도를 볼 수 있는 다른 항목이 있다. 이미 언급했지만, 2015년 10월 '유권자 지도—세대 2차 조사'를 통해 새로운 정당의 필요성에 대해 물은 바 있다. '새로운 정당이 필요 없다'는 답변이 44.5%이며 다음으로는 진보 정당과 중도 정당의 필요성을 언급한 응답자들의 비율이 높았다. 반면에 새로운 보수 정당이 필요하다는 답변은 6.6%로 가장 적었다. 이는 보수 정당 지지자들은 현재의 새누리당에 대한 만족도가 높기 때문일 것으로 추정된다. 반면에 중도 정당이라고 답한 응답자들은 기존의 정당들이 과도하게 양극화되어 있다고 생각하여 이념성을 탈피한 실용적인 중도 정당을 기대하고 있는 것으로 해석할 수 있다.

여기서 주의 깊게 살펴야 할 것이 '새 정당은 필요 없다'고 답변한 이유다. 그 이유는 현재의 정당체제에 만족하기 때문에 그럴 수도 있고, 반대로 새로운 정당이 등장해도 별로 정치가 새로울 것이 없을 거라는 비관적 견해 때문일 수도 있다. 따라서 〈표 4-2〉와 같이 선호하는 정당이 있는지 여부와 관련해 분석해봄으로써 새로운 정당이 필요 없다는 구체적인 이

표 4-1 새로운 정당의 필요성

(단위: 명, %)

구분	응답자수	유효 비율
진보 정당이 필요하다	341	22.7
보수 정당이 필요하다	99	6.6
중도 정당이 필요하다	298	19.9
새 정당은 필요 없다	667	44.5
모름/무응답	95	6.3
합계	1,500	100.0

자료: 유권자 지도―세대 2차 조사(2015. 10)

표 4-2 선호정당의 유무와 새로운 정당 선호

(단위: %)

구분	진보 정당	보수 정당	중도 정당	필요 없음	모름/무응답	전체
있다	5.3	3.2	3.7	14.9	1.1	28.3
없다	17.2	3.4	16.0	28.7	4.9	70.2
모름/무응답	0.2	-	0.2	0.9	0.3	1.5
전체	22.7	6.6	19.9	44.5	6.3	100.0

자료: 유권자 지도―세대 2차 조사(2015. 10)

유를 확인할 수 있다.

이 표에 따르면 지지정당이 있으면서 새로운 정당이 필요 없다는 답변은 14.9%이다. 이들은 현재의 정당에 대한 만족도가 높기 때문에 굳이 새로운 정당이 필요하지 않다는 입장이다. 반면에 지지정당이 없으면서 동시에 새로운 정당이 필요 없다는 28.7%는 정당에 대한 기대가 없는 응답자들이다. 지지정당 유무에 관계없이 새로운 정당이 필요하다는 응답자를 합치면 49.2%이다. 이들과 지지정당이 없으면서도 새로운 정당을 기대하지 않는 28.7%를 합한 77.9%가 현재의 정당체제에 대해 불만을 갖고 있는 셈이 된다.

좀 더 쉽게 말하면 현재 지지정당이 없으면서 새로운 정당이 필요 없다고 응답한 28.7%와 '모름/무응답' 응답자를 제외한 사람들은 새로운 정당의 등장에 긍정적인 생각을 갖고 있다. 물론 새로운 정당의 필요성을 느끼는 것은 새 정당을 지지하는 것과 다른 의미다. 그런 만큼 새 정당에 긍정적인 응답자들이 모두 새 정당이 생기면 그 정당을 지지할 것이라고 해석해서는 안 된다.

결론적으로 한국에서 정당들이 선거 때마다 이합집산을 하고 당명을 바꾸는 등 이미지 개선에 나서는 이유는 그만큼 유권자들의 정당 지지 수준이 낮고 정당에 대한 충성심도 낮기 때문이다. 문제는 정당이 이미지 쇄신에 나선다 해도 외형만 바뀔 뿐 구성원은 별반 달라지지 않고, 창당을 하거나 당명을 바꾸는 등의 경우도 결국은 선거에서 승리하기 위한 것에 그치고 있다는 점이다. 따라서 유권자들의 지속적인 지지를 받을 수 있는 정체성이 확고한 정당들이 등장하지 않는 한 안정적인 정당체제를 기대하기는 어렵다.

05

정당들의 정책은 얼마나 차이가 있을까

정당은 투표를 결정하는 기준

한국의 유권자들 대다수가 지역주의에 의해 투표 선택을 한다는 주장은 통상적으로 받아들여지고 있다. 그런데 이러한 주장은 유권자의 출신지가 호남, 영남 혹은 충청일 경우에 해당된다. 그렇다면 지역주의가 없는 서울, 경기도, 강원도 출신들은 어떤 기준으로 투표를 할까?

대선에서는 유권자들이 후보들에 대해 어느 정도 알지만 총선이나 지방선거에서는 제대로 모르는 경우가 많다. 따라서 후보의 소속 정당이 투표 결정에 중요한 정보를 제공한다. 그렇다면 유권자들은 정당에 대한 선호를 어떻게 결정하는 걸까? 크게 분류해서 보수 정당인가 혹은 진보 정당인가로 구분할 수 있다면, 유권자가 보수적인가 진보적인가에 따라 정당 선호가 달라진다. 물론 중도 성향의 유권자들에게는 정당의 이념적 위치가 덜 중요할 수는 있겠다. 하지만 중도 성향의 유권자라 해도 약간이라도 진보나 보수 쪽으로 기울어져 있다면 정당 선호에 영향을 받을 것이다. 사실 중도라고 말하는 사람들도 자세히 살펴보면 이념 중 어느 쪽에 좀 더 쏠려 있는 경우가 많다.

정당이 진보나 보수라고 평가된다면 그 정당이 추구하는 정치적 이념에 방향성이 있다는 의미이고, 이는 정당이 추진하는 정책에 따라 유권자가 판단하게 된다. 선거에서 승리하기 위해 중도적 입장을 취해야 할 것인가 혹은 진보나 보수의 색채를 띠어야 할 것인가에 대한 학문적 논쟁이 있다. 이론적으로 보면 평균 유권자median voter들의 이념 성향을 따라가는 것이 선거 승리에 도움이 된다(다운스, 1997). 이념 좌표의 개념을 한국 정치에 적용해보면 정당이 추구하는 정책 이념은 경제 분야에서 성장과 분배, 사회 분야에서 질서와 자유 등이 대표적이다. 한국에서는 특수하게 대북 정책이 유화적인가 혹은 강경한가에 따라 진보와 보수가 구분되기도 한다.

정당에 대한 이념적 거리감

한국 유권자들 가운데 선호하는 정당이 있는 비율이 30%가 넘지 못하는 현실은 어떻게 설명해야 할까? 이에 대한 설명 중 하나는 정당들이 이념적으로 수렴되어 유권자들의 다양한 이념 성향을 제대로 반영하지 못하고 있을 가능성이다. 그리고 또 다른 하나는 비록 정당들의 정책상 이념적 위치가 대다수 유권자들과 일치하기는 하지만 그들의 정책 자체가 신

표 5-1 '새누리당과 새정연 간에 이념 차이가 없다'에 대한 인식

(단위: 명, %)

구분	매우 동의	동의하는 편	동의하지 않는 편	전혀 동의하지 않음	모름
응답자수	63	307	648	345	137
비율	4.2	20.5	43.2	23.0	9.1

자료: 유권자 지도—세대 2차 조사(2015. 10)

뢰를 주지 못하기 때문에 유권자들이 정당의 이념적 위치를 믿지 않을 가
능성이다. 만일 정당들이 추구하는 정책이 진정성을 갖지 못하고 유권자
들의 환심을 사기 위한 방책으로만 사용된다면 유권자들은 정당을 신뢰
하지 않을 것이다.

〈표 5-1〉을 보면 새누리당과 새정치민주연합 간에 '이념 차이가 없다'
는 응답은 24.7%로 4명 중 1명꼴이다. '이념 차이가 존재한다'는 답변은
66.2%로 훨씬 많다. 대다수 유권자들은 두 개의 거대 정당들 사이에 이념
적 차이가 존재한다고 인식하는 것이다. 그렇다면 이러한 차이에도 불구
하고 왜 선호정당이 없는 유권자들이 70%에 달하는지 궁금해진다. 먼저
유권자들의 이념적 위치와 지지정당 사이의 이념적 위치가 얼마나 차이가
나는지 확인해보도록 하자.

〈그림 5-1〉에서 보는 바와 같이 응답자들은 자신이 지지하는 정당에
대한 이념적 거리 차가 상당히 좁은 것으로 나타났다. 분석한 두 거대 정
당의 지지자들 모두 자신의 지지정당과의 이념 거리가 1.6이다. 특히 정의
당 지지자들의 평균 이념 거리 차는 1.0으로 가장 적다. 예상한 바와 같이
무당파들의 각 정당에 대한 이념 차는 2.0을 넘어선다.

그림 5-1 응답자의 이념 성향과 정당 이념 간 차이

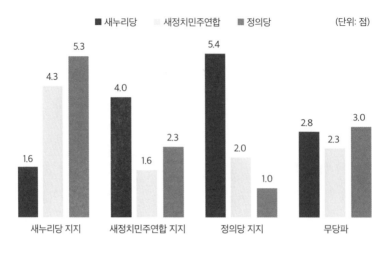

■ 새누리당　░ 새정치민주연합　■ 정의당　　　　　(단위: 점)

자료: 유권자 지도—이념 조사(2015. 8)

그리고 정당별 이념 위치가 예상한 바와 같이 진보에서 보수 순으로 정의당, 새정치민주연합, 새누리당이라는 것이 실증적으로 확인되었다. 따라서 새누리당 지지자들은 새정치민주연합보다는 정의당을 이념적으로 더 멀게 느끼고 있다.

정의당 지지자들 역시 새누리당을 가장 멀게 느끼고 있다. 새정치민주연합 지지자들은 새누리당과는 이념적 거리가 4.0으로 상당히 먼 데 비해 정의당에 대해서는 2.3으로 자신이 지지하는 새정치민주연합과 거리 차는 0.7 정도에 불과하다. 마찬가지로 정의당 지지자들의 새정치민주연합에 대한 이념 거리는 2.0으로 새누리당과의 이념 차 5.4와 큰 차이를 보인다. 새누리당 지지자들 역시 정의당에 대한 이념 차가 5.3으로 두 정당 지지자들 사이의 거리감은 거의 비슷하다. 이 의미는 결코 상대 정당을 지지할 수 없는 수준임을 보여준다.

한편 무당파의 경우, 새누리당과의 거리감이 2.8로 새정치민주연합에 대한 거리감 2.3보다 큰 것으로 나타났다. 이것은 이들이 새정치민주연합에 대한 지지 가능성이 상대적으로 높다는 것을 의미한다.

정당이 지닌 이념의 방향성

앞의 그림을 통해 생각해볼 수 있는 투표 원칙 중 하나는 거리감뿐만 아니라 방향성에 관한 것이다. 즉 절대적인 이념적 거리감도 중요하지만 사실은 이념적 방향성이 더 중요할 수 있다. 예를 들어 설명하면, 약간 진보인 유권자는 약간 보수인 정당과 거리가 1 정도이고 반대로 매우 진보적인 정당과의 거리가 3이라고 가정할 때, 거리가 가까운 보수 정당을 택하는 것이 아니라 방향성이 일치되는 정당을 택할 가능성이 있다는 얘기다. 비록 이념적 거리 차가 상당하다고 해도 근본적인 정치적 이념 취향이 같다면 방향성이 다른 정당보다 훨씬 가깝게 느낄 수 있다는 뜻이기도 하다.

지난 2012년 대선에서 있었던 투표와 정당 지지를 연관시켜 분석해보자. 2015년 8월 '유권자 지도―이념 조사'에서 응답자들의 정당 지지가 변하지 않았다는 가정을 하고 보면, 새누리당을 지지한 유권자들 중 박근혜 후보를 택한 비율이 86.8%에 이르고 새정치민주연합을 지지한 유권자들 중 문재인 후보에게 투표한 비율이 78.6%로 각 정당 지지자들의 소속 정당 후보 지지가 절대적이었다. 즉 선호정당에 따라 대선 후보를 선택한 비

표 5-2 지지후보와 지지정당

(단위: %)

구분	박근혜	문재인	그 외 후보	기권	합계
새누리당	86.8	7.3	1.6	4.3	100.0
새정치민주연합	7.5	78.6	5.9	8.0	100.0
정의당	6.5	87.1	0.0	6.5	100.0
무당파	39.7	33.2	6.7	20.4	100.0

자료: 유권자 지도―이념 조사(2015. 8)

*18대 대선 투표 결과 박근혜, 문재인 외 후보들의 득표율 총합은 0.4%였으나, 이 조사에서 '그 외 후보'를 지지했다는 응답은 4.4%로 나타남. 선거 사후 조사에서는 투표후보에 대한 응답 회피나 기억 오류 등의 이유로 이런 격차가 발생함. 합계 수치는 소수점 이하 자리 전체를 더한 것임.

율이 뚜렷하게 다르게 나타났다. 이처럼 정당 선호는 정치에 대한 평가 및 후보 선택에 대한 입장을 결정하는 데 매우 중요한 역할을 한다.

유권자들은 정당들의 이념적 위치가 달라졌다고 생각할까? 만일 그렇다면 이전과 비교해서 정당들은 서로 이념적으로 수렴했을까, 아니면 더 양극화되었을까? 2012년과 2015년의 3년 사이에 시민들이 인식하는 주요 정당들의 이념적 위치를 비교한 것이 〈그림 5-2〉이다.

그림을 보면 2012년 서강대 현대정치연구소의 사회갈등조사에서 가장 진보적인 정당인 통합민주당은 3.72점으로 나타나는데 2015년 '유권자 지도―이념 조사'에서 같은 이미지의 정의당은 2.91점으로 더욱 진보적인 방향으로 인식되고 있다. 중도에서 진보적 방향성을 보이는 2012년 민주당은 4.27점으로 중도 5점과 비교해 약간 진보적인 것으로 인식되었다. 그러나 3년이 지난 2015년 조사에서는 같은 계열의 새정치민주연합이 3.91점으로 상당히 진보적 성향이 강해진 것으로 나타났다. 이 점수는 2012년 통합진보당과 별 차이가 나지 않는 정도의 진보적 성향이다.

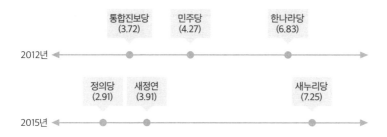

그림 5-2 **유권자가 느끼는 각 정당의 이념 위치**

통합진보당
(3.72)

민주당
(4.27)

한나라당
(6.83)

2012년

정의당
(2.91)

새정연
(3.91)

새누리당
(7.25)

2015년

자료: 서강대 현대정치연구소 사회갈등조사(2012. 2); 유권자 지도—이념 조사(2015. 8)
*0에 가까울수록 진보, 5는 중도, 10에 가까울수록 보수임.

한편 보수 정당인 2012년 한나라당은 6.83점으로 상당히 보수적 성향이 강하게 인식되었다. 그런데 2015년에는 같은 뿌리의 새누리당이 7.25점으로 매우 보수적으로 평가되었다. 이처럼 3년 사이에 진보적인 정당은 더욱 진보적으로, 보수적인 정당은 더욱 보수적으로 이념적 양극화가 강화된 것을 확인했다.

각 정당의 이념적 위치를 유권자 이념 평균과 비교해보자. 2012년 유권자 이념 평균은 5.06점이었다. 따라서 한나라당과는 1.77점, 민주당과는 0.79점의 차이를 보였다. 그런데 2015년에는 유권자 이념 평균이 5.55점으로 이전보다 보수화되었다. 새정치민주연합과의 이념 차이는 1.64점, 새누리당과는 1.7점의 차이를 보인다.

이러한 변화 결과를 해석해보면 새누리당은 유권자들의 보수화 경향에 조응해 보수화 정도가 강해졌지만 새정치민주연합은 오히려 이전보다 유권자들과 더 멀어진 결과를 초래했다. 물론 정당들과 유권자 이념 평균

표 5-3 정당의 극단적 이념 위치 인식

(단위: %)

구분	새누리당	정의당
진보	49.7	47.3
중도	42.9	38.7
보수	56.3	63.9

자료: 유권자 지도—이념 조사(2015. 8)

과의 절대값에서는 별 차이가 없지만 변화의 방향에 있어서는 새정치민주연합이 전체 유권자들과 다른 길을 갔다는 것을 확인할 수 있다.

〈표 5-3〉은 매우 흥미로운 결과를 보여준다. 응답자의 이념 성향에 따라 새누리당을 극단값인 8~10점 사이로 인식하고 있는 응답자의 비율과 가장 진보적인 정의당을 극단값인 0~2점 사이로 인식한 응답자의 비율을 정리한 것이다. 눈여겨봐야 할 부분은 자신을 보수로 여기는 응답자들이 새누리당을 극단적인 보수로 평가하는 비율이 56.3%로 다른 이념집단보다 크게 나타나고 있다는 점이다. 보수층 10명 중 6명 가까이가 새누리당이 극단적인 보수 이념을 지닌 것으로 보고 있는 것이다.

보수층이 지지정당인 새누리당의 보수성을 더 강하게 생각하는 이러한 현상은 그들이 집권당과 집권정부의 보수 이념에 강한 자부심을 느끼기 때문에 나타난다. 한편 보수층은 정의당을 가장 극단적인 진보 이념 정당으로 인지하고 있는데 이는 진보에 대한 강한 거부감 때문이라고 해석할 수 있다. 즉 보수층은 자신들과 가장 멀다고 느끼는 정당에 대해 강한 적대감을 품고 있어서 정의당을 극단적인 정당으로 간주한다.

06
무당파는
중도인가

무당파도 투표한다

우리는 각종 정치여론조사에서 무당파를 접한다. 좋아하는 정당이 있냐고 물었을 때, '없다'고 답하는 사람들이다. 조사에서 무당파로 분류된 사람들은 어떤 정치 성향을 지니고 있을까? 그들은 모두 중도층일까, 아니면 진보와 보수 중 어느 쪽으로 기울어 있을까? 현직 대통령을 지지하는 쪽이 많을까, 반대하는 쪽이 많을까? 쟁점이 되는 정책 현안에 대해서는 진보적인 태도를 취할까, 보수적인 태도를 취할까?

이러한 질문에 대한 답이 흥미로운 것은 정치 조사에서 무당파로 분류된 사람들이 실제 투표에서는 어떤 정당을 선택하는 경향이 있는지에 관한 정보를 줄 수 있기 때문이다. 여기서는 무당파의 이념 성향과 선호하는 이슈를 밝힘으로써 이들이 실제 투표에 참여할 경우 어떤 선택을 할지

가늠해보고자 한다.

　많은 설문조사에서 선호정당 관련 문항은 '다음 중 어떤 정당을 좋아하는가'라고 묻고, 그 질문의 한 항목으로 '좋아하는 정당 없음'을 포함한다. 그러나 그런 방식의 조사는 무당파를 정확히 가려내는 데 문제점을 안고 있다. '좋아하는 정당 없음'이 정당 선택의 항목과 함께 제시되어 응답자가 실제 무당파지만 조사에서는 어느 한 정당을 선택하는 경향이 생기기 때문이다. 이 때문에 내일신문과 서강대 현대정치연구소의 기획조사에서는 먼저 좋아하는 정당이 있는지를 묻고, '있다'고 답하는 사람에 한해 좋아하는 정당이 어떤 정당인지를 묻는다. 그리고 2차로 좋아하는 정당이 없다고 답한 사람을 대상으로 '그래도 좋아하는 정당이 있다면 어떤 정당인가'를 물어서 무당파를 보다 정확히 가려낸다.

　이번 '유권자 지도―이념 조사'의 1차 질문에서 '지지정당이 없다'고 밝힌 응답자는 66.8%였으며, 2차 질문에서도 '없다'고 답한 응답자는 36.0%였다. 최소한 우리나라 유권자 중 3분의 1 이상이 무당파라는 말이다. 조사에서는 지지정당이 없다고 했지만 특정 정당에 기운 사람들이 있을 수 있고, 실제로 순수한 무당파지만 선거 때 투표하는 사람들도 있다. 조사에서 무당파라고 하는 사람들이 선호정당이 있는 사람들보다 투표에 불참할 가능성이 높지만, 그들 중 상당 부분은 투표에 참여한다. 그리고 그 규모는 선거 결과를 좌우할 수 있는 수치다. 그렇기 때문에 분석가들은 무당파의 정치 성향과 투표 성향에 주목한다.

무당파는 중도진보적이다

무당파의 이념 성향은 진보적일까, 보수적일까? 〈그림 6-1〉은 전체 유권자들이 인식하는 주요 정당의 평균 이념 위치와 무당파가 스스로를 설정한 평균 이념 위치를 보여준다. 무당파의 이념 평균값은 4.93으로 중도에 매우 가깝지만 진보 쪽으로 약간 기울어 있다. 우리나라에서는 유권자가 스스로 인지하는 자신의 이념이 그가 특정 정치지도자나 정당을 지지하기 때문에 형성되는 경향이 강하다. 그렇기 때문에 지지하는 정당이 없는 무당파가 이념적으로 중도일 가능성이 높은 것은 당연하다.

그러면 무당파는 새누리당과 새정치민주연합 사이에서 어디에 위치했을까? 이 조사에서 유권자가 바라보는 새누리당의 이념 평균값은 7.25점이었고, 새정치민주연합은 3.91점이었다. 정의당의 이념 위치는 가장 왼쪽에 있었다. 무당파는 새누리당의 이념 위치와는 2.32점의 거리를 보인 반면, 새정치민주연합의 위치와는 1.02점밖에 차이가 나지 않았다.

그림 6-1 정당의 이념 위치와 무당층

자료: 유권자 지도―세대 2차 조사(2015. 10)

이념 위치로만 보면 무당파는 새정치민주연합과 가까운 것으로 확인되었다. 이념적으로 가까운 정당을 지지한다는 다운스의 가정에 따르면, 무당파는 새누리당보다 새정치민주연합 계열의 정당을 더 많이 지지할 가능성이 있다. 물론 이러한 예측은 유권자가 이념투표를 한다는 가정 하에서 그렇다. 그러나 지역투표와 인물투표가 지배적인 우리나라에서 다운스의 가정대로 선거 결과가 나타나지는 않는다.

〈표 6-1〉은 정책 이슈에 대해 보이는 각 정당의 지지층과 무당파의 태도를 비교하고 있다. 여섯 개의 주요 정책 이슈에 대한 태도에서 무당파는 대체로 새누리당과 새정치민주연합의 사이에 위치하지만 정책에 따라 그 위치는 달랐다. 북한 지원에 대해 무당층의 찬성 비율은 44.4%로 새누리당 지지층의 32.5%보다 약 12%p 더 많았지만, 새정치민주연합의 66.7%보다는 약 22%p나 적었다. 이는 대북 정책에 대한 기존의 새정치민주연합 정책으로는 무당파의 지지를 획득하기가 쉽지 않다는 의미로 해석된다.

표 6-1 이슈 태도에 대한 정당 지지층과 무당파 비교

(단위: %)

구분	핵과 관계없이 북한 지원	복지보다 성장 우선	증세해서라도 복지 확대	성소수자 방송 제한	안보 위해 인권 무시	다수보다 소수 결정
새누리당	32.5	80.2	34.8	51.8	61.7	30.0
새정연	66.7	43.1	47.6	22.8	37.3	19.2
정의당	84.8	32.3	81.8	12.1	6.1	6.3
무당층	44.4	53.7	40.2	25.7	37.4	15.6
중도층	45.1	55.5	36.6	34.0	44.7	20.9

자료: 유권자 지도—세대 2차 조사(2015. 10)
*수치는 이슈에 대한 찬성 비율임(모름/무응답은 표에서 생략).
중도층은 이념집단별 이슈 태도에 관한 교차 분석에서 가져옴.

복지 대 성장의 이슈에서 무당파는 새누리당보다 새정치민주연합 지지층의 태도에 훨씬 가까운 편이다. '복지보다 성장 우선'에 대한 무당파의 찬성 비율은 53.7%로 새누리당 지지층보다는 약 27%p 적었고, 새정치민주연합 지지층보다는 약 10%p 더 많았다. 그러나 '증세해서라도 복지를 확대해야 한다'는 의견에 대해서는 새누리당과 새정치민주연합 지지층과 비슷한 거리를 유지했다. 경제 이슈와 달리 인권이나 민주주의 이슈에 대한 태도에 있어서 무당파는 새정치민주연합의 찬성 비율과 거의 같았다. 전체적으로 무당파는 대북 이슈를 제외하고는 대체로 새정치민주연합 지지층의 태도에 가까운 편이었다. 이는 이념에서 무당파가 새정치민주연합에 좀 더 가깝다고 볼 수 있다.

한편 무당파는 정책 이슈에 대해 중도층보다 좀 더 진보적인 태도를 보였다. 무당파는 북한 지원, 성장 우선, 복지 확대의 이슈에서는 중도층과 비슷했으나 인권과 민주주의 문제에서는 좀 더 진보적이었다. '성소수자에 대한 방송 제한'에 대해 무당파의 찬성 비율은 25.7%인 데 반해 중도층은 34.0%였고, '안보를 위해 인권이 무시될 수 있다'는 의견에 대해서도 무당파의 찬성 비율은 37.4%인데 중도층은 44.7%였다. '다수보다 소수 지도자에 의한 결정이 더 바람직하다'는 의견에 대해서도 무당파의 지지는 15.6%에 불과했고, 이에 반해 중도층의 찬성은 5.3%p 더 많았다.

무당파는 현 정부에 비판적이다

이번에는 대통령 국정운영에 대한 무당파의 지지 태도를 살펴보기로 하자.

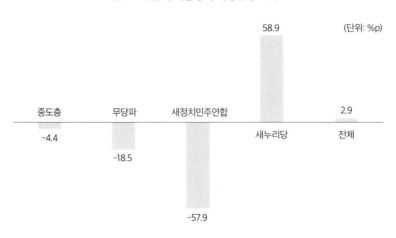

그림 6-2 박근혜 대통령의 국정운영 지지도

(단위: %p)

중도층   무당파   새정치민주연합   새누리당   전체

58.9

2.9

-4.4

-18.5

-57.9

자료: 유권자 지도—세대 2차 조사(2015. 10)

〈그림 6-2〉는 박근혜 대통령이 국정운영을 '잘했다고' 생각하는 사람의 비율에서 '못했다고' 생각하는 사람의 비율을 뺀 값이다. 이 수치는 집단별로 모름/무응답 비율의 차이를 고려했기 때문에 단순한 국정운영 지지율보다 지지 정도를 더 정확히 나타낸다.

그림에서처럼 새누리당 지지층에서는 잘함이 못함보다 58.9%p 더 많았고, 반면에 새정치민주연합 지지층에서는 못함이 잘함보다 57.9%p 더 많았다. 박 대통령의 국정운영에 대한 잘함과 못함의 정도가 양당 지지층에서 모두 비슷했다.

무당파에서는 못함이 잘함보다 18.5%p나 많았다. 전체 국민의 대통령 국정 지지도에서 잘함이 못함보다 2.9%p 많은 것을 고려하면, 무당파는 현 정권에 대해 상당히 비판적인 태도를 가졌다고 보아야 한다. 무당파

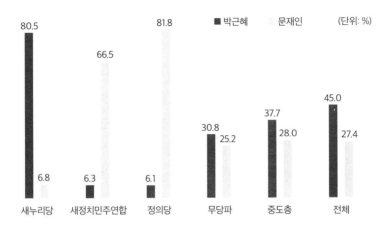

그림 6-3 선호정당별 2012년 대선 지지 성향

■ 박근혜　　░ 문재인　　　(단위: %)

- 새누리당: 80.5 / 6.8
- 새정치민주연합: 66.5 / 6.3
- 정의당: 81.8 / 6.1
- 무당파: 30.8 / 25.2
- 중도층: 37.7 / 28.0
- 전체: 45.0 / 27.4

자료: 유권자 지도—세대 2차 조사(2015. 10)

는 이념적으로 자신이 중간에 위치한다고 답하는 중도층보다도 박근혜 대통령에 대해 훨씬 비판적이다. 중도층에서는 못함이 잘함보다 4.4%p밖에 많지 않다.

〈그림 6-3〉은 선호정당별로 나타난 지난 대선 당시의 투표 선택 경향을 보여주고 있다. 2015년 '유권자 지도—이념 조사'에서 전체 국민의 45.0%가 지난 대선에서 박근혜 후보를 선택했고, 27.4%가 문재인 후보를 지지했다고 응답했다.* 조사에서 박근혜 후보를 지지한 무당파는 30.8%였으며 문재인 후보를 지지한 사람은 25.2%로 두 후보 간 득표율 차이는

---

* 후보 지지율이 실제 투표 결과와 많이 다르지만, 분석은 선호정당별 투표 선택의 경향성을 보려는 것이기 때문에 분석에서 이러한 설문자료의 사용은 무방하다.

5.6%p였다. 이는 전체 국민의 두 후보 지지율 차이(17.6%p)보다 훨씬 적었으며, 중도층의 두 후보 지지율 차이(9.7%p)보다도 적었다.

그만큼 무당파가 지난 대선에서 문재인 후보를 지지했다는 것을 의미한다. 역으로 해석하면, 지난 대선 당시 문재인 후보를 지지했던 투표자 중 많은 사람들이 야당의 분열상과 정치적 행보에 실망해서 무당파로 돌아섰다고도 볼 수 있다. 현재 이들은 국민의당(안철수 신당)의 지지층을 형성하고 있다. 이들 선거 유동층은 현재 분열된 야당이 대선을 앞두고 어떻게 전열을 정비하느냐에 따라 다시 지지로 돌아설 가능성이 있음을 시사한다.

세련된 유권자들

지금까지 보았듯이, 무당파는 지지정당을 드러내지는 않았지만 민주당 계열 정당이 자신들의 정책과 활동에 지지를 보낼 잠재적 지원군으로 여길 만하다. 그러나 무당파의 정치 성향이 새정치민주연합 계열 지지층과 가깝다고 해서, 그리고 지난 대선에서 전체 평균보다 새정치민주연합의 후보를 더 많이 선택한 것으로 나타났다고 해서 민주당 계열 야당이 무당파에 대한 지지를 낙관할 근거는 없다.

무당파 가운데 투표에 참여하는 사람들은 세련된 유권자들이다. 이들은 자신의 이익이 어떻게 실현되는지를 구체적으로 따지는 편이다. 또한 정부와 여당에 대한 불만과 심판의 의사를 갖고 있다가도 야권이 무능함을 보이면 지지를 철회하는 경향을 보여왔다. 세월호 참사 이후 치러진 지방선거에서 야당은 정부의 리더십 부재를 공격하며 압승을 기대했지만 유권자들은 야당의 뜻대로 움직이지 않았다. 무당파가 뒷짐을 졌기 때문이다. 아무리 이념적 거리가 가깝다고 해도 야당이 구체적 대안이나 집권 능력을 보여주지 못하고 정권심판론 등의 식상한 동원 의제만 내세운다면 이들의 지지를 받기는 어려울 것이다.

지금, 대한민국 국민은 행복한가

행복을 측정하고 비교하는 것은 참으로 어려운 일이다. 주관적인 판단이기 때문에 객관적인 환경이나 조건과 상당한 차이를 보일 수도 있다. 많은 것을 누리고 있음에도 별로 행복하지 않다고 생각하는 사람이 있는가 하면, 남 보기에는 불행해 보이는데도 자신은 행복하다고 느끼는 사람도 있다. 따라서 행복에 대해 어떻게 물어보고 측정해야 하는지에 관해서도 합의된 원칙이 없다. 그래서 결국 응답자들에게 얼마나 행복한지를 직접 물어볼 수밖에 없다.

조사를 통해 행복 수준이 놀라울 정도로 소득 수준과 일치하고 있다는 사실이 밝혀졌다. 우리 사회에서 돈이 바로 행복의 잣대가 되었다는 사실을 받아들이기는 하겠지만 마음이 편하지는 않다. 삶의 궁극적인 목적이 돈이라는 공식을 인정할 수밖에 없기 때문이다. 원래 행복은 경제적 조건 이상의 다양한 의미를 함축해야 한다. 행복은 개인적인 삶의 만족감뿐만 아니라 자신이 속한 정치와 사회에 대한 평가도 포함해서 측정되어야 한다는 것이 국가별 비교 행복지수를 구축한 유엔 세계행복보고서World Happiness Report의 주장이기도 하다.

이 이론적 틀을 바탕으로 조사 자료를 이용해서 한국인이 행복한지 여부를 대충이나마 따져보았다. 자신의 행복 점수가 6점 이상이고 우리 사회를 긍정적으로 평가하고 있는 응답자들의 수를 확인해보았다. 여기서 사회에 대한 긍정적 평가는 '우리 사회가 돕고 사는 사회'라는 주장과 '열심히 일하면 지금보다 잘살 수 있다'는 주장에 긍정적 답변을 한 경우가 해당된다. 앞의 세 가지 조건을 모두 만족하는 응답자의 수는 407명으로 전체 응답자의 27.1%에 그쳤다. 행복의 개념 범주를 넓히면 결코 행복 수준이 높은 한국인의 수는 그리 많지 않을 것이다.

이 조사에서 '기회가 되면 외국에서 살고 싶다'는 응답자의 비율은 50%인데, 그중 20대와 30대는 70% 이상이 외국에서의 삶을 선망했다. 또 40대에서는 55%인데 50세 이상 세대에서는 그 비율이 확연히 떨어졌다. 이것은 왜일까? 50세 이상 세대가 한국에서의 삶에 만족한다는 것일까? 그렇지 않다. 장년층 이상의 사람들은 외국에서 새로운 인생을 시작하는 것이 두렵기 때문이다. 그렇다면 전체 응답 평균을 근거로 국민들 중 절반이 현재의 삶에 만족하고 있다고 결론을 내릴 수는 없다. 오히려 한국 내 삶의 팍팍함을 나타내는 것으로는 외국의 삶에 대한 20~30대의 긍정적 응답 비율이 더 정확한 것일 수 있다.

정치를 들여다보자. '부의 분배가 공정하게 이루어진다'는 응답이 15%, '나의 이익을 대변해주는 정당이 있다'는 응답이 16.8%인 것을 보면, 정치가 국민들이 행복해지는 데 도움을 주고 있다고 할 수 없다. 설문에서 제시한 여러 정책들에 대해 새누리당과 새정치민주연합, 두 정당 간에 차별점이 없다는 대답이 다수를 이루고, 좋아하는 정당이 없다는 응답 비율이 70%가 넘는다는 사실은 정치에 대한 국민들의 부정적 인식을 확연히 보여준다.

이상의 결과들은 대다수 국민들이 사회에 크게 기대하고 있지 않으며 이들의 정치에 대한 평가 역시 거의 바닥 수준이라는 것으로 요약된다. 그렇다면 왜 이 조사에서 행복지수가 6점에 이르고 3명 중 2명은 자신의 삶이 다른 사람보다 힘들지는 않다고 답한 것일까? 아마도 행복 요소들 각각에 대한 평가는 부정적이지만 행복하고 싶다는 희망의 끈을 여전히 잡고 있어서일지도 모른다.

그러나 그 희망의 끈을 계속 붙잡고 있을 수는 없다. 객관적인 경제 현실의 어려움이 지속되고 양극화가 심화된다면 상당수 국민들은 희망의 끈을 놓을 수 있다. 그렇게 되면 행복지수는 급격히 감소하게 된다. 이러한 위기를 막기 위해 정치권은 국민들이 노력을 통해 붙잡을 수 있는 계층 상승의 사다리를 제공해야 할 것이다. '국가로부터 혜택을 받고 있다'는 응답이 겨우 17.2%밖에 되지 않는 것을 보면서 정치권은 국민들이 도대체 무엇을 원하는지 제대로 파악하는 것이 급선무라는 사실을 깨달아야 한다.

부록

2016년
20대 총선 결과
분석

20대 총선 결과에 부쳐 | 변화를 만들어낸 힘: 새로운 참여와 지지 이동
지역과 세대, 그리고 20대 총선 | 선거 전 한 달, 무슨 일이 있었나

01
20대 총선 결과에 부쳐

20대 국회의원 선거에서 유권자들은 집권당이 원내 과반 이상의 제1당이던 체제를 더불어민주당 123석, 새누리당 122석, 국민의당 38석, 정의당 6석의 구도로 바꾸어놓았다. 투표일 직전까지 집권당의 과반 의석 획득이 당연시되었던 것을 고려하면 예기치 못한 결과임에 분명하다. 야당 의석의 합이 집권당 의석보다 많아진 체제가 16대 국회 이후 처음 출현했고, 집권당이 원내 제1당이 아닌 체제가 민주화 이후 처음 나타났다는 점 등 여러 측면에서 20대 총선은 '새로운' 의미를 갖는다.

그러나 이런 기술記述은 4,200만 유권자들이 집단적으로 만들어낸 정치 현상의 일면적 묘사일 뿐이다. 선거 후 '심판', '분노', '저항' 등의 용어로 유권자의 선택을 표현한 시도들도 직관적 판단에 근거한 여러 가설로 볼 수 있겠다.

20대 총선 유권자의 선택이 지니는 의미를 해석하는 일은 이제부터 시작되어야 한다. 이 선거의 결과는 4,200만 유권자 한 사람 한 사람의 진지하고 고뇌 어린 결정들이 만들어낸 집단 창작물이다. 투표에 참여한 유권자도, 불참한 유권자도 다 이유가 있다. 서로 다른 정당이나 후보자를 선택한 유권자들 모두 어떤 이유들을 가지고 있다. 이 책을 쓴 우리들은 이 선택의 특별한 의미에 좀 더 진지하게 접근하고, 그것을 좀 더 섬세하게 해석할 필요가 있다고 생각한다.

그러기 위해서는 우선, 어떤 결정을 했든 동료 시민들의 선택이 존중되어야 한다는 전제가 필요하다. 나와 다른 선택을 한 유권자들에 대해, 혹은 그들의 선택에 대해 '왜 그랬는지' 혹은 '어떤 다른 경험과 과정을 거쳐 다른 선택에 이르게 되었는지'를 묻지도 않은 채, 쉽게 그 선택을 폄훼하거나 무시해버린다면 4,200만 개의 퍼즐이 만들어낸 이 거대한 그림의 윤곽은 손에 잡히기 어려울 것이다.

그리고 가용할 수 있는 데이터와 자료, 다양한 해석들을 종합하면서 진지하게 묻고 답하고 결론을 수정해가는 길고 섬세한 과정을 거칠 필요가 있다. 예컨대 정말 20대 유권자들이 예전보다 더 투표장에 나왔을까? 50대 이상 유권자들이 예전보다 덜 투표장에 나왔다는 가설은 사실일까? 과거와 달랐던 호남 유권자들의 선택을 가장 잘 설명할 수 있는 가설은 무엇일까? 조금 달라진 영남 유권자들의 선택에는 어떤 이유가 있었던 것일까? 집권당에 대한 지지가 전국적으로 줄어든 것처럼 보이는 것은 실제로 줄었기 때문일까, 아니면 어떤 다른 원인에 의한 착시일까? 실제로 줄어든 것이라면 그 원인은 과연 대통령 때문일까, 아니면 집권당 때문일까? 국민의당에 정당투표를 한 유권자 636만 명은 누구일까? 또 왜 그런 결정을 한 것일까? 이 모든 문제에 대한 해답은 현재까지 모두 잠정적인 것일 뿐이다.

동료 시민들의 선택을 서로 좀 더 잘 이해할 수 있도록 다양한 자료를 분석하고 가공하고 심도 있게 해석하는 일은 특히 정치를 공부하는 사람들에게 남겨진 숙제일 것이다. 우리는 이번 총선이 남긴 다양한 퍼즐들에 관해 현재 가용할 수 있는 데이터를 토대로 짧은 답들을 찾아보려 했다. 물론 이 역시 최종적이지 않다. 종합적인 그림을 그리기 위한 긴 과정의 출발로서 우리의 짧은 해석이 도움이 될 수 있으면 좋겠다.

다음에 오는 글에서는 두 종류의 자료를 사용할 것이다. 하나는 선거 후 중앙선거관리위원회가 제공한 투표 및 선택에 관한 자료이며, 다른 하나는 내일신문과 서강대학교 현대정치연구소가 총선 전후에 실시한 패널조사 자료다. 패널조사란, 1차 조사에 응답한 응답자를 대상으로 2차, 3차 조사하여 시간이 경과함에 따른 응답자(표심)의 변화를 파악하는 데 유용한 조사 방법이다.

1차 조사는 2016년 3월 11일부터 16일까지, 2차 조사는 총선 직후인 4월 14일부터 18일까지 진행했고, 조사 방법은 유무선 혼합 임의전화걸기 RDD 전화면접조사CATI를 사용했다. 조사표본은 행정자치부 '주민등록인구현황' 2016년 2월 기준 성별/연령별/지역별 인구구성비에 따라 비례 할당한 후 무작위 추출 방식으로 구성되었으며, 1차 조사표본수는 1,427개, 2차 조사표본수는 1,000개로 표본유지율은 70.0%였다.

이번 패널조사의 정당투표와 후보투표 결과와 실제 선거 결과를 보면, 2차 조사는 실제 선거 결과와 거의 일치했다. 정당투표를 기준으로 보면, 선거 직후 2차 조사 결과와 실제 선거 결과는 새누리당 4.3%, 더불어민주당 0.9%, 국민의당 2.3%, 정의당 4.8%, 그 외 정당 1.9%의 차이가 있으나, 오차범위 안의 차이로 볼 수 있다. 후보투표를 기준으로 봐도 추이는 비슷하다. 2차 조사 결과와 실제 선거 결과는 새누리당 3.0%, 더불어민주당 1.0%, 국민의당 2.1%, 정의당 2.6%, 그 외 정당 0.6%, 무소속 3.3%의 차이로, 오차범위 안의 차이로 볼 수 있다.

02

변화를 만들어낸 힘:
새로운 참여와 지지 이동

새로 등장한 투표자들을 주목하라

20대 총선 결과로 집약된 개별 유권자들의 의도, 마음, 기대에 대한 분석
은 추후 본격적으로 이루어져야 하겠지만, 현재 수준에서는 '변화에 대한
욕구' 정도로만 정의해보자. 실제로 이런 욕구는 집단적 변화를 만들어냈
다. 원내 제1당을 바꾸었고 집권당을 제1당의 지위에서 끌어내렸으며 원내
다당 체제를 만들었다. 이런 집단적 변화를 설명할 수 있는 중요한 키워드
중 하나는 '새로운 투표자'의 등장이다.

2016년 20대 총선의 투표율은 58.0%로 2012년 19대 총선의 투표율
54.2%보다 3.8%p가 늘었다. 이 3.8%p에는 단순한 숫자 이상의 많은 의
미가 함축되어 있다. 백분율로 표현되는 투표율은 선거마다 고정된 선거권
자, 고정된 투표자와 기권자라는 이미지를 전달하기 쉽다. 마치 고정된 선

표 1 19~20대 총선의 선거인수와 투표자수 변동

구분	19대 총선		20대 총선		변동	
	선거인수	투표자수	선거인수	투표자수	선거인수	투표자수
정당투표	40,205,055	21,806,798	42,100,398	24,430,746	1,895,343	2,623,948
후보투표	40,181,623	21,792,851	41,893,936	24,360,756	1,712,313	2,567,905

자료: 중앙선거관리위원회 선거정보시스템이 제공한 집합자료

거권자 100명 중 지난번 선거 투표자는 54.2명이었는데 이번 선거 투표자는 3.8명이 늘어난 58명인 것처럼 느끼게 만든다는 것이다.

　　하지만 이건 사실이 아니다. 선거 때마다 새로운 선거권자가 등장하고, 지난번 선거의 선거권자 중 어떤 사람은 사망하거나 재판의 판결을 받아 선거권을 잃기도 한다. 또 지난번 선거에는 투표에 참여하지 않았는데 이번 선거에는 참여한 사람도 있고, 지난번 선거에는 참여했지만 이번에는 기권을 선택한 사람도 있다. 이 모든 사연과 선택들이 종합되어 나타난 결과치가 3.8%p인 것이다. 특히 새로운 변화가 나타난 선거에서는 '새로운 투표자들'에 주목할 필요가 있다.

　　20대 총선에서 총 선거권자는 19대 선거에 비해 정당투표 기준 189만여 명이 늘었고, 후보투표 기준 171만여 명이 늘었다.* 그런데 투표자수 변동이 선거인수 변동보다 많은 것으로 나타난다. 정당투표 기준 투표자수

---

* 후보투표와 정당투표에서 선거권자의 수가 다른 데에는 19대 총선 때부터 도입된 재외 국민선거가 중요한 이유가 된다. 재외 선거인과 국외 부재자 신고인 중 국내 주민등록이 없는 사람은 대통령 선거와 임기 만료에 의한 비례대표 국회의원 선거에 한해서만 선거권을 가지며 지역선거구 후보투표에 대한 선거권은 갖지 못한다.

는 262만여 명이 늘었고 후보투표 기준 투표자수는 257만여 명이 늘었다. 이 수치는 20대 총선 전체 정당투표 투표자 기준 10.7%, 후보투표 투표자 기준 10.5%를 차지한다. 결코 무시할 수 없는 규모다. 만약 이 새로운 투표자들이 기존 투표자들과 다른 선택들을 했다면 선거 결과를 좌우할 수도 있는 정도다. 대체 이들은 누구일까?

20대 총선의 선거인수 변동은 〈그림 1〉의 'E2-E1'으로 계산할 수 있다. E2는 19대 총선에서는 선거권이 없었다가 20대 총선에서 선거권자가 된 사람들로 2016년 현재 19~22세 연령층이 된다. E1 집단은 19대 총선에서는 선거권이 있었지만 사망 등의 이유로 20대 총선에서는 선거권을 상실한 사람들이다. 'E2-E1'이 19대보다 증가했다는 것은 신규로 충원된 선거권자가 선거권 상실자보다 많다는 얘기다.

그림 1 19~20대 총선의 선거권자와 투표권자 변동 모형

$$F_1(19{\sim}20\text{대 선거인수 변동}) = E_2 - E_1$$

$$F_2(20\text{대 총선 투표자수}) = (V_1 + V_2 + V_3) - (A_1 + A_2 + A_3 + A_4)$$

한편 20대 총선 투표자수는 앞의 공식처럼 추정할 수 있다. V_1 집단은 19대 총선과 20대 총선에서 모두 투표한 사람들이다. V_2 집단은 19대 총선에서 기권했다가 20대 총선에서 투표한 사람들이고, V_3 집단은 19대 총선에서 선거권이 없었다가 20대 총선에서 투표한 사람들이다. 반면 A_1은 19대 총선 투표자였다가 20대 총선에서는 선거권자에서 빠지면서 투표자에서 제외된 사람들이며, A_2는 19대 총선 투표자였다가 20대 총선에서 기권자가 된 사람들이다. A_3는 지난 선거에 이어 이번 선거에도 기권한 사람들이며, A_4는 20대 총선에서 새롭게 선거권자가 된 사람들 중 투표에 참여한 집단이다.

20대 총선 투표자가 19대보다 257만~262만여 명의 증가로 나타난 것은 V_2와 V_3로 구성된 '새로운 투표자' 집단에서 유의미한 변화가 있었다는 것을 의미한다. 이유는 다음과 같다.

19대와 20대 총선의 연속 투표자수는 무조건 19대 투표자수보다 적다. 사망 등으로 인한 투표 불가능자가 발생하기 때문이다. 19대와 20대 총선의 연속 기권자와 20대에 새로 선거권이 생겼지만 기권한 사람들은 19대와 20대 총선의 투표자 변동에 영향을 미치지 않는다. 19대 총선의 투표자수에 반영되지 않았기 때문이다. 결국 19~20대 총선 투표자 변동은 20대 총선의 새로운 투표자 집단인 V_2, V_3 집단, 그리고 19대 총선에 투표했다가 20대 총선에 투표하지 못했거나 기권한 A_1, A_2 집단으로 인해 발생한 것이다. A_1 집단이 고정되었다고 보면, A_2 집단의 규모가 클수록 V_2

와 V3 집단의 새로운 투표자 규모도 더 커진다는 계산이 나온다.

정리하자면, 20대 총선에 새로 선거권이 생겨서 투표한 사람들과 19
대 총선에서 기권했다가 20대 총선에서 투표한 사람들이 20대 총선 투표
율 증가에 결정적인 영향을 미쳤고, 19대 총선에서 투표했다가 20대 총선
에서 기권한 사람들을 고려하면 그 규모는 260만여 명보다 더 크다는 것
이다. 이들이 누구인지, 왜 투표장에 나왔는지, 투표장에 나와 어떤 정당
이나 후보를 지지했는지를 밝히는 것은 20대 총선 결과를 해석하는 중요
한 단서가 될 것이다. 이 문제는 향후 중앙선거관리위원회의 투표율 통계
와 더 다양한 설문조사 결과들이 확보되어야 분석이 가능하다. 20대 총선
결과에 대한 해석이 이제 시작이라고 보는 이유다.

새로운 투표자, 지역별로 달랐다?

20대 총선 결과를 해석할 때 매우 섬세한 접근이 필요한 이유 중 하나는
지역별로 정당 및 후보 경쟁 구도가 다양했기 때문에 유권자의 선택에 대
한 해석에도 더 세분화된 고려가 필요하다는 것이다. 20대 총선의 새로운
투표자들이 누구인지에 관해서도 지역별로 좀 더 나누어 살펴볼 필요가
있다.

〈그림 2〉는 16개 광역시도 단위별로 19대 총선에 비해 20대 총선에서
늘어나거나 줄어든 선거권자와 투표자의 비율을 나타낸 것이다. 전국 단
위에서 선거권자 변동은 19~22세 신규 선거권자의 증가와 사망 등의 이
유로 인한 선거권자의 감소를 고려하면 단순 추정이 가능하다. 그러나 지

그림 2 **16개 광역시도 선거인수와 투표자수 변동(19~20대 총선 정당투표 기준)**

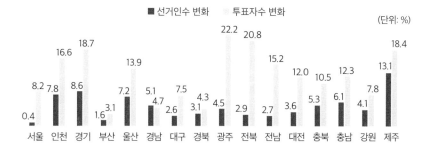

*정당투표를 기준으로 19대와 20대 총선의 선거권자와 투표자의 증감을 나타낸 것임. 세종시는
한 그래프에 표시하기가 어려워 제외했는데, 선거권자 증가율이 109.6%, 투표자 증가율이 124.9%로 나타남.

역은 여기에 더해 유출입 인구 변동을 고려해야 하기 때문에 추정이 단순
하지는 않다. 예컨대 세종시의 경우 4년 사이에 선거권자가 2배 이상 늘었
는데 행정부처 공무원들의 이동이 주된 원인이었다. 이런 요인을 감안하면
서 〈그림 2〉를 살펴보자.

선거권자와 투표자 증가율의 격차가 가장 큰 곳은 서울이다. 선거권
자 증가율은 0.4%에 불과했지만 투표자 증가율은 8.2%로 20배 가까이에
이른다. 4년 사이 유입된 선거권자, 19~22세 신규 선거권자의 투표 참여
만으로는 설명이 어려우며, 19대 총선에서는 기권했다가 20대 총선에서
투표에 참여한 유권자의 상당한 규모를 추정하지 않는 한 설명이 어렵다.

호남지역의 상황도 도드라진다. 광주, 전북, 전남은 각각 19대에 비해
20대 총선에서 늘어난 선거권자 비율이 4.5%, 2.9%, 2.7%였다. 그런데 투
표자 증가율은 22.2%, 20.8%, 15.2%로 선거권자 증가율의 5~7배에 이르
고 있다. 이런 현상은 정도의 차이는 있지만 부산, 경남, 경북을 제외한 전

국에서 발견되고 있다.

19대 총선에서는 기권을 선택했지만 20대 총선에서는 투표장에 나온 이 유권자들은 누구일까? 이들은 어떤 정당 혹은 후보를 선택했을까? 또 왜 이런 결정을 내리게 되었을까?

일반적으로 선거에서 경쟁하는 정당이나 후보의 수가 많아지면 유권자의 선거 관심도 높아지고 투표 참여도 늘어날 수 있다. 그러나 모든 경우에 이런 현상이 나타나는 건 아니다. 새로 경쟁에 뛰어든 정치세력이 기존의 정당 경쟁 체제로는 대표하지 못했던 새로운 갈등이나 정책 수요를 동원할 수 있을 때, 혹은 기존에 있었던 정당이라고 하더라도 유권자들에게 새로운 의미를 부여받고 기존과는 다른 갈등이나 정책 수요를 대표하게 될 때 발견될 수 있는 현상이다. 반대로 새로운 경쟁의 내용이 없이 기존 정당들의 이합집산만으로 경쟁자의 수가 많아지는 경우에는 오히려 투표 참여가 감소기도 한다.

20대 총선에서 새로 등장한 정치세력이라면 국민의당을 꼽을 수 있다. 그런데 이번 선거에서 국민의당이 대표했던 새로운 사회갈등이나 정책 수요의 내용을 특정하기란 쉽지 않다. 선거 직전 더불어민주당에서 탈당한 정치인들을 중심으로 당이 꾸려졌고, 선거운동 기간에는 정책 메시지보다 새누리당과 더불어민주당 양당체제의 문제를 중심 이슈로 제시했기 때문이다. 따라서 국민의당을 선택한 유권자들에게는 기존 원내 제1당과 제2당으로 충족될 수 없는 '그 무엇'에 대한 기대가 중요했을 것으로 추정된다. 그러나 이것은 전국적 수준의 한 추론일 뿐이다. 각 지역 단위의 선거 경쟁 구도에서 어떤 유권자들이 어떤 정당에게 새로운 기대를 가졌고 새롭게 투표에 참여했는지는 향후 더 세세하게 밝혀져야 할 문제다.

한편 〈그림 2〉에 나타난 부산, 경남, 경북의 선거 결과도 흥미롭다. 다른 지역과 달리 선거인수 증가율보다 투표자수 증가율이 더 작거나, 높더라도 그 차이가 매우 미미하기 때문이다. 이 변동폭은 지난번 선거에는 참여했으나 이번 선거에는 참여하지 않은 사람, 지난번에는 기권했으나 이번에는 참여한 사람, 신규 선거권자 중 투표한 사람과 그렇지 않은 사람들이 만들어낸 집단적 결과다. 새로운 투표자도 늘어났으나 이를 능가할 정도로 새로운 기권자들이 늘어난 결과일 수도 있고, 새로운 투표자나 기권자의 변동폭이 매우 미미한 상태에서 기존 투표자들과 신규 투표자 중 일부가 만들어낸 결과일 수도 있다. 어떤 원인에 의한 결과인지는 역시 몇 달 후에 발표될 중앙선거관리위원회의 전국 단위 투표 참여 조사 결과가 나와야 정확히 판단할 수 있을 것 같다.

누가 원내 제1당을 바꾸었을까

각 정당별 의석 분포를 기준으로 볼 때, 20대 국회는 민주화 이후 최초로 집권당이 제1당이 되지 못한 국회이며 16대 국회 이후 처음으로 원내 과반의 제1당이 없는 국회가 되었다. 19대 국회뿐만 아니라 민주화 이후 역대 다른 국회들과 비교해보아도 큰 변화가 아닐 수 없다. 그런데 이런 변화를 만들어낸 유권자의 선택은 과거와 어떻게 달랐을까?

우선 우리나라 국회 총 의석수 중 압도적 다수의 의원을 선출하는 지역구 후보투표를 기준으로 살펴보자. 20대 지역구 국회의원 선거에서 새누리당은 19대에 비해 22석 내지 25석을 잃었다. 19대 총선에서 독자적으

표 2 19~20대 총선의 지역선거구 후보투표 기준 의석수 변동

19대 총선	새누리당	자유선진당	민주통합당	-	통합진보당	무소속	합계
	127	3	106	-	7	3	246
20대 총선	새누리당	-	더민주당	국민의당	정의당	무소속	합계
	105	-	110	25	2	11	253
변동	-22(-25)		+4	+25	-5	+8	+7

자료: 중앙선거관리위원회 선거정보시스템이 제공한 집합자료

로 후보를 냈던 자유선진당은 3석을 얻었는데, 총선이 끝나고 6개월여 후인 2012년 10월 새누리당과 합당을 했다. 이를 고려하면 25석을 잃은 셈이다. 반면 20대 총선 결과 더불어민주당의 의석은 19대 때 민주통합당에 비해 4석이 늘어났고, 통합진보당에 비해 정의당은 5석이 줄어들었으며 무소속은 8석이 늘었고 국민의당은 25석을 얻었다. 특히 새누리당과 국민의당 의석의 증감폭은 매우 크게 느껴진다.

그런데 〈표 3〉은 조금 다른 그림을 보여준다. 득표율만 놓고 보면, 새누리당 후보들은 19대에 비해 20대 총선에서 5%p의 득표를 잃은 것으로 나타난다. 그러나 득표수를 기준으로 보면 새누리당 후보들이 잃은 표는 12만여 표, 자유선진당 지지표까지 합쳐도 60여만 표에 지나지 않는다. 12만여 표는 20대 총선 총 유효투표수 기준 0.5%이며 자유선진당 후보들이 19대 총선에서 얻었던 득표까지 합쳐 손실로 보더라도 2.5% 수준이다. 20대 총선에서 각 정당이 얻은 득표를 19대 총선 득표와 연결하여 간단한 함수식으로 생각해보자.

표 3 19~20대 총선의 지역선거구 후보투표 기준 득표수 변동

19대 총선	소속 정당	새누리당	자유 선진당	민주 통합당	-	통합진보당	기타 정당· 무소속	유효 투표수
	득표수	9,324,911	474,001	8,156,045	-	1,291,306	2,299,733	21,545,996
	득표율	43.3%	2.2%	37.9%	-	6.0%	10.7%	100.0%
20대 총선	소속 정당	새누리당	-	더민주당	국민의당	정의당	기타 정당· 무소속	유효 투표수
	득표수	9,200,690	-	8,881,369	3,565,451	395,357	1,959,553	24,002,420
	득표율	38.3%	-	37.0%	14.9%	1.6%	8.2%	100.0%
변동	득표수	-124,221(-598,222)		725,324	3,565,451	-895,949	-340,180	2,456,424

자료: 중앙선거관리위원회 선거정보시스템이 제공한 집합자료

F1 (20대 총선 각 정당 득표) = (19~20대 총선 연속 지지자 득표) + (20대 총선 신규 선거권자 중 투표자 득표 + 19대 기권자 중 투표자 득표 + 19대 다른 정당 투표자의 유입표) - (19대 총선 투표자 득표 중 20대 총선 이탈표)

    20대 총선에서 새누리당 후보들이 얻은 득표는 19~20대 모두 새누리당 후보를 선택한 지지자들의 득표에 '새로운 투표자' 중 지지표, 19대의 다른 정당 투표자 중 20대에 새롭게 새누리당 후보를 지지한 유입표를 합산한 후, 19대 총선에서는 새누리당 후보에게 투표했다가 20대 총선에서는 투표하지 않았거나 다른 정당 후보에게 투표한 이탈표를 빼면 된다.

    내일신문과 서강대 현대정치연구소의 총선 패널조사 결과에 따르면, 19대 총선에서 다른 정당 후보에 투표했다가 20대 총선에서 새누리당 후보로 지지를 이동한 투표자, 19대 총선 기권자 중 20대 총선 투표자 득표, 20대 총선 신규 투표자 중 새누리당 후보를 선택한 투표자의 규모는 20대

총선 새누리당 후보들이 얻은 총 득표 중 15% 정도를 차지하고 있었다. 그리고 나머지 85% 정도는 19~20대 연속 새누리당 후보에게 투표한 유권자들의 표로 구성되었다.

이렇게 본다면, 후보 투표에 관한 한 19대 총선과 20대 총선에서 새누리당 후보 지지의 연속성은 높았으나, 전체적으로 '새로운 유권자들'이 유입되어 투표자 총수가 증가하면서 총 유효투표수에서 차지하는 비중은 상대적으로 낮아졌고, 1등 당선제에서 당락을 가르는 3~5% 승부처 다수를 잃게 되었다는 해석이 가능하다. 이 해석이 맞다면, 선거 후 제출된 가설들 가운데 '전통적인 새누리당 지지층의 대거 이탈 혹은 지지 이동'으로 새누리당 의석수 감소를 설명하는 것은 신중할 필요가 있다.

물론 정당투표에서 이 가설은 설득력을 가질 수 있다. 20대 총선의 새누리당 정당 득표는 19대에 비해 120만여 표가 줄어들었고, 자유선진당 지지표까지 합하면 186만여 표가 줄었다. 총 비례의석수가 줄었고 정당

표 4 19~20대 총선의 주요 정당 득표 변동

19대 총선	새누리당	자유선진당	민주통합당	-	통합진보당	그 외 정당	합계
	9,130,651	690,754	7,777,123	-	2,198,405	1,535,128	21,332,061
	42.8%	3.2%	36.5%	-	10.3%	7.2%	100.0%
20대 총선	새누리당	-	더민주당	국민의당	정의당	그 외 정당	합계
	7,960,272	-	6,069,744	6,355,572	1,719,891	1,655,498	23,760,977
	33.5%	-	25.5%	26.7%	7.2%	7.0%	100.0%
변동	-1,170,379(-1,861,133)	-	-1,707,379	6,355,572	-478,514	120,370	2,428,916

자료: 중앙선거관리위원회 선거정보시스템이 제공한 집합자료

득표도 줄어 새누리당은 19대 총선 25석에서 20대 총선 17석으로 정당비례 의석이 감소했다. 하지만 지역구 선거에서 새누리당이 잃은 22석(25석)의 규모가 훨씬 더 크다. 그리고 이 감소를 만들어낸 것은 이탈한 새누리당 지지층이라기보다 새로운 투표자들일 가능성이 높다. 다시, 20대 총선의 '새로운 투표자'가 누구인지 밝히는 것이 중요한 이유다.

누가 국민의당을 지지했을까

이번 선거에서 가장 이득을 본 세력은 국민의당이라고 할 수 있다. 안철수 대표의 탈당과 창당, 그리고 단일화 압박에도 굴하지 않고 걸었던 독자 노선을 통해 38석이라는 의석으로 20대 국회에 입성하게 되었기 때문이다. 평론가들은 선거 결과를 놓고 국민의당에 대해서 다양한 전망들을 내놓고 있다. 선거 결과 나타난 제3당의 지위가 지속될 것인가, 아니면 이전에 명멸했던 제3당과 같은 운명을 걸을 것인가? 여기서는 내일신문과 서강대 현대정치연구소가 실시한 20대 패널조사 자료를 이용하여 어떤 유권자들이 국민의당을 지지했는지 파악해보도록 한다.

옛 민주당 지지층이 많이 유입됐지만 새로운 투표자층의 지지는 적었다
〈표 5〉는 19대 총선 당시 지역구 투표에서 투표한 후보의 소속 정당별로 그 지지가 20대 총선에서 국민의당으로 얼마만큼 움직였는지를 보여주고 있다. 19대 총선에서 새누리당 후보를 지지한 사람들 중 11.9%가 20대 총선에서 국민의당 후보를 지지했고, 23.6%가 비례 투표에서 국민의당을 지

지했다. 새누리당 지지자 중 국민의당 지지가 적지 않음을 보여준다. 그러나 민주당 지지층의 국민의당 지지는 훨씬 더 많았다. 19대 총선에서 민주당 후보 지지층은 22.7%가 20대 총선에서 국민의당 후보를 지지했고, 36.0%가 비례 투표에서 국민의당을 지지했다. 지역구에서 국민의당으로 이탈한 표가 새누리당의 두 배였고, 비례 투표에서는 약 13%p 더 많았다.

　　전체 유권자 중 비중은 매우 작지만, 19대 총선 당시 통합진보당과 정의당을 지지했던 투표자 중 14.6%가 지역구에서 국민의당 후보를 지지했

표 5 19대와 비교해본 20대 총선의 지역구·비례 투표

(단위: %)

19대 총선 지역구 투표	20대 총선 지역구 투표					사례수
	새누리당	더민주당	국민의당	정의당	기타 정당·무소속	
새누리당	62.0	14.7	11.9	1.4	10.1	429
민주당	8.3	59.3	22.7	5.6	4.2	339
통합진보당·정의당	4.9	48.8	14.6	24.4	7.3	41
기권·무투표권	18.1	58.3	13.9	2.8	2.8	72
전체	34.6	37.2	16.6	4.1	7.4	919

19대 총선 지역구 투표	20대 총선 비례 투표					사례수
	새누리당	더민주당	국민의당	정의당	기타 정당·무소속	
새누리당	53.5	12.1	23.6	3.7	7.0	429
민주당	4.4	35.1	36.0	18.9	5.6	339
통합진보당·정의당	2.4	28.6	23.8	38.1	7.1	41
기권·무투표권	16.7	38.9	19.4	13.9	11.1	72
전체	28.6	24.2	28.4	11.8	7.0	919

자료: 내일신문—현대정치연구소 20대 총선 패널조사 자료
*19대 총선 당시 무소속 후보 지지와 모름/무응답은 표에서 제외함.

고, 23.8%가 비례 투표에서 국민의당을 지지했다. 19대 총선에서는 기권했지만 이번 총선에서는 투표한 사람과 이번 총선에서 새롭게 투표권을 부여받은 '새로운 투표자들'은 13.9%가 지역구에서 국민의당 후보를 지지했고, 19.4%가 비례 투표에서 국민의당을 지지했다.

정당투표를 보면 새로운 투표층에서 국민의당 지지는 상대적으로 적었다. 새로운 투표층은 58.3%가 지역구 투표에서 민주당 후보에 투표했고, 비례 투표에서도 38.9%가 더불어민주당을 지지했다. 비례 투표에서는 새로운 투표층이 19대 총선 때의 민주당 지지층보다 더 많은 지지를 한 것이다. 20대 총선에서 새롭게 투표권을 부여받은 새로운 투표자층의 투표 성향을 엿볼 수 있는 대목이다. 이는 국민의당 지지자들의 연령층이 젊은층이 아님을 암시하는 것이기도 하다.

50대, 호남, 중도층의 지지가 많았다

국민의당 지지는 20대에서 눈에 띄게 적었고, 50대에서 많았다. 20대의 국민의당 지지는 평균(28.5%)보다 9.8%p 적었다. 그러나 50대의 국민의당 지지는 평균보다 8.7%p 많았다. 지역적으로는 호남지역에서 42.9%의 지지로 평균보다 14.4%p 더 많았다. 인천과 경기지역의 국민의당 지지도 31.7%로 평균보다 높았다.

이념적으로는 중도층의 국민의당 지지는 33.5%로 새누리당이나 더불어민주당의 지지보다도 많았고, 전체 평균보다 5.0%p 더 많았다. 1차 조사 당시 정당 선호층이 비례 투표에서 국민의당을 얼마나 투표했는지 살펴보면, 새누리당 지지층은 20.1% 지지했고, 더불어민주당 선호층도 비슷하게 20.5% 투표했다. 국민의당에 대한 두 거대 정당의 지지는 비슷한 크기

표 6 인구사회적 배경과 정치 성향 변수에 따른 정당 득표율

구분		새누리당	더민주당	국민의당	정의당	사례수
연령	20대	14.7	41.3	18.7	14.7	150
	30대	13.8	28.7	28.7	21.0	167
	40대	19.5	27.7	27.7	17.4	195
	50대	38.3	13.7	37.2	6.6	183
	60대 이상	48.9	14.3	28.7	2.2	223
거주 지역	서울	27.1	23.9	26.6	16.5	188
	인천·경기	27.7	23.6	31.7	12.2	271
	대전·충청	19.1	31.9	28.7	9.6	94
	광주·전라	6.1	23.5	42.9	19.4	98
	대구·경북	51.1	20.7	12.0	5.4	92
	부산·경남	40.7	22.9	23.6	6.4	140
이념	진보	7.8	33.8	29.0	21.8	293
	중도	24.1	28.1	33.5	6.8	278
	보수	49.4	11.1	25.3	7.7	324
정당 선호 (1차 조사)	새누리당	62.7	9.9	20.1	1.7	354
	더민주당	2.9	60.0	20.5	13.7	205
	국민의당	4.0	7.0	78.0	7.0	100
	무당층	16.8	26.6	34.1	8.1	173
국정 지지도	잘함	61.8	8.3	24.8	0.3	314
	잘못함	8.0	32.9	29.2	22.4	465
	잘 모름	22.7	30.5	34.0	2.8	141
전체		28.5	24.1	28.5	11.7	920

자료: 내일신문—현대정치연구소 20대 총선 패널조사
*그 외 정당과 '잘 모름'이라는 응답을 제외함.

였다. 그러나 국민의당 지지층이 실제 선거에서 국민의당을 지지한 비율은 78.0%로 다른 정당 선호층의 선호 정당에 대한 실제 지지율보다 국민의당 지지층의 정당투표에 대한 충성도가 그만큼 높았다는 것을 의미한다. 무당층의 국민의당 실제 지지율은 34.1%로 무당층의 다른 정당에 대한 지지

율보다도 가장 높았고, 국민의당 선호층 외 다른 정당 선호층의 국민의당 지지율보다 높았다.

　박근혜 대통령의 국정운영에 대한 지지와 관련해서도 '잘 모르겠다'는 판단 유보층의 국민의당 지지는 34.0%로 새누리당과 더불어민주당의 지지보다 많았고 평균보다도 5.5%p 더 많았다. 이로써 국민의당 지지가 사회인구학적으로는 50대와 호남에서 높았고, 정치 성향으로는 중도층과 무당층에서 높았음을 알 수 있다.

호남과 비호남이 다른 국민의당

〈표 7〉은 주요 정당 지지(정당투표)층의 이념 성향을 호남과 비호남 출신자(고향)로 나누어보았다. 국민의당 지지층의 이념 점수는 두 집단 사이에서 매우 달랐다. 비호남 출신 국민의당 지지층의 이념 점수는 5.26이었는데, 호남 출신 국민의당 지지층의 이념 점수는 4.36으로 약 1점의 차이가 났다. 이러한 결과는 호남 출신 국민의당 지지층은 진보적인데 비호남 출신 국민의당 지지층은 보수적임을 의미한다. 따라서 국민의당 지지층은 두 집단 모두에서 새누리당과 더불어민주당의 사이에 있었지만 그 위치는 매우 달랐다. 비호남 출신자들 중 국민의당 지지층은 새누리당과 민주당 지지층의 중간쯤에 있지만, 호남 출신자들 중 국민의당 지지층의 위치는 새누리당 지지층의 위치와 약 3점의 거리를 두면서 민주당 지지층의 위치에 가까웠다.

　이러한 분석 결과는 국민의당이 지역적으로 높은 지지를 받은 호남 지지층과 전국적으로 고른 지지를 보낸 비호남 지지층 사이에 이념적 간극이 크다는 것을 의미한다. 이는 대선으로 가는 과정에서 중도를 지향하

표 7 국민의당의 이념 성향

구분	비호남 출신(735)		호남 출신(146)	
	이념 점수	표준편차	이념 점수	표준편차
새누리당	6.70	2.255	7.32	2.066
더민주당	4.16	2.034	3.81	2.123
국민의당	5.26	2.219	4.36	2.189
정의당	3.71	1.974	3.57	1.320

자료: 내일신문—현대정치연구소 20대 총선 패널조사 자료
*정당 지지층은 정당비례 투표층임. 이념 성향은 2차 조사 당시의 11점 척도의 이념 점수임.

는 국민의당 지도부와 호남을 대변하는 당내 세력 사이에 갈등이 일어날 수 있는 지점임을 알 수 있다. 새누리당은 국민의당으로 인입된 중도보수층의 지지를 다시 얻어야 할 것이고, 야권은 기존 지지층 외에 국민의당이 확보한 중도보수층을 끌어안으면서 수권 가능한 지도력을 창출해내는 것이 다음 대선 승리를 위한 최대의 과제일 것이다.

03

지역과 세대, 그리고 20대 총선

지역으로 나눠 본 20대 총선

PK는 TK와 달랐다

총선 직후 대구에서 더불어민주당의 김부겸 후보가 김문수 후보를 누르고 당선된 것에 대한 반향이 워낙 커서 PK지역에서 더불어민주당의 5석 의석 확보는 상대적으로 부각되지 못했다. 그러나 PK지역에서 더불어민주당이 이룬 성과는 2004년 총선 이후 한 번도 맛볼 수 없었던 최대의 성과였다. 더불어민주당이 5석을 확보하게 된 PK의 표심은 어땠는지 19대 총선 결과와 비교해 살펴보도록 한다.

〈표 8〉은 설문조사 자료와 중앙선거관리위원회 집합자료에서 나타난 TK지역과 PK지역의 정당 후보 득표율을 19대 총선과 20대 총선을 비교해서 보여주고 있다. 이 자료에 의하면, 19대 총선에서도 두 지역의 차이는

표 8 TK와 PK의 정당 후보 득표율(19대, 20대 총선)

구분		19대 총선			20대 총선			
		새누리당	민주통합당	무소속	새누리당	더민주당	국민의당	무소속
집합 자료	TK	59.6	14.1	19.9	57.3	13.8	0.9	25.0
	PK	51.2	27.1	11.9	46.6	32.6	4.7	13.0
설문 자료	TK	60.7	22.6	-	51.6	21.5	6.5	12.9
	PK	67.2	22.1	-	47.2	29.6	8.5	7.0

집합자료: 중앙선거관리위원회 개표 결과 자료를 바탕으로 계산한 것
설문자료: 선거학회 19대 총선 선거후 조사 자료, 내일신문—현대정치연구소 20대 총선 패널조사 자료

나타났다. 설문조사 자료에서는 새누리당의 후보 득표율이 PK지역(67.2%)이 TK지역(60.7%)보다 약 7%p 더 많은 것으로 나타났고, 실제 선거 결과에서는 거꾸로 TK지역(59.6%)이 PK지역(51.2%)보다 약 8%p 더 많았다. 두 지역 간 민주통합당의 득표율 차이는 설문자료에서 잘 드러나지 않았지만, 집합자료에서는 뚜렷이 나타났다. PK지역 민주통합당 지지율(27.1%)이 TK지역(14.1%)보다 약 13%p의 차이를 보였다. 의석수로는 연결되지 않았지만, PK지역의 민주당 지지는 TK지역에 비해 상당히 많았다.

TK지역과 PK지역 간 주요 정당의 득표율 차이는 19대 총선보다 20대 총선에서 더욱 뚜렷하게 드러났다. 설문자료상으로 PK지역의 새누리당의 지지(47.2%)는 TK지역(51.6%)보다 약 4%p 더 적었고, 민주당의 지지는 약 7%p 더 많았다. 국민의당 지지를 합치면, PK지역에서의 야권 지지(38.1)가 TK지역(28.0%)보다 약 10%p 더 많았다. 그런데 놀랍게도 두 지역 간의 정당 득표율 차이는 실제 선거 결과인 집합자료에서 더 뚜렷했다. 새누리당의 PK에서의 득표율은 TK에서보다 약 11%p 적었고, 민주당의 지지는

PK에서 약 18%p 더 많았다. 국민의당 후보에 대한 지지도 TK지역에서는 0.9%에 불과했지만, PK지역에서는 4.7%를 차지했다. 20대 총선에서 PK지역이 TK지역과 다름을 분명히 보여주고 있는 대목이다.

다음으로 두 총선 사이에 주요 정당의 득표율 변화를 살펴보자. 설문조사 자료에서 두 선거 사이에 새누리당의 지지는 큰 폭으로 하락한 것으로 나타났다. TK지역에서는 약 9%p, PK지역에서는 약 20%p의 하락을 보였다. 그러나 집합자료에 의하면 TK지역에서 새누리당 후보 득표율은 두 선거 사이에 약 2%p 하락했고, PK지역에서는 약 5%p 하락했다. 설문조사 자료가 실제 선거 결과와 차이를 보이는 것은 기권이 잘 드러나지 않고, 선거 후 조사에서 응답자의 응답에 선거 결과가 영향을 미치기 때문이다. 설문조사 결과가 실제보다 과장된 측면이 있지만, 영남지역에서 새누리당 후보의 득표율이 하락한 것은 사실이며 TK와 PK 지역은 차이를 보였다.

TK지역에서 19대와 20대 총선 간 민주당 후보의 득표율은 설문자료(22.6% 대 21.5%)에서도 집합자료(14.1% 대 13.8%)에서도 큰 차이가 없었다. 그러나 PK지역에서 민주당의 후보 득표율은 두 선거 사이에 많은 차이가 나타났다. 설문자료에 의하면 PK지역에서 20대 총선의 민주당 지지는 29.6%로 19대 총선 당시 민주통합당 득표율보다 약 7%p 늘었고, 국민의당의 후보 득표를 포함하면 야권 지지가 15.5%p 늘어난 것으로 나타났다. 집합자료에 나타난 실제 선거 결과를 보아도, 이 지역에서 민주당 지지는 약 5%p 상승했고, 국민의당 지지를 포함하면 약 10%p 야권 지지가 늘어난 것으로 기록된다. 박근혜 정권 심판론이 지배적이었던 이번 총선에서 PK지역은 TK지역에 비해 훨씬 강한 야권 지지 경향을 보였음을 알 수 있다.

영남 지역의 분석 결과, 흥미로운 것은 20대 총선에서 새누리당의 지지가 19대 총선에 비해 크게 줄어들지 않았는데, 국민의당을 포함한 야권과 무소속의 득표가 증가한 점이다. 실제 선거 결과에 따르면 TK지역에서 두 선거 사이에 새누리당 후보의 득표율이 약 2%p 줄었으나, 민주당의 후보 득표율은 오히려 0.3%p 하락했고, 국민의당 후보는 0.9%를 득표했고, 무소속 후보는 25%를 득표했다. PK지역에서 두 선거 사이에 새누리당 후보의 지지는 5%p 정도 줄었고, 민주당의 지지가 5%p 정도 늘어 상쇄되는 듯했으나, 국민의당과 무소속 득표율의 증가분이 6%p 가까이 된다. 여론조사 결과를 두고 분석되는 것과는 달리 20대 총선에서 민주당과 국민의당의 약진은 새누리당으로부터 지지층이 이탈한 결과라기보다는 과거의 기권자층과 새롭게 등장한 유권자층이 선거에 참여하고 야권을 지지한 결과라고 추정할 수 있다.

호남 유권자는 더불어민주당을 버린 걸까

20대 총선 결과의 최대 화두 중 하나는 호남 유권자들의 선택이었다. 19대 총선 민주통합당 25석과 20대 총선 더불어민주당 3석의 대조는 가히 '충격적'이라 할 만했다. 비단 19대 총선만이 아니라 민주화 이후 반복된 선거에서 민주당 계열 정당들이 이 지역 의석의 압도적 다수를 차지해왔기 때문에 그 충격은 더욱 컸다. 그리고 20대 총선에서 그 수혜자는 호남지역에 할당된 의석 총 28석 가운데 23석을 차지한 국민의당이었다. 의석수로만 본다면, 국민의당 후보들에게 의석을 몰아주고 일약 원내 제3당으로 부상시킨 호남 유권자들의 선택은 '의심의 여지없이' 민주당 계열 정당과의 오래된 관계를 끊어낸 것이다. 그런데 실제 호남 유권자들의 투표 결정은 의

표 9 19~20대 총선의 지역 선거구 후보투표 기준 의석 변동(호남)

19대 총선	새누리당	민주통합당	-	통합진보당	무소속	합계
	0	25	-	3	2	30
20대 총선	새누리당	더민주당	국민의당	정의당	무소속	합계
	2	3	23	0	0	28
변동	+2	-22	+23	-3	-2	-2

자료: 중앙선거관리위원회 선거정보시스템이 제공한 집합자료

표 10 19~20대 총선의 지역 선거구 후보투표 기준 득표 변동(호남)

19대 총선	소속 정당	새누리당	민주통합당	-	통합진보당	기타 정당· 무소속	유효투표수
	득표수	118,011	1,168,543	-	356,317	558,358	2,201,229
	득표율	5.4%	53.1%	-	16.2%	25.4%	100.0%
20대 총선	소속 정당	새누리당	더민주당	국민의당	정의당	기타 정당· 무소속	유효투표수
	득표수	222,391	981,982	1,227,320	34,981	168,424	2,635,098
	득표율	8.4%	37.3%	46.6%	1.3%	6.4%	100.0%
변동	득표수	104,380	-186,561	1,227,320	-321,336	-389,934	433,869

자료: 중앙선거관리위원회 선거정보시스템이 제공한 집합자료

석수가 보여주는 것만큼이나 단절적이었을까?

19대 총선에서 민주통합당 후보들은 호남지역 투표자 중 과반이 넘는 53.1%의 지지를 얻었지만, 20대 총선에서 더불어민주당 후보들은 37.3%의 지지밖에 얻지 못했다. 15.8%p의 지지가 감소한 것이다. 그런데 득표수 기준으로 보면, 20대 더불어민주당 후보들이 얻은 총 득표는 19대 민주통합당 후보들이 얻은 총 득표보다 18만 7천여 표가 줄어든 것이고, 이 수치

는 20대 총선 이 지역 유효투표수 중 7.1% 수준에 그친다. 의석수 기준으로 보면 더불어민주당 지지층이 국민의당으로 대거 이동한 것처럼 보이지만, 득표수 기준으로 보면 더불어민주당 후보들이 19대 민주통합당 후보들보다 덜 얻은 18만 7,000여 표는 20대 총선 국민의당 후보들이 얻은 총 123만여 표 중 15.2% 수준에 지나지 않는다. 어떻게 된 일일까?

$$F1(국민의당 득표) =$$

$$A(기존 정당 이탈표) + B(신규 투표자 득표) + C(19대 기권자 중 투표자 득표)$$

20대 총선에서 국민의당이 얻은 득표의 구성을 놓고 생각해보자. 국민의당 후보들이 얻은 득표는 19대 총선 투표자 중 이탈표(A그룹)와 20대 총선 신규 투표자 중 득표(B그룹), 19대 기권자 중 투표자 득표(C그룹)의 합이 될 것이다. A그룹에는 19대 민주통합당 투표자의 이탈표뿐만 아니라 통합진보당 투표자의 이탈표, 기타 정당이나 무소속 후보 지지자의 이탈표를 포함한다.

19대 총선에서는 민주통합당과 통합진보당이 선거 연대를 했고 그 결과로 호남지역에서 통합진보당 후보들은 16.2%의 득표를 할 수 있었다. 하지만 20대 총선에서 정의당 후보들은 그 10분의 1에도 미치지 못하는 득표를 했다. 내일신문과 서강대 현대정치연구소의 총선 패널조사에 따르면, 전국 수준에서 19대 총선의 통합진보당에 투표한 사람들은 20대 총선에서 더불어민주당 후보를 50%, 정의당 후보를 25%, 국민의당 후보를 15% 지지한 것으로 나타났다. 이 투표층에서는 국민의당 후보 지지로 이탈한 규모보다 더불어민주당 후보 지지로 이탈한 규모가 훨씬 크게 나타나지만, 호남지역 유권자들의 조사 결과는 아니므로 추후 다른 조사 결과를 통한 분석이 더 필요할 것이다.

다음으로 19대 총선에서 기타 정당·무소속 후보는 56만여 표를 얻었으나 20대 총선에서는 17만여 표를 얻어 39만여 표가 줄어들었다. 19대 호남지역 무소속 후보들은 민주통합당 계열 정치인 중 공천에 탈락했거나 어떤 다른 이유로 무소속으로 출마한 사람들이 많았기 때문에, 줄어든 39만여 표는 국민의당과 더불어민주당에 나뉘었을 것이다.

현재 정확한 규모를 추산할 수는 없지만 19대 총선의 민주통합당, 통합진보당, 무소속 후보 지지자들의 이탈표를 모두 합해도 20대 총선에서 국민의당이 얻은 123만 표를 모두 설명해내기 어렵다는 걸 알 수 있다. 결국 신규 선거권자 중 투표자 득표(B그룹)와 19대 총선 기권자 중 투표자 득표(C그룹)를 고려해야만 20대 총선의 국민의당 지지표를 설명할 수 있게 된다.

20대 총선에서 광주, 전북, 전남은 각각 19대에 비해 투표자 비율이 22.2%, 20.8%, 15.2% 늘어났다. 이 수치는 19~20대 총선 사이 이 지역에서 늘어난 선거권자 비율의 5~7배에 이르는 것이다. 이것은 19대 총선 때 투표에 참여하지 않았다가 20대 총선에서 투표에 참여한 사람의 비율이 신규 선거권자 투표자보다 훨씬 규모가 크다는 것을 말해준다.

또한 이 지역에서 국민의당 후보들이 얻은 지지표를 설명하기 위해서는 이 집단의 투표 성향을 분석하지 않으면 안 된다는 사실을 보여준다. 아마도 현실은 19대 총선의 민주통합당, 통합진보당, 무소속 후보 투표자 중 일부 지지가 국민의당으로 각각 이동을 했고, 20대 총선 신규 선거권자 투표자와 19대 총선 기권자 중 20대 총선에서 투표한 사람들의 지지가 더불어민주당, 국민의당 후보 지지로 일정 비율 나뉘면서 전체적인 규모를 형성했을 것이다.

다소 복잡해 보이는 이런 추론을 해보는 것은 의석수가 보여주는 착시 현상에 대해 좀 더 냉정하게 판단할 필요가 있다는 제안을 하려는 것이다. 선거 때마다 투표자의 구성은 변화할 수 있으며, 변화를 만들어낸 힘은 생각보다 크지 않을 수 있고, 개별 투표자의 판단은 집단적 결과가 만들어낸 것보다 훨씬 덜 극적일 수 있다. 현실은 백분율로 나타나거나 의석수로 나타나는 것보다 훨씬 유동적이고 복잡하다. 복잡한 정치사회 현상을 간단한 개념으로 추상화하는 작업이 이해를 위해 필요할 때도 있다. 그러나 4,200만 선거권자들이 집단적으로 만들어낸 선거 결과를 제대로 해석하기 위해서는 추상화 이전에 먼저 이면에 놓인 현실을 충분히 뜯어보고 이해하는 작업이 선행되어야 한다.

충청에서는 누가 이겼을까

20대 총선을 거치면서 충청 대망론이 더욱 부상하고 있다. 지역주의가 다소 완화되었다고는 하지만 여야의 텃밭이 여전히 영·호남인 상황에서 충청 표심이 다음 대선 결과를 좌우할 무게추 역할을 할 것으로 전망되기 때문이다.

여권의 충청 구애는 매우 적극적이다. 새누리당의 원내대표와 비상대책위원장, 대통령 비서실장에 충청 출신 인사를 배치하는 등 충청 민심 잡기에 공을 들이는 듯하다. 야당도 온도 차는 있지만 충청 출신 의원들의 전면 배치가 눈에 띈다. 이번 20대 총선에서 나타난 충청 유권자들의 표심이 어떠했기에 여야 정치권은 그토록 충청 민심에 주목하는지 자료를 통해서

표 11 충청 지역 주요 정당의 지역구 및 비례 득표율(19대, 20대 총선)

구분	19대 총선			
	새누리당	통합민주당	자유선진당	진보 계열 정당
지역구	40.4	36.8	18.5	2.2
비례	37.9	33.3	15.1	9.0
구분	20대 총선			
	새누리당	더민주당	국민의당	진보 계열 정당
지역구	42.3	41.1	11.9	1.1
비례	35.3	27.6	23.7	7.5

*중앙선거관리위원회 선거정부시스템이 제공한 집합자료를 바탕으로 계산한 것임.

가늠해보도록 하자.

　　20대 총선에서 충청지역의 의석 배분은 새누리당 14석, 더불어민주당 12석으로 새누리당이 2석 더 많았다. 그렇다면 주요 정당의 득표율은 어떠했는지, 19대 총선에 비해 어떤 변화가 생겼는지를 살펴본다. 20대 총선에서 지역구 득표율은 새누리당 42.3%, 더불어민주당 41.1%로 두 정당 간 득표율 차는 1.2%p로 근소했다. 19대 총선과 비교하면, 두 정당 모두 득표율이 증가했다. 그러나 새누리당은 1.9%p 증가했고, 더불어민주당은 4.3%p 증가했다. 더불어민주당이 충청지역에서 많이 약진했다고 볼 수 있다.

　　그러나 충청지역의 정당비례 투표는 다른 양상을 보인다. 20대 총선에서 새누리당과 더불어민주당은 모두 지역구 투표보다 비례 투표에서 훨씬 적은 득표율을 보였다. 새누리당의 비례 득표율은 35.3%였고, 더불어민주당의 비례 득표율은 27.6%로, 지역구 득표율보다 각각 7.0%p와 13.5%p 더 적었다. 특히 더불어민주당의 비례 득표율은 19대 총선에서 민주통합당의 비례 득표율보다 약 6%p 더 적었다.

　이러한 결과는 충청지역에서도 국민의당이 부상한 탓이다. 국민의당은 지역구에서 11.9%를 득표했지만, 비례에서는 23.7%를 득표하여 더불어민주당의 득표율과 큰 차이를 보이지 않았다. 국민의당 지지자들의 절반 이상이 지역구에서 당선 가능한 새누리당과 더불어민주당의 후보를 선택했지만, 비례대표 투표에서는 진심투표를 했기 때문이다. 민주당의 지역구 득표율과 비례 득표율이 크게 차이 나는 이유는 국민의당 지지자뿐만 아니라 정의당 지지자들의 전략적인 분할투표가 가세했기 때문이다. 정의당 지지자의 상당수도 지역구에서 민주당 후보를 선택했다가 비례 투표에서 정의당을 선택한 경향이 있었다.

　이렇게 보면 충청지역에서 더불어민주당의 지역구 득표율이 새누리당을 육박하고 있는 형세가 앞으로 있을 대선에서도 그대로 나타날 가능성은 많지 않다. 지역구 득표율은 지역 전체 유효투표수 중 해당 정당이 지역 전체에서 얻은 지역구 득표수의 비율이기 때문에 정당이 그 지역에서 내는 후보의 수에 따라서도 증감한다. 실제로 19대 총선에서 민주통합당은 3개 선거구에서 후보를 내지 못했고, 이번 20대 총선에서 더불어민주당은 모든 선거구에서 후보를 출마시켰다. 후보가 얼마나 많은 지역구에 출마하는가도 정당의 지역구 득표율 증감에 영향을 미치는 것이다.

　이러한 이유에서 정당비례 투표의 결과가 대선의 표심을 가늠하는 데 더 유용하다는 점을 감안하면, 더불어민주당이 충청지역에서 얻은 20대 총선 결과는 그리 좋은 점수를 얻었다고 볼 수 없다. 그러나 상황은 새누리당도 마찬가지다. 지난 19대 총선 이후 자유선진당을 흡수했음에도 불구하고 이번 20대 총선에서 새누리당의 지역구 득표율과 비례 득표율은 모두 하락했다. 대선으로 가는 과정에서 주요 정당들이 충청 민심을 얻기 위한 경쟁은 치열할 것이며, 그들의 이합집산이 이 지역의 표심을 드라마틱하게 형성할 것으로 보인다.

세대로 나눠 본 20대 총선

세대별 표심은 20대 총선에서 어떻게 나타났을까? 〈그림 3〉은 19대 총선과 20대 총선 간 정당투표 변화를 세대별로 보여주고 있다. 19대 총선이 있었던 2012년의 각 연령집단을 기준으로 2012~2016년의 변동을 살펴보았다. 20대 총선에서 생애 처음으로 투표권을 얻은 2016년 현재 19~22세 투표자들은 더불어민주당에 46.8%로 가장 많이 투표한 것으로 나타났다. 다음이 정의당(14.9%), 새누리당(12.8%)이었고, 국민의당(10.6%)은 새로운 투표층으로부터 가장 적은 선택을 받았다.

2012년 당시 20대의 19대 총선 투표 선택과 그들의 2016년 20대 총선에서의 투표 선택을 비교해보면, 새누리당 투표가 10%p 정도 감소했고, 민주통합당·더불어민주당 투표는 17.6%p 감소했으며, 대신에 국민의당 투표가 26.3%에 달했다. 통합진보당과 정의당 등 진보 계열 투표는 비슷한 수준을 유지했다.

마찬가지로 2012년 30대의 2016년 새누리당 투표는 26.9%p 감소했고, 민주통합당·더불어민주당 투표는 15.2%p 감소했으며, 국민의당 투표는 28.1%로 나타났다. 특이한 점은 이 연령대에서 2012년 통합진보당 투표에 비해 2016년 정의당 투표가 13.3%p 증가한 것이다.

2012년 40대는 2016년 새누리당에 12.9%p만큼 적게 투표했으며, 민주당 계열 정당에는 25.1%p 덜 투표한 반면, 국민의당에는 30.9%나 투표했다. 통합진보당에 비해 정의당에 대한 선택도 4.8%p 더 늘었다.

2012년 50대 투표자의 2016년 변화가 가장 컸다. 새누리당 투표가 21.4%p, 민주통합당·더불어민주당 투표가 17.0%p 감소한 반면, 국민의당 투표가 36.3%로 전 연령대에서 가장 많다.

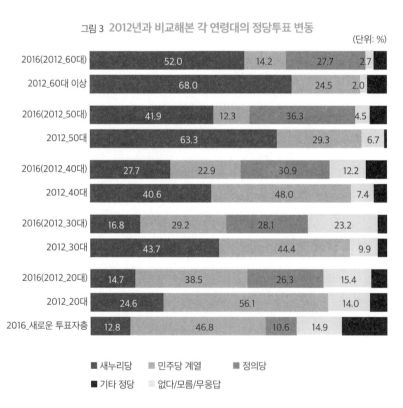

그림 3 2012년과 비교해본 각 연령대의 정당투표 변동

(단위: %)

2012년 총선 자료: 선거학회 선거 후 조사 자료
2016년 총선 자료: 내일신문—서강대학교 현대정치연구소 20대 총선 패널 2차 조사 자료

2012년 60대 이상 투표자의 2016년 총선 선택에서 새누리당 투표는 16.0%p, 민주통합당·더불어민주당 투표가 10.3%p만큼 줄었으며, 국민의 당 투표는 27.7%로 나타났다.

각 정당의 세대별 득표를 기준으로 보면, 새누리당은 전 연령대에서 득표가 줄었지만 특히 2012년을 기준으로 30대＞50대＞60대 순으로 득 표 감소폭이 컸다. 전체적으로는 2012년 기준 50대 이상 득표와 40대 이 하 득표의 격차가 2012년에 비해 더욱 커졌다. 민주통합당·더불어민주당 도 전 연령대에서 득표 감소를 보였고, 2012년 기준 40대＞20대＞50대 순 으로 득표 감소폭이 나타났다. 20대 총선에서 더불어민주당은 신규 투표 자와 2012년 기준 20대에서 가장 득표가 많았고 30대, 40대로 갈수록 줄 어드는 경향을 보였다.

국민의당은 2012년 기준 50대＞40대＞20대 ≒ 30대 ≒ 60대 이상 순 으로 득표 분포가 나타난다. 19대 통합진보당에 비해 20대 정의당의 정당 득표는 2012년 기준 30대에서 득표 증가가 크며 40대에서도 4.8%p 정도 의 증가가 발견된다.

2016년 각 정당 투표자의 평균연령을 보면 새누리당 투표자는 54.4 세, 국민의당 48.3세, 더불어민주당 40.7세, 정의당 39.3세이다. 더불어민주 당과 정의당 투표자의 차이는 거의 없는 반면 새누리당 투표자와 국민의 당 투표자는 6.1세, 국민의당과 더불어민주당 투표자는 7.6세의 거리를 보 이고 있다.

〈그림 3〉을 통해 확인할 수 있는 한 가지는 20대 총선 각 연령집단들 의 변화가 매우 역동적이라는 점이다. 앞서 이 책은 우리나라 각 정치세대 들이 짧은 주기로 굵은 정치적 경험을 공유하면서 공존해왔기 때문에 세

대집단 간 이질성이 크고 시간이 지날수록 단순한 연령효과 이상의 역동성을 보일 수 있다는 제안을 내놓은 바 있다.

20대 총선에서 나타난 연령집단들의 변동도 19~20대 총선 간 단기 이동으로만 보기 어려운 측면들이 있다. 과거 고령 세대와 새누리당의 안정된 결속관계가 제3당으로의 이동을 통해 일시 해제된 것으로 볼 수도 있지만, 선거 때마다 연령집단을 구성하는 정치세대의 변화가 지속적으로 일어나기 때문에 연령효과만으로 정당 결속관계가 지속되기는 어렵다. 또한 신규 유권자 집단의 지속적인 유입은 다른 정치적, 정책적 선호 기반을 함께 끌어들이기 때문에 20대 총선의 변화는 중장기적 변화의 한 반영으로 보는 것이 더 타당한 해석인 것 같다.

반면 〈그림 3〉은 20대 총선에서 나타난 변화가 매우 잠정적이며 불안정한 상태라는 사실도 보여준다. 국민의당의 등장으로 정당투표 차원에서 변동이 매우 크게 나타난 것처럼 보인다. 하지만 국민의당이 선거 직전 새롭게 구성되었기 때문에 세대별 유권자 집단과 안정적인 결속관계를 갖지 못했고 선거 후 정당과 유권자의 관계가 새롭게 형성되어야 한다. 정당과 유권자의 관계는 서로 신호를 주고받는 경험을 공유하고 쌓으면서 비로소 안정성을 갖게 된다. 20대 총선에서 나타난 변화는 그 출발일 뿐, 앞으로 이 관계는 어떤 경험을 공유하는가에 따라 여러 번의 변동을 겪게 될 것 같다.

04

선거 전 한 달,
무슨 일이 있었나

부동층과 20대 총선

내일신문과 서강대 현대정치연구소가 20대 총선 한 달 전과 총선 직후에 2차례에 걸쳐 진행한 유권자 조사에서 부동층의 움직임이 잡혔다.

선거에서 '부동층'이란 투표 대상을 미리 결정하지 않고 선거 구도나 선거 이슈 등에 따라 그때그때 선택하는 유권자 집단을 지칭한다. 부동층의 다수는 무당층과 겹칠 수 있지만 같은 의미는 아니다. 평소에 지지정당이 없는 무당층 중 상당수는 투표를 할 것인지 말 것인지, 혹은 투표장에 나가 어떤 후보나 정당을 지지할 것인지에 대해 무당층보다는 늦게 결정을 하고 이동에서도 훨씬 유동적일 수 있다.

그러나 지지정당이 있는 유권자 중에도 특정 선거 시기에 지지하던 정당에게서 일시적으로 마음이 떠나 투표를 결정하지 못하기도 한다. 또

평소에 지지하는 정당은 없지만 특정 선거에 등장한 정책 이슈나 후보 인물이 지닌 매력으로 인해 일찍부터 투표를 결정할 수도 있다. 이번 총선에서 새누리당에 대한 영남 유권자의 마음과 더불어민주당에 대한 호남 유권자의 마음이 전자였다면, 국민의당에 대한 무당층의 마음이 후자에 가까웠을 것이라고 짐작된다.

이번 조사에서는 선거 한 달 전 투표 대상을 정하지 못했던 미결정층을 부동층으로 간주하고, 이 집단의 유권자들이 최종적으로 어떤 선택을 했는지 살펴보았다. 선거 직전 일정 기간 부동층의 움직임은 당해 선거의 선거 구도, 선거 이슈, 정책적 관심 등이 선거에 어떻게 작용했는지를 구체적으로 보여주는 지표가 될 수 있다. 〈표 12〉는 1차 조사 당시 지역구 투표의향층이 실제 지역구 투표에서 어떤 선택을 했는지, 정당비례 투표의향층이 실제 비례 투표에서 어떤 선택을 했는지를 보여주고 있다.

표 12 **3월 중순 투표의향과 실제 정당투표 결과** (단위: %)

구분		2차 조사에서 나타난 실제 투표 선택			
		새누리당	더민주당	국민의당	전체
1차 조사 당시 지역구 투표의향층	새누리당(298)	77.3	10.1	4.7	32.8
	더민주당(182)	4.0	79.5	10.8	20.1
	국민의당(73)	7.4	22.1	63.2	8.1
	미결정층(301)	24.6	38.8	21.0	33.1
1차 조사 당시 정당비례 투표의향층	새누리당(312)	66.4	10.4	16.3	34.4
	더민주당(179)	0.6	68.0	19.8	19.8
	국민의당(99)	6.3	6.3	77.9	10.9
	미결정층(228)	20.7	18.3	39.4	25.1

자료: 내일신문―서강대학교 현대정치연구소 20대 총선 패널조사 자료

1차 조사(2016년 3월 11~16일)에서는 응답자의 32.8%가 지역구에서 새누리당 후보에 투표하겠다고 답했고, 20.1%가 더불어민주당, 8.1%가 국민의당에 투표하겠다는 의향을 표했다. 아직 투표를 결정하지 못했다는 미결정층은 33.1%의 비중을 차지했다.

　　〈표 12〉에서 알 수 있듯이, 2차 조사 결과, 1차 조사 당시 새누리당 후보 투표의향층 중 77.3%는 새누리당 후보에게 실제로 투표했고, 10.1%는 더불어민주당 후보에게, 4.7%는 국민의당 후보에게 투표한 것으로 나타났다. 다음으로 1차 조사 당시 더불어민주당 후보 투표의향층 중 79.5%가 실제로 더불어민주당 후보에게 투표했고, 4.0%는 새누리당 후보를, 10.8%는 국민의당 후보에게 투표했다. 반면 1차 조사 당시 국민의당 후보 투표의향층 중 63.2%만이 국민의당 후보에게 실제로 투표했고, 7.4%는 새누리당 후보를, 22.1%는 더불어민주당 후보를 선택했다. 지역구 투표에서 국민의당 지지층의 상당수가 당선 가능한 민주당 후보에게 전략 투표를 했음을 알 수 있다.

　　부동층(미결정층)의 동향을 보면, 1차 조사에서 33.1%에 이르렀던 미결정층 가운데 24.6%는 새누리당 후보를, 21.0%는 국민의당 후보를 선택한 반면, 가장 많은 38.8%는 더불어민주당 후보에게 실제로 투표를 한 것으로 나타났다. 이로써 이번 20대 총선에서 미결정층의 다수(59.8%)는 야권 후보를 선택했음을 알 수 있다. 또한 미결정층은 지역구 투표에서 당선 가능성이 높은 더불어민주당 후보를 훨씬 더 많이 지지한 것으로 나타났다.

　　이번에는 1차 조사 당시 정당비례 투표의향층의 실제 투표 선택을 살펴보기로 한다. 새누리당 투표의향층의 66.4%가 실제로 새누리당을 선택했고, 10.4%가 더불어민주당, 그리고 16.3%가 국민의당을 선택했다. 더불어민주당 투표의향층의 68.0%가 실제로 더불어민주당을 선택했으나, 19.8%는 국민의당을 선택했다. 비례 투표에서 새누리당과 더불어민주당의 투표의향층의 상당수가 국민의당을 선택한 것으로 파악된다. 그러나 국민의당 투표의향층은 지역구 투표와 달리 대다수가 비례 투표에서 국민의당을 선택한 것으로 나타났다. 국민의당 투표의향층은 새누리당과 더불어민주당에 각각 6.3%씩 투표했고, 77.9%가 실제로 국민의당을 선택했다.

비례 투표에서 1차 조사 당시 미결정층은 20.7%가 새누리당을 선택했고, 18.3%가 더불어민주당, 39.4%가 국민의당을 선택했다. 미결정층은 비례 투표에서도 여당보다 야권을 훨씬 많이 지지했다. 그러나 지역구 투표와 달리 비례 투표에서 미결정층은 더불어민주당보다 국민의당을 훨씬 더 많이 지지했다.

부동층의 이러한 투표 경향으로부터 우리는 이번 20대 총선이 정부 여당을 심판하는 성격이 강한 선거였음을 알 수 있었다. 또한 지역구 투표에서 더불어민주당의 승리가 '여당에 대한 기피 투표', 그리고 '당선 가능한 야당 지지'라는 전략적 선택의 결과였고, 비례 투표에서 국민의당이 선전한 것은 무당층 혹은 기권층이 투표에 참여하고 그들의 표가 국민의당으로 쏠린 결과였음을 알 수 있다.

새누리당의 안보 프리미엄, '전혀' 없었다

안보 이슈는 새누리당 지지층을 결집시키지도 못했고, 부동층을 결집시키지도 못했다. 1차 조사 당시, 현재 안보 상황에 대한 질문에서 '매우 불안

표 13 새누리당 투표의향층과 부동층 중 사이버·안보 불안층의 실제 투표 선택

(단위: %)

구분		새누리당	더민주당	국민의당
새누리당 투표의향층	사이버테러 불안층(238)	65.5	10.3	16.9
	안보 불안층(217)	67.5	11.3	15.5
	전체(290)	66.3	10.3	16.3
더민주당 투표의향층	사이버테러 불안층(108)	0.0	64.8	23.3
	안보 불안층(117)	1.0	65.1	24.2
	전체(172)	0.6	68.0	19.7
부동층	사이버테러 불안층(153)	20.6	15.7	43.7
	안보 불안층(141)	23.3	20.3	36.8
	전체(209)	20.6	18.3	38.9

자료: 내일신문—서강대학교 현대정치연구소 20대 총선 패널조사 자료

하다'는 응답이 17.4%(안보 불안층)였고, 북한의 사이버테러 가능성에 대한 질문에서 '매우 높다'는 응답이 30.8%(사이버테러 불안층)였다.

〈표 13〉은 1차 조사 당시 새누리당 투표의향층과 부동층 중 사이버테러 불안층과 안보 불안층의 실제 투표 선택을 보여주고 있다. 새누리당 투표의향층 중 사이버테러 불안층과 안보 불안층은 모두 전체 새누리당 투표의향층의 실제 투표 선택과 거의 동일했다. 전체 새누리당 투표의향층의 새누리당 정당 지지율과 같았고, 안보 불안층에서만 전체보다 4.7% 새누리당에 더 투표했으나 오차범위 안에 있었다. 이는 안보 이슈가 새누리당의 지지층을 결집시키지 못했음을 보여준다.

더불어민주당 투표의향층 중 사이버테러 불안층이나 안보 불안층은 전체 더불어민주당 투표의향층보다 더불어민주당 선택을 조금 덜 했지만, 그 차이는 유의하지 않았다.

부동층의 투표 선택과 그들 중 안보 불안층의 투표 선택 차이도 역시 의미 있는 차이를 보이지 않았다. 오히려 전체 부동층의 민주당 선택(18.3%)보다 그들 중 안보 불안층의 민주당 선택(20.3%)이 더 많았고, 부동층의 국민의당 선택(38.9%)보다 사이버테러 불안층(43.7%)의 국민의당 선택이 더 많았다. 이로써 새누리당의 안보 프리미엄은 이번 20대 총선에서 전혀 나타나지 않은 것으로 보인다.

후보와 정당을 따로 찍다: 뚜렷한 분할투표 현상

'분할투표split-ticket voting'란, 1인 2표제 혼합형 선거제도에서 유권자가 후보와 정당 투표에서 서로 다른 정당을 선택하는 것을 말한다. 후보투표는 A당에, 정당투표는 B당에 하는 유권자의 투표 행위다. 분할투표와 반대로 후보투표와 정당투표를 모두 같은 정당에 하는 행위는 '일괄투표'라고 한다. 지금까지는 일반적으로 지역구와 비례대표 투표에서 같은 정당을 택한 일괄투표 비율이 70%를 넘는다고 보고되었다. 19대 총선에서도 일괄투표 비율은 새누리당 89.9%, 민주통합당 78%였다(한국선거학회 설문자료).

20대 총선의 지역구 투표와 정당투표를 교차해서 본 〈표 14〉에 의하면, 일괄투표 비율이 이전보다 상당히 낮아졌음을 알 수 있다. 우선 국민의당과 정의당의 일괄투표는 각각 83.1%과 78.9%로 비교적 높은 비율을 보이는데 소수 정당일수록 지지자들의 정당 충성도가 높기 때문에 나타나는 현상이다. 그러나 새누리당의 일괄투표 비율은 74.8%로 19대 총선 때보다 약 8%p 낮아졌다.

표 14 20대 총선의 지역구 후보투표와 정당투표 분포

(단위: %)

구분		비례정당 투표				
	정당	새누리당	더민주당	국민의당	정의당	그 외 정당
지역구 투표	새누리당	74.8	5.1	15.3	1.9	2.9
	더민주당	4.7	54.0	19.6	17.9	3.8
	국민의당	1.3	5.8	83.1	5.2	4.5
	정의당	0.0	5.3	5.3	78.9	10.5
	전체	29.4	24.7	28.6	12.0	5.3

자료: 내일신문─서강대학교 현대정치연구소 20대 총선 패널조사 자료

분할투표 비율이 가장 높은 정당은 더불어민주당이었다. 지역구 투표자들 중 절반이 약간 넘는 54%만이 비례정당 투표에서도 더불어민주당을 택했다. 지역구 투표에서 더불어민주당을 택한 투표자들 중 약 20%가 비례정당 투표에서 국민의당을 선택했다. 그리고 다른 17.9%는 더불어민주당 대신 정의당의 비례대표에 투표했다.

지역구 새누리당 투표자들 중 15.3%가 국민의당을 택한 것에 비하면 더불어민주당의 투표 이탈은 상당히 심각했다. 국민의당을 기준으로 비례대표 투표에 지지를 받은 지역구 투표자 구성을 보면 국민의당 투표자가 48.9%, 새누리당 투표자 18.8% 그리고 더불어민주당 투표자가 29.3%에 이르고 있다. 결국 국민의당이 비례대표에서 13석을 얻는 데 가장 큰 기여를 한 것은 지역구에서 더불어민주당을 찍은 투표자들이며 다음으로 새누리당 투표자들이었다(지역구 선거에서 새누리당에 투표한 사람들도 비례 투표에서 15.3%나 국민의당을 선택했다).

지역구 선거에서 더불어민주당 투표자가 비례 투표에서 다른 정당을

많이 선택한 것은 그만큼 더불어민주당 투표자들의 충성도가 낮다는 것을 의미한다. 지역구 선거에서 더불어민주당 투표자는 정부여당을 심판하기 위해서 당선 가능성이 높은 더불어민주당의 후보를 선택했지만, 비례투표에서는 국민의당과 정의당을 많이 선택한 것이다. 이는 더불어민주당에 대한 투표가 더불어민주당이 좋아서 그 정당의 후보를 선택하는 긍정적(혹은 진심) 투표라기보다 새누리당이 싫어서 선택하는 부정적인(혹은 전략적인) 투표 경향이 매우 높았다는 것을 의미한다.

그러나 지역구 선거에서 더불어민주당 투표자가 다른 정당으로 이토록 많이 이탈한 것은 전략 투표의 영향뿐만 아니라 더불어민주당의 비례공천에 대한 지지층의 불만도 크게 작용한 것으로 보인다.

분할투표가 가장 많이 발생한 연령대는 50대다. 〈표 15〉에서 보이는 것처럼, 특히 지역구 선거에서 더불어민주당을 선택한 50대 투표자들 중 절반 이상인 52.3%가 비례정당 투표에서는 다른 정당을 선택했다. 지역구 선거에서 더불어민주당을 선택한 50대 투표자들 중 국민의당을 택한 비율은 29.5%로 전체 평균(19.6%)보다 약 10%p나 더 높았다. 반면에 정의당

표 15 50대의 분할투표

(단위: %)

구분		비례정당 투표				
	정당	새누리당	더민주당	국민의당	정의당	그 외 정당
지역구 투표	새누리당	80.8	1.3	16.7	-	1.3
	더민주당	13.6	47.7	29.5	9.1	-
	국민의당	-	2.4	83.3	9.5	4.8

자료: 내일신문―서강대학교 현대정치연구소 20대 총선 패널조사 자료

을 선택한 비율은 9.1%밖에 되지 않아 정의당 선택의 전체 평균(17.9%)보다 훨씬 낮다. 이처럼 50대에서는 지역구 선거에서 더불어민주당 지지자들이 국민의당 비례대표 의석 획득에 기여한 정도가 다른 세대보다 컸다는 사실을 알 수 있다.

참고문헌

도서 자료

강원택. 2003. 《한국의 선거정치: 이념, 지역, 세대와 미디어》 서울: 푸른숲.

_____. 2015. 《2014년 지방선거 분석》 서울: 나남.

김민전·이내영. 2009. 《변화하는 한국 유권자 3: 패널조사를 통해 본 18대 국회의원 선거》 서울: 동아시아연구원.

리처드 E. 뉴스타트. 2014. 《대통령의 권력: 리더십의 정치학 루즈벨트에서 레이건까지》 서울: 다빈치.

박찬욱·김지윤·우정엽. 2012. 《한국 유권자의 선택 1: 2012 총선》 서울: 아산정책연구원.

_____. 2013. 《한국 유권자의 선택 2: 18대 대선》 서울: 아산정책연구원.

손낙구. 2010. 《대한민국 정치사회지도: 수도권 편》 서울: 후마니타스.

앤서니 다운스. 전인권·안도경 역. 1997. 《민주주의 경제학 이론》 서울: 나남.

어수영 편. 2006. 《한국의 선거 V: 제16대 대통령 선거와 제17대 국회의원 선거》 서울: 오름.

이갑윤. 1998. 《한국의 선거와 지역주의》 서울: 오름.

_____. 2011. 《한국 유권자의 투표행태》 서울: 후마니타스.

이갑윤·이현우. 2014.《한국의 정치균열 구조: 지역, 계층, 세대 및 이념》서울: 오름.

이갑윤·이지호. 2015.《대통령 노무현은 왜 실패했는가》서울: 에이도스.

이나미. 2011.《한국의 보수와 수구》서울: 지성사.

이남영 편. 1993.《한국의 선거 Ⅰ》서울: 나남.

_____. 1998.《한국의 선거 Ⅱ: 제15대 대통령 선거를 중심으로》서울: 푸른길.

이내영·서현진. 2013.《변화하는 한국 유권자 5: 패널조사를 통해 본 2012 총선과 대선》
        서울: EAI.

이내영·이현우·김장수. 2007.《변화하는 한국 유권자: 패널조사를 통해 본 5·31 지방선
        거》서울: 동아시아연구원.

이내영·임성학. 2011.《변화하는 한국 유권자 4: 패널조사를 통해 본 2010 지방선거》서
        울: 동아시아연구원.

이현우·권혁용. 2008.《변화하는 한국 유권자 2》서울: 동아시아연구원.

이현우·남봉우. 2015.《지방선거와 지방정부: 2014년 제6회 전국동시지방선거를 중심으
        로》서울: 오름.

조중빈 편. 1999.《한국의 선거 Ⅲ: 1998년 지방선거를 중심으로》서울: 푸른길.

진영재 편. 2002.《한국의 선거 Ⅳ: 16대 총선을 중심으로》서울: 한국사회과학데이터센터.

토마스 프랭크. 김병순 역. 2012.《왜 가난한 사람들은 부자를 위해 투표하는가: 캔자스에
        서 도대체 무슨 일이 있었나》서울: 갈라파고스.

한국선거학회. 2011.《한국 선거 60년: 이론과 실제》서울: 오름.

_____. 2015.《한국의 선거 Ⅵ: 2014년 지방선거 분석》서울: 오름.

한국정당학회. 2012.《19대 총선 현장 리포트(2012): 17인 정치학자들의 참여 관찰》서
        울: 푸른길.

논문 자료

강원택. 2009. "386세대는 어디로 갔나? 2007년 대선과 2008년 총선에서 이념과 세대."
        김민전·이내영.《변화하는 한국 유권자 3》서울: EAI.

_____. 2013. "한국 선거에서의 '계급 배반 투표'와 사회 계층." 〈한국정당학회보〉 12(3).

김낙연. 2015. "한국의 부의 불평등, 2000~2013: 상속세 자료에 의한 접근." Naksung-dae Institute of Economic Research Working Paper Series WP2015-06.

김성연. 2015. "한국 무당파의 이념, 정책선호, 그리고 정치적 태도." 〈국제지역연구〉 19(3).

김용철·조영호. 2014. "지역주의적 정치구도의 사회심리적 토대." 〈한국정당학회보〉 14(1).

노환희·송정민·강원택. 2013. "한국 선거에서의 세대 효과: 1997년부터 2012년까지의 대선을 중심으로." 〈한국정당학회보〉 12(1).

류재성. 2013. "중도 및 무당파 유권자 특성: 무태도인가 부정적 태도인가." 〈대한정치학회보〉 20(1).

박경미·한정택·이지호. 2012. "한국 사회 이념갈등의 구성적 특성." 〈한국정당학회보〉 11(3).

박원호·송정민. 2012. "정당은 유권자에게 얼마나 유의미한가?: 한국의 무당파층과 국회의원 총선거." 〈한국정치연구〉 21(2).

박재흥. 2003. "사회변동과 세대구분의 문제." 《한국의 세대 문제》 서울: 나남.

서복경. 2014. "2014년 지방선거와 지방정부의 주택정책." 〈지방정부연구〉 18(3).

서복경·허신열. 2015. "선거조사에서 주택자산 변수의 의미와 측정." 이현우·남봉우 편. 《지방선거와 지방정부: 2014년 제6회 전국동시지방선거를 중심으로》 서울: 오름.

어수영. 2006. "세대와 투표양태." 어수영(편). 《한국의 선거 Ⅴ》 서울: 오름.

오세제·이현우. 2014. "386세대의 조건적 세대효과: 이념성향과 대선투표를 대상으로." 〈의정연구〉 41.

이갑윤·이지호·김세걸. 2013. "재산이 계급의식과 투표에 미치는 영향." 〈한국정치연구〉 22(2).

이갑윤·이현우. 2008. "이념투표의 영향력 분석: 이념의 구성, 측정 그리고 의미." 〈현대정치연구〉 제1권 제1호.

이남영. 2015. "지역투표 현상은 퇴조하는가." 〈현대정치연구〉 8(2).

이내영. 2009. "한국 유권자의 이념성향의 변화와 이념투표." 〈고려대학교 평화연구논집〉 17(2).

이내영·정한울. 2013. "세대균열의 구성 요소: 코호트 효과와 연령 효과." 〈의정연구〉 19(3).

이용마. 2014. "2000년대 지방선거에서 나타난 계층균열 구조." 〈한국정당학회보〉 13(3).

이재묵. 2014. "2014년 지방선거: 지역주의는 완화되었는가?" 〈국가전략〉 20(4).

이정호. 2014. "무당파층의 정당 인식에서 드러난 지역주의 균열의 징후: 부산지역 유권자의 표적 집단 대담FGI 결과를 중심으로." 〈21세기정치학회보〉 24(1).

임완섭. 2015. "최근 빈곤 및 불평등 추이와 시사점." 한국보건사회연구원. 〈보건복지 Issue & Focus〉 제271호.

장승진. "민주통합당은 좌클릭 때문에 패배하였는가?: 제18대 대선에서의 이념투표" 〈의정연구〉 19(2).

정진민. 2012. "한국 유권자들의 투표행태와 세대: 2010년 지방선거를 중심으로." 〈한국정치연구〉 21(2).

정진민·길정아. 2014. "18대 대선에 나타난 한국 무당파 유권자의 특성과 행태: 인지적 동원을 중심으로." 〈국가전략〉 제20권 제3호.

정준표. 2015. "대통령 선거를 통해 본 지역주의의 시작과 그 변화 양상." 〈한국정치연구〉 24(2).

지병근. 2014. "호남 유권자들의 이슈에 대한 태도 및 이념적 특성." 〈21세기정치학회보〉 24(1).

허석재. 2014. "세대와 생애주기, 그리고 투표선택: 1992~2012 대통령 선거 분석." 〈한국과 국제정치〉 30(2).

홍재우. 2014. "지역과 세대—연구전략 제시와 연구퍼즐의 발견: 2012년 총선과 대선에서 나타난 연령/지역집단의 특성." 〈비교민주주의연구〉 10(2).

정부기관 자료

국토교통부. 2014. [주거실태조사].

기획재정부. 2015. [근로소득자 가운데 면세자 비중 변동 현황]. 2015년 9월 14일 국회 기획재정위원회 제출 자료.

소비자보호원. 2015. [2015 한국소비생활지표].

중앙선거관리위원회. 2013. [제18대 대통령 선거 총람].

_____. 2014. [제6회 전국동시지방선거 투표율 분석].

_____. 2012. [제19대 국회의원 선거 투표율 분석].

통계청. 2014. [가계금융복지조사].

_____. 2014. [가계동향조사].

한국감정원. 2010~2015. [전국주택가격동향조사].

유권자 조사 자료

한국정치학회. 2012. [2012년 19대 국회의원 선거 사후조사].

_____. 2012. [2012년 18대 대통령 선거 사후조사].

_____. 2014. [2014년 제6회 전국동시지방선거 사후조사].

내일신문—서강대 현대정치연구소. 2010. [2010 차기 리더십 및 정치의식 국민여론조사].

_____. 2012. [2012년 대통령 선거 사후조사].

_____. 2014. [2014년 지방선거 패널조사].

서강대 현대정치연구소. 2010. [한국사회갈등연구조사—지역].

_____. 2011. [한국사회갈등연구조사—계층].

_____. 2012. [한국사회갈등연구조사—이념 및 세대].

찾아보기

표심의 역습

ⓒ 이현우, 이지호, 서복경, 남봉우, 성홍식

초판 1쇄 펴낸날 2016년 2월 25일
개정증보판 1쇄 펴낸날 2016년 6월 30일

지은이 이현우, 이지호, 서복경, 남봉우, 성홍식
펴낸이 최만영
책임편집 김민정
디자인 최성수, 심아경
마케팅 박영준, 신희용
영업관리 김효순
제작 김용학, 김성수

펴낸곳 주식회사 한솔수북
출판등록 제2013-000276호
주소 03996 서울시 마포구 월드컵로 96 영훈빌딩 5층
전화 02-2001-5819(편집) 02-2001-5828(영업)
팩스 02-2060-0108
전자우편 chaekdam@gmail.com
책담 블로그 http://chaekdam.tistory.com
책담 페이스북 https://www.facebook.com/chaekdam

ISBN 979-11-7028-076-7 03340

* 무단 전재와 복제를 금합니다.
* 이 도서의 국립중앙도서관 출판예정도서목록(CIP)은 서지정보유통지원시스템 홈페이지
  (http://seoji.nl.go.kr)와 국가자료공동목록시스템(http://www.nl.go.kr/kolisnet)에서
  이용하실 수 있습니다.(CIP제어번호: CIP2016014092)
* 책담은 (주)한솔수북의 인문교양 임프린트입니다.
* 책값은 뒤표지에 있습니다.

 책담 다른 내일을 만드는 상상